Mieste Hotopp-Riecke

DIE TATAREN DER KRIM ZWISCHEN ASSIMILATION UND SELBSTBEHAUPTUNG

Der Aufbau des krimtatarischen Bildungswesens nach Deportation und Heimkehr (1990-2005)

Mit einem Vorwort von Swetlana Czerwonnaja

ibidem-Verlag
Stuttgart

Bibliografische Information der Deutschen Nationalbibliothek
Die Deutsche Nationalbibliothek verzeichnet diese Publikation in der Deutschen Nationalbibliografie; detaillierte bibliografische Daten sind im Internet über http://dnb.d-nb.de abrufbar.

Bibliographic information published by the Deutsche Nationalbibliothek
Die Deutsche Nationalbibliothek lists this publication in the Deutsche Nationalbibliografie; detailed bibliographic data are available in the Internet at http://dnb.d-nb.de.

∞

Gedruckt auf alterungsbeständigem, säurefreien Papier
Printed on acid-free paper

ISSN: 1614-3515

ISBN-13: 978-3-89821-940-2

Printed in the EU

Soviet and Post-Soviet Politics and Society (SPPS) **Vol. 160**
ISSN 1614-3515

Soviet and Post-Soviet Politics and Society (SPPS)

ISSN 1614-3515

Founded in 2004 and refereed since 2007, SPPS makes available affordable English-, German-, and Russian-language studies on the history of the countries of the former Soviet bloc from the late Tsarist period to today. It publishes between 5 and 20 volumes per year and focuses on issues in transitions to and from democracy such as economic crisis, identity formation, civil society development, and constitutional reform in CEE and the NIS. SPPS also aims to highlight so far understudied themes in East European studies such as right-wing radicalism, religious life, higher education, or human rights protection. The authors and titles of all previously published volumes are listed at the end of this book. For a full description of the series and reviews of its books, see www.ibidem-verlag.de/red/spps.

Editorial correspondence & manuscripts should be sent to: Dr. Andreas Umland, c/o DAAD, German Embassy, vul. Bohdana Khmelnitskoho 25, UA-01901 Kyiv, Ukraine. e-mail: umland@stanfordalumni.org

Business correspondence & review copy requests should be sent to: ***ibidem*** Press, Leuschnerstr. 40, 30457 Hannover, Germany; tel.: +49 511 2622200; fax: +49 511 2622201; spps@ibidem.eu.

Authors, reviewers, referees, and editors for (as well as all other persons sympathetic to) SPPS are invited to join its networks at www.facebook.com/group.php?gid=52638198614 www.linkedin.com/groups?about=&gid=103012 www.xing.com/net/spps-ibidem-verlag/

Recent Volumes

152 *Simon Kordonsky*
Socio-Economic Foundations of the Russian Post-Soviet Regime
The Resource-Based Economy and Estate-Based Social Structure of Contemporary Russia
With a foreword by Svetlana Barsukova
ISBN 978-3-8382-0775-9

153 *Duncan Leitch*
Assisting Reform in Post-Communist Ukraine 2000–2012
The Illusions of Donors and the Disillusion of Beneficiaries
With a foreword by Kataryna Wolczuk
ISBN 978-3-8382-0844-2

154 *Abel Polese*
Limits of a Post-Soviet State
How Informality Replaces, Renegotiates, and Reshapes Governance in Contemporary Ukraine
With a foreword by Colin Williams
ISBN 978-3-8382-0845-9

155 *Mikhail Suslov (ed.)*
Digital Orthodoxy in the Post-Soviet World
The Russian Orthodox Church and Web 2.0
With a foreword by Father Cyril Hovorum
ISBN 978-3-8382-0871-8

156 *Leonid Luks*
Zwei „Sonderwege“? Russisch-deutsche Parallelen und Kontraste (1917-2014)
Vergleichende Essays
ISBN 978-3-8382-0823-7

157 *Vladimir V. Karacharovskiy, Ovsey I. Shkaratan, Gordey A. Yastrebov*
Towards a New Russian Work Culture
Can Western Companies and Expatriates Change Russian Society?
With a foreword by Elena N. Danilova
Translated by Julia Kazantseva
ISBN 978-3-8382-0902-9

158 *Edmund Griffiths*
Aleksandr Prokhanov and Post-Soviet Esotericism
ISBN 978-3-8382-0903-6

159 *Timm Beichelt, Susann Worschech (eds.)*
Transnational Ukraine?
Networks and Ties that Influence(d) Contemporary Ukraine
ISBN 978-3-8382-0944-9

Unseren Kindern und unseren Muttersprachen gewidmet

Meine Muttersprache

Meine Muttersprache, meine Sprache
Meine Quelle.
Meine Rose, meine Wissenschaft,
Meine Flagge, mein Ast, mein Geheimnis,
Meine Muttersprache.
Meine Augen, mein Ausgleich,
Meine Muttersprache.
Leis gurgelnd Deiner süßen Worte Quell.
Verleiht mir Flügel,
Dein frischer Hauch.
Mein Denken, meine Berge,
Meine Muttersprache.
Meine Nächte, meine Reben,
Meine Muttersprache.

Yunus Qandım, Krim

Inhalt

Vorwort

Die grausame Geschichte von Deportation, Repression und Vernichtung von großen Teilen der eigenen Bevölkerung in der Sowjetunion ist seit über drei Jahrzehnten fester Bestandteil der Forschung. Erst unter wenigen Wissenschaftlern des Westens ein Thema, entwickelte sich nach dem Fall der kommunistischen Regime eine rege Forschungstätigkeit. Dies geschah nun zusammen mit Intellektuellen der ehemals deportierten Völker, um die Geschichte der Entwurzelung, Demütigung und der versuchten Auslöschung vor allem kleinerer Ethnien in ihrer politischen, sozialen, kulturellen und ökonomischen Dimension näher zu kommen, die fast 70 Jahre lang hinter dem \`Eisernen Vorhang\` versteckt werden sollten. Doch die Intention, all jene unfassbaren Verbrechen des Stalinismus, der genau genommen in den postsowjetischen Ländern in vielen Aspekten bis heute noch kein Ende fand, unter dem offiziellen Schleier der Völkerfreundschaft zu halten und mit einem schönen Bild des multinationalen Sozialismus zu verdecken, war zum Scheitern verurteilt. Und das deshalb, weil sich standhafte Dissidenten, kleine Gruppen von mutigen Bürgerrechtsverteidigern aber auch ganze Volksgruppen wie die Krimtataren über Jahrzehnte kollektiv gegen das Unrecht der Vertreibung und Assimilation stemmten. Konnten die meisten deportierten Völker der ehemaligen Sowjetunion während und nach der halbherzigen sogenannten \`Tauwetter-Periode\` wieder in ihre Heimat zurückkehren, so galt dies nicht zum Beispiel für die Wolgadeutschen, die Meskhet-Türken und auch nicht für die Krimtataren. Die letztere Ethnie kann für sich gleich mehrfach eine Sonderstellung postulieren: Als am meisten westlich siedelnde turksprachige muslimische Volksgruppe der UdSSR und somit eines der ältesten muslimischen Völker Europas. Eine weitere Eigenart der Krimtataren ist ihr einzigartiges Netzwerk von Initiativgruppen, das auf dem jahrhundertealten Kurultay-System der Turkvölker beruht, wiederhergestellt 1991 durch den Jahrzehnte langen Kampf um Heimkehr.

Hier setzt die vorliegende Arbeit von Steffen Mieste Hotopp-Riecke an, indem er von den diversen brennenden Schwierigkeiten der Krimtataren die Problematik des Bildungssystems – als wichtigste Komponente der kulturellen Wiedergeburt eines ehemals deportierten Volkes – auswählte: Wie schafften es die Krimtataren nach fast einem halben Jahrhundert der Verbannung und Entrechtung, ein prosperierendes, vielfältiges muttersprachliches Bildungssystem in der Autonomen Republik Krim zu etablieren – gegen russische Chauvinismen, ökonomisch desaströse Zustände und Behördenwillkür? Zum ersten Mal befasst sich in diesem Werk ein Wissenschaftler aus Westeuropa mit diesem Phänomen. Wie enorm wichtig solche Arbeiten sind, zeigt allein der in diesem Buch beschriebene innere Zustand der krimtatarischen Volksbildung, der nur allein aus eigener Kraft nicht weiter ausbaubar ist. Dieses Buch ist so auch ein Ruf nach Engagement für die faszinierende Vielfalt krimtatarischer Bildung und Kultur. Dass Herr Hotopp-Riecke dies vorlebt, zeigen die etlichen deutsch-krimtatarischen Aktivitäten der letzten Jahre – sei es im universitären Rahmen oder im Bereich der Kultur- und Menschenrechtsarbeit.

Aus der Perspektive eines Turkologen mit sozialwissenschaftlich-historischem Ansatz beschreibt Hotopp-Riecke hier eindringlich mit Sinn auch für nur scheinbar Nebensächliches – wie die krimtatarische Musikszene und das Internet – eine enorme Aufbauleistung der Krimtataren, die durch andauernde Ignoranz bei den Regierungen der Ukraine und der Autonomen Republik Krim aber auch bei EU-Regierungen zu verpuffen droht. Neben den historischen Wurzeln, der nationalen Katastrophe Sürgün (Deportation) von 1944 und einem Überblick über die krimtatarische Bürgerbewegung wird dem Leser hier vor allem eine akribische Studie zu den Interaktionen und Abhängigkeiten zwischen Politik, Ökonomie, Bildungswesen und Identitätswahrung der Krimtataren geboten. In der Verbindung von klarer Objektivität, innovativer Methodologie sowie strikter bürgerlicher Positionierung stellt diese Arbeit einen wichtigen Ausschnitt dar, um die Fachliteratur zur postsowjetischen Transformationsgesellschaft in der Ukraine zu bereichern.

Prof. Dr. Dr. h.c. Swetlana Czerwonnaja, Torun/Moskau, 2013

Предисловие

Мрачная история депортации, репрессий и уничтожения большей части собственного населения в Советском Союзе вот уже на протяжении десятилетий является прочной составной частью исследований. Поначалу этой темой занимались лишь немногие ученые на Западе, но после падения коммунистического режима она стала предметом оживленных исследований. Это произошло сейчас с интеллигенцией ранее депортированных народов, чтобы ближе рассмотреть историю искоренения, унижения и попытки уничтожения прежде всего малых народов в их политическом, социальном, культурном и экономическом измерении, которая должна была быть запрятана в течение почти 70 лет за «железным занавесом». Но это намерение потерпело фиаско равно как и все немыслимые преступления сталинизма, которым по многим аспектам и сегодня на постсоветском пространстве не видно конца, которые тогда прикрывались дружбой народов. И это все благодаря тому, что были стойкие диссиденты равно как и небольшие группы мужественных правозащитников, а также целые народы, как крымские татары, которые десятилетиями боролись против несправедливости, изгнания и ассимиляции. И если большинство из депортированных народов смогли вернуться на родину после половинчатой т.н. «оттепели», то это не коснулось немцев Поволжья, турок-месхетинцев и крымских татар. Последние занимают особую позицию как наиболее западная мусульманская этническая группа в СССР, а также как один из самых древних мусульманских народов Европы.Еще одной особенностью крымских татар является уникальная сетевая организация инициативных групп, зиждящаяся на многовековой системе Курултая тюркских народов, восстановленная в 1991 году, десятилетия спустя после долгой борьбы за возвращение на родину.

На этом основывается настоящий труд Штеффена Мисте Хотопп-Рике, выбравшего темой своего исследования различные актуальные проблемы крымских татар, в том числе системы образования как важнейшего компонента культурного возрождения ранее депортированного народа: как удалось крымским татарам после почти полувекового изгнания и бесправия создать успешную, многогранную систему образования на родном языке в Автономной Республике Крым, в условиях русского шовинизма, губительных экономических условий и их посредсвий и произвола власти? Впервые ученый из Западной Европы занимается изучением этого феномена. Насколько важны труды подобного рода, показывает описание внутреннего состояния крымскотатарского народного образования, которое нельзя развивать

дальше, основываясь только на возможностях самого народа. Эта книга – это еще и призыв обратить внимание на неповторимые и разнообразные крмыскотатарские образование и культуру. Тот факт, что г-н Хотопп-Рикке служит примером этого, показывает количество крымскотатарских контактов и активной деятельности за последние годы, связано ли это с университетской тематикой или задачами в области культуры и прав человека.

Мисте Хотопп-Рикке описывает все с точки зрения тюрколога, основываясь на социально-историческом подходе, даже такие, кажущиеся тривиальными, вещи как крымскотатарскую музыкальную сцену и Интернет – исключительное по масштабу создание крымских татар, которое находится под угрозой своего дальнейшего существования при продолжающемся игнорировании со стороны правительства Украины, Автономной Республики Крым, а также правительств стран ЕС. Наряду с историческими корнями национальной катастрофы Сюргюн (депортация) 1944 года и обзором крымскотатарского гражданского движения читателю предлагается, прежде всего, подробный труд по изучению взаимодействия и взаимоотношений между политикой, экономикой, образованием и сохранением идентичности крымских татар.

Проф. Д-р наук Светлана Червонная, Торунь/Москва, 2013

Danksagung

Zu allererst und von ganzem Herzen möchte ich meiner Frau Anja danken für die Initialzündung zu dem Gedanken, durch ein Turkologiestudium mein Hobby zum Beruf zu machen, für ihre unendliche Geduld und die `logistische Hilfestellung` beim Erstellen dieser Arbeit. Ohne ihr Zutun wären die Feldforschungsaufenthalte auf der Krim und in Istanbul, aber auch das ungestörte Schreiben nicht möglich gewesen. Für viele ruhige Arbeitsnächte danke ich unseren Töchtern Rosa Hêvî und Lilli Zana. Dank gilt ihr, meinem Vater und meinem Freund Moritz Laeger für die Durchsicht des Manuskriptes. Für die Fülle an Informationen, Kontakten und Materialien und dafür am täglichen Leben und den Alltagsnöten der krimtatarischen Bevölkerung teilhaben zu können, möchte ich vor allem meinem Freund Dr. Timur Kurşutov danken, aber auch allen weiteren Mitgliedern des Lehrkörpers der KDMPU, allen voran Herrn Prof. Dr. Ismail Kerimov, Herrn Dr. Şevket Yunusov, Dr. Ismet Zaatov und Dr. Seyran Useinov. Frau Venera Gerassimov-Vagizova vom Vorstand des Tatarlar Deutschland e.V., Herrn Ildar Kharissov, dem Präsidenten der Gesellschaft für OSTEUROPA-FÖRDERUNG e.V. und den Freunden von der Landsmannschaft der Krimtataren in Deutschland e.V. danke ich für die herzliche Zusammenarbeit und mentale Unterstützung wie auch den Freunden vom krimtatarischen Nationalparlament "Milliy Meclis" Mustafa Dschemilev, Ali Khamsin, Shevket Kaybullayev, Refat Tschubarov u.a.. Frau Prof. Dr. Swetlana Czerwonnaja möchte ich danken für die Bestärkung trotz mancher Schwierigkeiten an meinen Untersuchungen festzuhalten. Meine große Dankbarkeit und Wertschätzung gilt meiner Mentorin Frau Prof. Dr. Barbara Kellner-Heinkele und den KollegInnen beim Studienwerk der Heinrich-Böll-Stiftung, die mich auf dem Weg vom Offstedrucker zum Turkologen über eine sehr intensive und glückliche Zeit meines Lebens begleitet haben. Frau Prof. Dr. Kellner-Heinkele und Herrn Prof. Dr. Henryk Jankowski danke ich ebenfalls für die Korrektur und Bewertung dieser Arbeit. Dank gilt auch meinem Herausgeber Prof. Dr. Dr. Andreas Umland sowie Frau Valerie Lange und Frau Reuter für die geduldige Unterstützung seitens des ibidem-Verlages.

1. Einführung

Diese Arbeit basiert auf Feldforschungen zwischen 1998 und 2006 und spiegelt also den Ist-Zustand sowie die Genese des krimtatarischen Bildungswesens vor der Annexion der Republik Krim durch die Russländische Föderation im Frühjahr 2014 wider. Sämtliche Verweise auf Internet-Quellen krimtatarischer Institutionen wurden versucht zu aktualisieren. Viele von diesen konnten jedoch nicht von ukrainischen Servern auf russländische umgestellt werden oder die Institutionen, die verantwortlich zeichneten für die Online-Angebote durften ihre Tätigkeit nicht fortsetzen. Allein dieser Umstand illustriert in drastischer Weise, was für diese ganze Arbeit gilt: Sie kann lediglich einen historischen Zeitabschnitt und einen Zustand von vor der Annexion abbilden und so aufzeigen, welche Verluste die Krimtataren auf dem Gebiet von Bildung und Wissenschaft erneut zu vergewärtigen haben.

Das 20. Jahrhundert wird in zahlreichen zeitgenössischen Darstellungen bereits jetzt als das Jahrhundert der Genozide und Vertreibungen bezeichnet[1]. Ein Teil dieser grausamen Geschichte ist das kleine Volk der Krimtataren. Auch sie waren Opfer von Massenmord und Vertreibung. Diese grausame Zäsur in der Entwicklung der krimtatarischen Gesellschaft wird im kollektiven Gedächtnis als *Kara Gün* [Schwarzer Tag] oder *Matem Günü* [Tag der Trauer] erinnert und ist von J. Otto Pohl als der Erfahrung und Bedeutung der Shoah der Juden, der Aghed der Armenier und der Naqbah der Palästi-

1 "Im Rückblick ist das 20. Jahrhundert vielfach als das der Völkermorde und Vertreibungen bezeichnet worden. An seinem Beginn stand der Genozid an den Armeniern durch die Türken (1915), an seinem Ende standen "ethnische Säuberungen" im zerfallenden Jugoslawien. Dazwischen lagen allein in Europa u.a. die Zwangsdeportationen von Krimtataren, Tschetschenen, Wolgadeutschen und Einwohnern der baltischen Staaten innerhalb der Stalin'schen Sowjetunion, die Umsiedlungen von Polen aus dem okkupierten Westpolen in das Generalgouvernement, die Vernichtung der Juden durch das NS-Regime, die Vertreibung der Deutschen aus ihren Ostgebieten und der Ungarn aus der Slowakei." S.: Hirsch, 2003. S.a.: IDG, 1998; Bade, 2000; Naimark, Norman M.: *Fires of hatred: ethnic cleansing in twentieth-century Europe*. Cambridge: Harvard, 2001; Melson, Robert: *Problems in the Comparison of the Armenian Genocide and the Holocaust: Definitions, Typologies, Theories, and Fallacies* In: Förster / Hirschfeld: *Genozid in der modernen Geschichte* Münster: Lit, 1999, S. 22–35; Wallimann, Isidor (Hrsg.): *Genocide and the Modern Age: Ethnology and Case Studies of Mass Death* Syracuse Univ. Press, 2000; Weitz, Eric D.: *A century of genocide* Princeton University Press, 2003.

nenser gleichwertig beschrieben worden[2]. Ist das Thema der Deportation der Krimtataren und der anderen Nationalitäten der Ex-Sowjetunion noch in den 1990er Jahren fast omnipräsent gewesen[3], ist es zu Anfang des 21. Jahrhunderts bereits aus dem Blickwinkel der breiten Öffentlichkeit verschwunden und wandelte sich in ein Thema für Spezialisten der Geschichte und einiger NGOs[4]. In besonders drastischer Weise wiederholte sich dieses Absinken der Krimtatarenthematik vom Mainstream im Mediendiskurs zum Diskurs unter Experten nach der zweiten Annexion der Republik Krim im Frühjahr 2014. Dutzende Artikel, Reportagen und Essays erschienen 2014 zur Problematik der Krimtataren als Gegner bzw. erste Opfer der russländischen Okkupation – ein Jahr später war die Krim und mit ihnen ihre autochthone Bevölkerung wieder aus dem medialen als auch politischen und diplomatischen Fokus verschwunden. Nach meinem Dafürhalten ist jedoch die jüngere Geschichte der Krimtataren eine außergewöhnliche, besondere, die sich von den Entwicklungen der anderen ehemals deportierten Völker der Sowjetunion abhebt und in ihrer dynamischen Emanzipation vom sowjetischen Repressionsregime wohl einzigartig ist. Simon[5] nennt die krimtatarische Nationalbewegung "die wohl erstaunlichste politische Massenbewegung in der Geschichte der Sowjetunion". In dieser Arbeit soll untersucht werden, wie die Krimtataren es als einzige ehemals deportierte Volksgruppe geschafft haben, nach der massenhaften Rückkehr auf die Krim kollektiv und autonom ein System von Bildungs- und Kultureinrichtungen zu schaffen, mittels dessen versucht wird,

---

2 S.: Pohl, 2004, S. 32 "The massive mortality suffered during the deportation and forced exile have played a role in sustaining Crimean Tatar national consciousness similar to the Shoah for Jews or Aghed for Armenians." Und S. 34 "Every Crimean Tatar is familiar with these events in the same way that Jews are aware of the Shoah, Armenians with Aghed and Palestinians with the Nakbah.". S.a.: Williams 2001, S. 413.

3 Weitere deportierte Völker waren die (Rußland-)Deutschen, Meskheten (Ahıska-Türken), Krim-Armenier, Griechen/Urum, Krim-Bulgaren, Kalmüken, Balkaren, Karaçayer, Tschetschenen, Inguschen, Koreaner, Hemşinli, Terekemes, Kurden u.v.a.m.

4 Z.B. Memorial, Soros Foundation, Helsinki Citizen Assembly, Crimea Foundaton New York, Herzen Foundation Amsterdam, Society for Threatened People International, Göttingen u.a.

5 Simon 1975, S. 397.

allen ökonomischen, sozialen und mentalen Widrigkeiten zum Trotz die krimtatarische Sprache und Identität zu revitalisieren und zu bewahren.

1.1. Forschungsstand

Zur Geschichte der Krimtataren von den Anfängen bis zur Deportation 1944 gibt es bis zum Zerfall des "real existierenden Sozialismus" eine recht überschaubare Auswahl von Literatur. Hier sind die Werke von Kırımal, Ivanics[6], Benningsen, Boratav, Kellner-Heinkele oder Aslangiray zu nennen. Während der Zeit der Deportation, also zwischen 1944 und 1989, erschienen vor allem in Westeuropa, der Türkei und den USA einige Monographien zu Genese und Problemen der Krimtataren[7]. Hier seien als Standardwerke die Monographien "*The Crimean Tatars*" (Fisher, 1978), "*Kırım Türk-Tartarları*" (Ülküsal, 1980), "*Tatars of the Crimea – their struggle for survival*" (Allworth, 1988) und – schon im neuen Jahrtausend – *"The Crimean Tatars. The Diaspora Experience and the Forging of a Nation"* (Williams, 2001) genannt[8]. Daneben erschienen Artikel in der Zeitschrift *Emel* (Ankara/Istanbul, 1960–98) und dem "*Compendium Emel*" (NewYork, 1978/79) sowie in Fachzeitschriften wie etwa die von V. Stanley Vardys in "*The Russian Review*" von 1971 oder Chantal Lemercier-Quelquejay in "*Central Asian Review*" von 1968. Auch Menschenrechtsorganisationen wie die *"Minority Rights Group"* (MRG), die *"Gesellschaft für bedrohte Völker e.V."* (GfbV) oder *"Amnesty International"* (AI) veröffentlichten immer wieder Memoranden, Hintergrundberichte und Aufrufe betreffs der Krimtataren, die als Quellen für Wissenschaftler vor dem `Eisernen Vorhang` verwertbar waren[9]. Andere Quellen sind die so genannte graue

---

6 Eine Bibliografie zu den Werken bezüglich krimtatarischer Geschichte von Mária Ivanics gibt Kaçalin, 1999.

7 Exemplarisch: Conquest, 1974; Simon, 1975; Halbach 1988.

8 Deutsche Quellenals Monographien oder Überblicksartikel sind leider noch an einer Hand abzuzählen, erwähnt sei hier der Sammelband von Klein 2012.

9 Für MRG siehe Nahajlo; für GfbV siehe Borgmann, Nowikow, von Platen, Zülch, Ludwig, Diederich. Für Amnesty International z.B.: "Crimean Tatar Appeal to the 23rd Congress of the Communist Party of the Soviet Union, March 1966" in: *A Chronicle of Current Events - Journal of Human Rights Movements in the USSR.* Amnesty International Publication, London, England. No. 31 (17.5.1974) und die Nummern 28–31 (1975).

Literatur oder *Samizdat*-Literatur[10]. Dabei handelt es sich um illegal gedruckte oder kopierte Memoranden, Mitschriften oder Kassiber von Krimtataren aus Gefängnissen und Straflagern (GULAG)[11]. Auf manchmal sehr abenteuerlichem Wege fanden diese Dokumente ihren Weg in den Westen und wurden dort teilweise veröffentlicht.

Dank der geschichtlichen Umwälzungen konnten ´westliche´ Wissenschaftler bis 2014 wieder direkt auf Materialien von der Krim zurückgreifen, so sie den Aufwand für derartige Besorgungen nicht scheuten[12]. In den Nachfolgestaaten der UdSSR ist seitdem eine rege Publikationstätigkeit zu beobachten. Wichtige Beiträge zur Erforschung der jüngeren Geschichte der Krimtataren lieferten hier vor allem Bugaj, Czerwonnaja und Bekirova.

Die Quellenlage zu Geschichte, Repression, Widerstand und Heimkehr der Krimtataren darf heute also – mit Abstrichen – als recht gesichert gelten. Mit Abstrichen deshalb, weil zum Beispiel die Alltagsgeschichte in der Deportation, vor allem die prekäre Situation der ersten Jahre bisher wenig dokumentiert und erforscht ist.[13] Die jüngere Geschichte auf der Krim selbst hingegen ist nur teilweise von krimtatarischen und ukrainischen Autoren dokumentiert und beschrieben, von außenstehenden neutralen Beobachtern je-

---

10 Samizdat: Selbstherausgegebenes. Von russ. самостоятельное издательство / samostoiatel'noe izdatel'stvo.

11 GULAG steht für russisch Главное управление исправительно-трудовых лагерей, Glavnoje upravlenije ispravitel'no-trudovych lagerej (Hauptverwaltung der Besserungs- und Arbeitslager).

12 Neue relevante Publikationen bietet in Deutschland der Spezial-Buchversand Krieger (online unter URL: http//www.Buchversand-Krieger.de) in seiner Sparte "Tatarica" an. Einen periodischen Überblick bietet das Koszalin Institute of Comparative European Studies / Publications Departement in Zusammenarbeit mit der Forschungsstelle Osteuropa der Uni Bremen an. Die "Ukraine-Analysen" können dort kostenlos abonniert werden (online unter http://www.forschungsstelle.uni-bremen.de/). Einen generellen Einstieg in krimtatarische Internetseiten bietet die Seite *www.tatar.net*. Über die dort verlinkten Seiten der krimtatarischen Diaspora in der Türkei sind auch Bücher bestellbar (http://kaynakca.vatankirim.net/) und Magazine abonnierbar, z.B. das Magazin "Bahçesaray" (Ankara), Çokrak (Tekirdağ), Emel (Istanbul), Kalgay (Bursa), Kırım Bülteni (Ankara) und Kırım Postası (Eskişehir).

13 Verdienstvoll ist hier die Arbeit der Historikerin Dr. Adolat Rakhmankulova zu nennen, die in Archiven von Usbekistan und Moskau nach Dokumenten forschte, die die Zeit nach der Ankunft in den Deportationsgebieten der Koreaner, Deutschen und Krimtataren erhellen sollen (s. Rakhmankulova 2006).

doch nicht übersetzt oder bearbeitet worden[14]. Die Arbeiten etwa von Delavy, Halbach und Pohl beleuchten vor allem politische und menschenrechtliche Aspekte der Entwicklung auf der Krim. Allein Kırımlı widmete sich dem Bereich Bildung und beschreibt in seinem Aufsatz die Bildungspolitik der Sowjetbehörden gegenüber den Krimtataren in den Jahren der Deportation.[15] Doch weder die Entwicklung krimtatarischer Volksbildung auf der Krim noch in den Deportationsgebieten seit den 1990er Jahren ist bisher Gegenstand wissenschaftlichen Interesses gewesen. Dabei sind nach meinem Dafürhalten die Effektivität, Attraktivität und Qualität genau dieses gesellschaftspolitischen Bereiches die entscheidenden Faktoren, die über Fortbestehen krimtatarischer Literatur und Kultur oder Assimilation an die slawophone Mehrheitsgesellschaft entscheiden. Aus dieser Motivation heraus begann ich meine Arbeiten zu dieser Untersuchung. Sie soll einerseits dokumentieren, was unter welchen sozialen und ökonomischen Umständen bis Februar 2014 geleistet wurde, andererseits Defizite aufzeigen, die abzustellen vielleicht durch diese Untersuchung angeregt werden hätten können.

Anmerkung zu Quellen und Statistiken

Der Übersichtlichkeit halber habe ich die Bibliographie in publizierte und unpublizierte Quellen, erstere wiederum in Monographien, Bibliographien und Internetquellen unterteilt. Bei den unpublizierten schriftlichen Quellen handelt es sich um Samizdat-Dokumente und Material von Feldforschungsaufenthalten auf der Krim aus den Jahren 1998, 2000, 2003 und 2004. Einige Sekundärquellen, die nicht direkt das Thema der Arbeit tangieren, sind lediglich in den entsprechenden Fußnoten bibliographisch erfasst.

Alle Statistiken betreffs der ethnischen Zugehörigkeit sind Werte, die in genauen Zahlen die eine oder andere quantitative Aussage untermauern sollen. Genaue Zahlen sind jedoch in keiner Weise realistisch darstellbar, weil erstens `Graubereiche` wie bi-nationale Ehen und `Patchwork-Familien` sich

---

14 S.a.: Bekirova, 2005, S. 192–202; Ein wichtiger Fundus sind hier die Dokumente des "Zentrums für Information und Dokumentation der Krimtataren" (Центр інформації та документації кримських татар) in Kiew. Die dort erscheinenden "Krimer Studien" (Кримські студії) bieten eine Fülle von Dokumenten, Gesetzestexten Konferenzbeiträgen und Reprints von historischen Dokumenten zur Entwicklung der Krimtataren der letzten 20 Jahre. (s.a. Punkt 3.2.1.)

15 Kırımlı 1989, S. 69–88.

einer nationalen Kategorisierung entziehen und zweitens laut ukrainischem Paß- und Meldegesetz die ethnische Zugehörigkeit überhaupt nicht mehr erfasst wird, ergo statistisch auch schwer erhebbar ist. Diese Schwierigkeit ist auch von verschiedenen Seiten der Nationalbewegung anerkannt worden.[16]

1.2. Muttersprache(n)?

Die krimtatarische Sprache durchläuft seit der Deportation einen schwierigen Prozess: Einerseits wurde die Entwicklung der Sprache zu einer modernen Wissenschaftssprache berhindert, indem sie über Jahre schlicht offiziell nicht existent und nach 1956 keine Transformation in eine oder mehrere wissenschaftliche Fachdialekte möglich war. Die Beschränkung allein auf den Bereich Literaturwissenschaft und den häuslichen Bereich ließ eine normale Weiterentwicklung der Sprache nicht zu. Andererseits gibt es heute abundante Kontakte zum Türkeitürkischen auf persönlicher und audio-visueller Ebene, welche eine Einflussnahme auf Sprach- bzw. Sprechergewohnheiten wahrscheinlich erscheinen lassen.[17]

Die muttersprachliche Situation der Tataren auf der Krim war nach meinem Dafürhalten bis zur Annexion 2014 besorgniserregend, jedoch nicht hoffnungslos. Der Grad der Russifizierung wird je nach Quelle mit unterschiedlichen Prozentzahlen angegeben. Eine eindeutige Statistik wurde bisher nicht erarbeitet, da auch die Kriterien, die definieren, was einen Muttersprachler auszeichnet, wer krimtatarisch als seine Muttersprache bezeichnen kann, überhaupt nicht verhandelt wurden. Die russische Sprache wurde nach einer offiziellen Statistik der ARK von 77 Prozent der Krimbevölkerung gesprochen, 10,1 Prozent sprechen ukrainisch, 11,4 Prozent krimtatarisch und 1,5 Prozent andere Sprachen. Dies sind Zahlen, die nach den Erhebungen des Amtes für Statistik erstellt wurden. Nähme man diese Zahlen für bare Münze, würde das bedeuten, dass die Krimtataren bei einem (offiziellen) Bevölkerungsanteil von 12,1 Prozent zu über 94 Prozent Muttersprachler wären![18] Diese hohe Zahl drückt also aus – berücksichtigt man die Freiwilligkeit der Angaben, die freie Atmosphäre bezüglich Meinungsfreiheit und krimtata-

16 Mustafa Cemilev auf dem IV. Qurultay des krimtatarischen Volkes, s.: Tayrov 2005, S. 288/289; *Къырым* Nr.

17 Siehe dazu Befürchtungen der Leser von *Günsel* unter Kap. 3.3.1.4.

18 S.: Avdet Nr. 21 (397), 16. Juni 2006

rische Thematik generell in der damals ukrainischen Krim und damit einhergehende Unnachprüfbarkeit – dass zumindest die Selbstsicht bzw. idealisierende Selbstsicht der Krimtataren einen Zustand beschreibt, der erreicht werden möchte. Das Streben nach diesem Ideal einte alle Exponenten im Bildungswesen der Krimtataren, gleich welcher politischen Orientierung.

Auf dem Weg zu diesem Ideal waren neben den sozio-ökonomischen diffizilen Rahmenbedingungen zwei Faktoren zu berücksichtigen: Der Unterschied der Dialekte und die mentale Verschiedenheit der tatarischen Krimbewohner des Nordens und Südens, der Tat und Noğay. Dazu bemerkte der Philologe M. Hall "In exile the dialects became less distinct as northern and southern Crimean Tatars found themselves living together as a result of the deportation."[19] Waren die Identitätsunterschiede in der Vorkriegszeit noch stärker verankert, so muss man heute schon mehr von einer gesamttatarischen Identität auf der Krim sprechen. Die zentralen Dialekte (Ortayolaq şivesi) um Bahçesaray herum, die Dialektgruppen des Nordens (Çöl şivesi) und Südens (Yalıboyu şivesi) allerdings sind bis heute Faktoren geblieben, die – wo auch immer die Sprecher der Dialekte heute wohnen – die Vereinheitlichung des Krimtatarischen beeinflussen.

19 Hall, Mica: *Russian as spoken by the Crimean Tatars* Dept. Dissertation, University of Washington, 1997, S. 37.

2. Abriß zur Geschichte

Im kollektiven Gedächtnis der krimtatarischen Gesellschaft gab es bis 2014 zwei Zäsuren in der Geschichte, die immer wieder heraus gestellt werden: Die Annektion der Krim durch Katharina II. im Jahre 1783 und die Deportation des Volkes im Mai 1944. Entlang dieser Bruchstellen wird auch die Geschichte der Literatur und Bildung der Krimtataren erinnert: Was nach der Annektion abbrach und in der Verbannung seinen Tiefpunkt erlebte, konnte erst jetzt in einer freien Ukraine seine Fortführung erfahren. Umso intensiver wird nun nach 2014 die Situation als dritte Zäsur empfunden, die nach Schließung von Bildungseinrichtungen und Verbot des krimtatarischen Nationalrates "Milliy Meclis" viele Bemühungen um Jahrzehnte zurückwirft.

2.1. Vom Krim-Khanat zur Deportation

Die Krimtataren gehen historisch auf eine Abspaltung der Goldenen Horde[20] zurück, die sich im ersten Drittel des 15. Jahrhunderts allmählich auflöste. Aus deren Erbmasse heraus gründeten sich dann verschiedene Khanate, wie das von Kazan (1437), von Astrachan (1460) oder unter Hacı Girey 1441/42 das Krim-Khanat mit Bahçesaray als Hauptstadt, dort auch mittels der Integration von bereits vorher auf der Krim siedelnden turksprachigen Bevölkerungsschichten. Der Weg zur Unabhängigkeit von der Goldenen Horde brauchte fast fünfzig Jahre, gefüllt mit Kämpfen zwischen verfeindeten Stämmen, Ulus genannt. Das Khanat der Krim bestand dann, wenn auch später nominell als Vasall der Osmanen, bis in das Jahr 1777. Nach dem

20 Goldene Horde = türkisch/tatarisch *altın ordu*, was goldenes Heer oder "Khanshof" bedeutet, Bezeichnung für mongolische und türkische Krieger, die unter Batu Khan, dem Enkelsohn Dschingis Khans, in Osteuropa einfielen; gleichzeitig der Name eines historischen mongolisch-tatarischen Reiches oder Khanats, das an den Ufern der Wolga errichtet worden war und ursprünglich Khanat Kiptschak hieß. Daher stammt auch unser deutsches Wort *Horde*. Im 15. Jh. wurde es in der Bedeutung von "Heerlager" und umherziehender brandschatzender "Tatarischer Haufen" über polnisch "horda" ins Deutsche übernommen (Kluge, 1999, S. 383a; Paul, 1992, 418a). In den altaiischen Sprachen ist es als ordu und urdu bezeugt. Dabei hat "Urdu" eine breitere Semantik als im Deutschen. Es kann auch Hauptstadt, Armee oder Friedhof bedeuten (s.: Starostin/Dybo/Mudrak, 2003, tom II, S. 1062). Lediglich mit der heutigen auch im Deutschen gebräuchlichen Semantik ging Ordu/urdu in andere Sprachen über. Nach Paul ist es ein originär tatarisches Wort (Paul, 1992, S. 418a).

russisch-osmanischen Krieg wurde die Krim dann 1783 endgültig russisches Reichsgebiet.[21]

Nach einem Jahrhundert (1783–1883) der Repression, Migration und Agonie entwickelte sich ab den 1880er Jahren ein neues tatarisches Bewusstsein auf der Krim. Der große Reformer Ismail Gasprinski legte mit seiner Zeitschrift *Tercuman* [Der Dolmetscher] den Grundstein nicht nur für eine neue Methode der Lehre an den Medresen, der usūl-i cadīd, weshalb er in eine Reihe mit Pestalozzi, Diesterweg und Uşinsky gestellt wird.[22] Sondern er stieß auch eine Entwicklung an, die in der Gründung der Organisation "Vatan Hâdimi" [Gesellschaft Vaterland] 1908 in Istanbul gipfelte. Wie die Türken und Kurden, so gründeten nun auch die Krimtataren, inspiriert von den Ideen des Nationalismus in Europa, ihre eigene Bewegung[23]. Zur Bedeutung von "Vatan Hâdimi" und den `Yaş Tatarlar` für die Entwicklung einer eigenen krimtatarischen Identität schreibt Hakan Kırımlı: "This resulted in their strong emphasis on the »tatarness« of their identity in relation to the Crimea, though without in any way jettisoning the broader Turkic and Islamic allegiances and affiliations. [...] the basic components of the concepts of a modern Crimean Tatar nationhood and its ultimate self-determination were formed during this period."[24] Heute auf der Krim täglich erinnerte Namen, auf die man sich beim

---

21 Zur krimtatarischen Ethnogenese und Geschichte bis zur Oktoberrevolution s.: Kırımlı 2002, S. 450–465; Williams 2001, S. 7–195; Fisher 1978, S. 1–108.

22 S.: *Ulu ocamız İsmail Gasprinskiyniñ izinden* [Im Vermächtnis unseres großen Lehrers Ismail Gasprinski] In: *Tasil* Nr. 1, 2002, S. 3/4. Türkisch: usûl-ü cedîd – Neue Methode. Zur Geschichte des Djadidismus und seiner Exponenten siehe Maraş 2002.

23 Die Jungtürken führten 1907 in der Vereinigung *İttihad ve Terakki* [Einigkeit und Fortschritt] ihre Tätigkeiten fort, die in der *Osmanlı̈ Hürriyet Cemiyeti* [Osmanische Freiheitsgesellschaft] von 1906 begonnen wurden. Kurdische Intellektuelle gründeten am 19. September 1908 die *Kürd Teavün ve Terakki Cemiyeti* [Kurdische Gesellschaft für gegenseitige Hilfe und Fortschritt] und 1912 gründetetn Studenten die *Cı̈vata Talebeyi Kurdan – Hêvî* [Kurdische Studentenvereinigung – Hoffnung]. S.: Olson, Robert: *The Emergence of Kurdish Nationalism 1880–1925* Austin, 1989, S. 15 und Ağuiçenoğlu 1997, S. 202–208.

24 "Dies [die Entwicklungen unter den Jung-Tataren] führte zur starken Betonung des "Tatarentums" ihrer Identität in Verbindung mit der Krim, jedoch ohne die breitere Einbettung in die türkische und islamische Identität über Bord zu werfen. [...] die Grundkomponenten eines Konzepts moderner krimtatarischer Nationalität und ihrer Selbst-Determinierung wurden in dieser Epoche geformt" (Kırımlı, 1996, S. 220/221). Sa.: Fisher 1978, S. 105–108.

Neuaufbau des krimtatarischen Bildungswesens beruft, wie etwa Noman Çelebi Cihan[25], Ablyakim Hilmi und Cafer Seyidahmet, waren Mitbegründer der Studentenvereinigung der Krimtataren und von "Vatan Hâdimi".[26]

Vor der Revolution war Analphabetentum noch ein weitverbreitetes Problem – nicht nur, aber vor allem unter der krimtatarischen Bevölkerung. Nur 48 von 764 staatlichen Schulen wurden 1914 auch von Krimtataren besucht, denn dort wurde auf Russisch unterrichtet. Die meisten krimtatarischen Schüler gingen in eine Medresse oder eine islamische Grundschule (Mekteb). Im Schuljahr 1914 waren das 8080 Schüler in 360 geistlichen Schulen.

Tabelle I Analphabetentum unter der Krimbevölkerung 1926[27]

Volksgruppe	**Analphabeten in %**
Tataren	71,1
Griechen	52,8
Armenier	47,8
Bulgaren	46,8
Russen	43,7
Juden	27,4
Deutsche	27,2

Das Problem des Analphabetentums konnte bis zur Deportation 1944 nicht völlig gelöst werden. Gründe dafür waren der politische Terror, ökonomische Krisen und administrative Vernachlässigung. Ein Grund war sicher auch die Infrastruktur: Die Masse der Krimtataren war innerhalb des letzten Jahrhunderts durch Russifizierung und ökonomischen Druck aus den Städten ver-

25 Mehr zu Noman Çelebi Cihan (auch Çelebicihan) s.a.: Abdülvahap, Nariman: *"Ant etkemen, söz bergemen bilmek içün ölmege" - Noman Çelebicihan. Hayatı ve eserleri.*[Ich gedenke, ich schwöre, für das Wissen bis zum Tod] In: *Günsel* Nr. 4, Jan./Feb. 2000, S. 16–18. Sein zur Nationalhymne avanciertes Gedicht wird auch heute wieder bei der Eröffnung von krimtatarischen Kulturveranstaltungen an der Universität oder im Nationaltheater gesungen (dazu s.a.: Useinova, Nadžiye: *Иджадий корюшювлер.* [Schöpferische Treffen] In: Avdet Nr 10–11 (386–387), 7. April 2006, S. 8.

26 S.: Qandım 2002, S.19; Williams 2001 S. 324–326; Fisher 1978, S. 105–108.

27 Quelle: Tarxan 1931, S. 96.

drängt worden. Der größte Teil (ca. 89%) lebte auf dem Lande, wo Schulen und Institute natürlich spärlicher und schlechter zu erreichen waren.

Nach den Wirren der Revolution und des Bürgerkrieges begann andererseits ein kurzes `goldenes Zeitalter` der krimtatarischen Kultur und Bildung. Auf der ersten Wissenschaftskonferenz der ASSR Krim im September 1927 wurden der Übergang zum lateinischen Alphabet und die dafür notwendigen praktischen Schritte beschlossen. Die II. Konferenz im August 1929 war dann der Beginn der praktischen Einführung des neuen Alphabets, bestehend aus 32 Buchstaben[28]. In den dreißiger Jahren gab es einerseits zahlreiche krimtatarische Medien und Kultureinrichtungen, andererseits wurde ein krimtatarischer Parteivorsitzender nach dem anderen unter verschiedenen Vorwänden ermordet, circa 30.000 krimtatarische Bauern wurden als "Kulaken" verbannt und der Holodomor[29] raffte auch unter Krimtataren viele hungernde Menschen hinweg. Im Jahre 1938, nach der systematischen Ermordung der krimtatarischen Intelligenz durch das Stalinregime, folgte der nächste repressive Akt: Per Dekret Nr. 989 vom 22. Juno 1938 mußten alle Turksprachen ab sofort im kyrillischen Alphabet geschrieben werden. Die Zeitung "Yañı Dunya" erschien nun ab dem fünften August in kyrillischer Schrift. Nach Hakan Kırımlı hatte dieser rasante Wechsel von Schreibweisen der krimtatarischen Sprache nicht nur den Verlust von kulturellen Kontakten zu Generationen von Literatur der Vergangenheit mit sich gebracht, sondern machte generell literate Menschen zu De-Fakto-Analphabeten[30].

Als Vorkriegsstand im krimtatarischen Bildungswesen sind folgende Fakten zu nennen: Krimtatarisch war zusammen mit Russisch die offizielle Sprache der ASSR Krim, de facto bis zu deren Auflösung am 30.6.1945. Es

---

28 s.: Qoñurat, Kemâl Hüseyin: *Qırımtatar Edebiy Tili Elifbeleri Tarihçesi* In: *Günsel*, Nr. 2, 1999, S. 2.

29 Fünf bis sieben Millionen Menschen starben damals 1932/33 vor Hunger in der Ukraine. Das Wort Holodomor setzt sich aus den beiden ukrainischen Wörtern *Holod* und *Mor* zusammen. *Holod* entspricht Hunger; *Mor* ist ein altes ostslawisches Wort und kann als Seuche übersetzt werden. S.a.: Diederich, Alex: *Der vergessene Genozid. Die planmäßig herbeigeführte Hungerkatastrophe in der Ukraine 1933* In: *pogrom – zeitschrift für bedrohte völker* Göttingen: GfbV, Nr. 111, 1984, S. 21–23 und *Osteuropa*-Themenheft *Vernichtung durch Hunger. Der Holodomor in der Ukraine und der UdSSR.* Nr. 12, 2004 und im Internet: http://de.wikipedia.org/wiki/Holodomor

30 Kırımlı 1989, S. 70. s.a.: Fisher 1978, S. 130–149; Kurşutov 2006 und *Tasil* Nr. 2, 2002, S.6.

gab 427 Grundschulen jeder Ausrichtung, sieben Technische Schulen, zwei Institute, elf Lehrerbildungsanstalten und ein Forschungsinstitut für Geschichte, Philologie und Kultur, in denen auf krimtatarisch unterrichtet wurde. Es gab zwölf Zeitungen, ein nationales Theater und fünf Journale der Krimtataren.

Bis 1944 lebten trotz mehrerer großer Auswanderungswellen über 300.000 Krimtataren in ihren angestammten Siedlungsgebieten des ehemaligen Gouvernements Taurien (Halbinsel Krim und angrenzende Festlandgebiete).[31] Alle bisherigen Repressionen von der ersten Annexion der Krim 1783 bis zur Vernichtung der Elite in den 1930er Jahren kulminierten im Mai 1944 in der Deportation des ganzen Volkes.[32]

2.2. Sürgün ve Avdet / Verbannung und Heimkehr

Nach der Rückeroberung der Krim durch die Rote Armee wurde das gesamte krimtatarische Volk – circa 200.000 Menschen – am 18. Mai 1944[33] unter dem Generalverdacht (bzw. -vorwand), mit den Deutschen kollaboriert zu haben, deportiert.[34] Die Krimtataren wurden in den Ural, nach Sibirien und das Gros nach Zentralasien, vornehmlich nach Usbekistan transportiert, wobei Tausende vor Hunger und Entkräftung starben. Während des Transportes in teils offenen Viehwaggons und in den ersten Monaten nach Ankunft in den Zielgebieten starb fast die Hälfte der Deportierten. Selbst die krimtatarischen Männer, die in den Reihen der Roten Armee an der Front gekämpft hatten

---

31 Die Halbinsel wurde nach der ersten russischen Annexion von 1783 Bestandteil des neu gegründeten Gebietes Taurien (*Tavriçeskaya oblast*), das Zar Paul I. 1796 wieder auflöste und der Provinz Neurussland (*Novorossiya*) zuordnete. Durch Ukas von Zar Alexander I. wurde schließlich 1802 das Gouvernement Taurien (*Tavriçeskaya gubernija*) gebildet, das außer der Krim auch weite Teile der nördlich von ihr gelegenen Steppengebiete umfasste. Die Bezeichnung Krim verschwand aus dem offiziellen Sprachgebrauch. Da *Krim* für das krimtatarische Khanat stand, war diese Benennung nicht mehr erwünscht.

32 S.a.: Fisher 1978, S. 118.

33 Deportiert wurden 191.044 Menschen, fast nur Kinder, Frauen und Alte. Bei der Aktion festgenommen und inhaftiert wurden 5989 Personen. 46 % des Volkes starben auf dem Transport und in den ersten Wochen danach. S: Bugay 2002, S.89; Kurtiyev 2005.

34 Wortlaut der Beschuldigungen im Dekret des Obersten Sowjets der UdSSR, publiziert in *Izvestiya* vom 28.6.1946. S.: Fisher 1978, S. 167/168.

und krimtatarische Partisanen, wurden nach Beendigung des Krieges direkt in die Deportation geschickt.[35] Der Umstand, dass nicht nur die Krimtataren verbannt wurden, die mit der Deutschen Wehrmacht kollaboriert hatten, sondern dass ein ganzes Volk kollektiv deportiert wurde, lässt laut einiger Forscher auf mehr als allein strategische Gründe für die Deportation schließen. Das "jahrhundertelange Tatarenjoch" und die Angriffe der Krimtataren auf das Reich der Moskowiter seien Fixpunkte der Identität der Russen bis in die heutige Zeit. Pohl schreibt dazu: "The Stalin-Regime banished the Crimean Tatars not for what they did, but for who they were."

Sämtliche krimtatarische Publikationen aus Bibliotheken, Verlagen, Redaktionen und Schulen wurden gesammelt und auf öffentlichen Plätzen verbrannt, manche auch per LKW in das Schwarze Meer geschüttet. Selbst Werke von Marx, Lenin und Stalin in krimtatarischer Sprache verbrannten die NKWD-Leute. Per Anweisung erfolgten gleiche Prozedere in Tblissi, Baku, Kazan und weiteren Städten.[36]

In den Orten der Verbannung fand in den ersten 14 Jahren nach der Deportation kein kulturelles oder mediales Leben statt. Erst nach der im Februar 1956 gehaltenen Geheimrede Nikita Sergejeviç Chruşçovs auf dem XX. Parteitag der KPdSU änderte sich allmählich und halbherzig die Situation der Deportierten. In dieser Geheimrede vom 24/25. Februar wurden die Krimtataren, Wolgadeutschen, Meskhet- bzw. Ahıska-Türken und andere deportierte Nationalitäten nicht erwähnt, was die – wenn wohl auch aussichtslose – Einklagbarkeit ihres Rückkehrrechtes unmöglich machte. Von einer Rehabilitierung dieses Teiles der über drei Millionen Deportierten konnte also keine Rede sein. Sondern im Gegenteil: In einem geheimen Erlass (Ukaz) des Obersten Sowjets der UdSSR wurde verfügt, dass die Rückkehr der Krimtataren und anderer Völker nicht gestattet wird[37].

Ab dem ersten Mai 1957 erschien die einzige überregionale Zeitung auf krimtatarisch in Usbekistan als Organ des Zentralkomitees der KP und des

---

35 1949 waren in den Spezialsiedlungen 8995 Veteranen der Roten Armee registriert, darunter 534 Offiziere, 1392 Unteroffiziere. Darunter waren auch 742 KPdSU-Mitglieder und 1225 Komsomolzen. S. : Pohl 2004, S. 36; S.: Bekirova, 2005, S. 246/247; Bojadziev 1930; Fisher 1978, S. 159–164.

36 Kırımlı 1989, S. 71.

37 Wortlaut unter Punkt 5.2. Dokumente.

Ministerrates der UsSSR *Ленин Байрагъы* [Banner Lenins][38]. Jedoch waren Artikel, die die Belange der Krimtataren betrafen sehr rar. Ein Großteil der Artikel beschäftigte sich mit sowjetischer Politik usbekischer Färbung und waren Übersetzungen aus dem Russischen und Usbekischen. Ebenfalls 1957 erschien das erste krimtatarische Buch seit der Deportation in Usbekistan *Baar Ezgileri* [Frühlingsmelodien]. Es folgten Jahr für Jahr weitere Publikationen, aber insgesamt bis 1969 lediglich siebzehn Bücher mit Auflagen von zwei bis fünfzehn tausend Exemplaren[39]. Zieht man in Betracht, dass die krimtatarische Sprache vor dem Krieg lediglich vier Jahre auf kyrillisch gelehrt wurde und die geringen Auflagen der Zeitung und der Bücher längst nicht die Bedürfnisse der nachwachsenden Generation von krimtatarischen Studenten und Schülern im Exil befriedigen konnte, muß der unter 2.) geschilderte Zustand der Entfremdung von der eigenen Literatur nur als unwesentlich verändert beschrieben werden. Krimtatarische Schriftsprache wurde so – wenn es die schweren ökonomischen Zustände zuließen – oft nur innerhalb der Familie weitergegeben, teils noch in arabischer Schrift, auch in lateinischer oder der aktuellen kyrillischen Schreibweise angepasst. All dies trug nur sehr unwesentlich zum Erhalt der krimtatarischen Bildung bei. Dementsprechend groß war das Engagement der krimtatarischen Jugend für eine volle Rehabilitierung des Volkes, welche die Rückkehr auf die Krim einschließen sollte. Nach der illegalen Gründung der "Krimtatarischen Jugendvereinigung" (Qırım Tatar Gençleri Millî Teşkilatı) 1962, der Gründung von hunderten Initiativgruppen, Massenprotesten und Massenpetitionen an den Kreml wurde das Problem der deportierten Völker auch in der Weltpresse bekannt.[40] Nun sah sich die sowjetische Führung am 5. September 1967 genötigt, bezüglich der Ansinnen der Krimtataren einen Erlaß zu veröffentlichen. In diesem "Dekret über die Bürger tatarischer Nationalität, die auf der Krim gelebt haben" wird verlautbart, dass diese unrechtmäßig von der Krim deportiert wurden, nun aber "tiefe Wurzeln an den Orten geschlagen haben, an denen sie gegenwärtig leben." Mit diesem Dekret und der expliziten Vermeidung des Begriffs

38 UsSSR – Usbekische Sozialistische Sowjetrepublik, eine von 15 pseudu-autonomen Teilrepubliken der ehemaligen Sowjetunion.

39 S.: Kırımlı 1989, S. 71.

40 Zur Geschichte der krimtatarischen Nationalbewegung siehe Cemilev 2003; Williams 2001, S. 301–464.

Krimtataren wurde zweierlei klar: Erstens betrachtete der Kreml die Krimtataren als Teil der (Kazan-)Tataren, was implizieren würde, dass sie sich auch in Tatarstan (TASSR)[41] oder anderen Orten mit (kazan-)tatarischer Wohnbevölkerung hätten niederlassen können. Dies kam in der Auslassung des Terminius Krimtatare im Dekret zum Ausdruck. Zweitens wurde eine Rücksiedlung, aufbauend auf obigem Scheinargument und mit der Begründung, sie seien im Exil heimisch geworden, abgelehnt.[42]

Nach diesem Dekret gab es dann erst recht Massenproteste, Schauprozesse, Verhaftungen und Repressionen. Selbst noch in der Ära Gorbatschov wurden Fehler bei der Behandlung ganzer Völker der Sowjetunion eingeräumt, eine Änderung der Nationalitätenpolitik aber weiterhin kategorisch ausgeschlossen. Gorbatschow erklärte damals: "Eine Änderung der sozialistischen Prinzipien der Beziehungen zwischen Nationen und Völkerschaften unseres Landes steht nicht auf der Tagesordnung."[43] Durch die Massenbewegung der Krimtataren in den 1980er Jahren und die vermehrte Medienwirksamkeit, zum Beispiel durch Allianzen mit Bürgerrechtlern wie Andrej Sacharow, konnte schließlich eine insgeheim geduldete Rückkehrbewegung ihren Anfang nehmen. Dies war dann auch der Anfang der ersten Ausdifferenzierungen im politischen Spektrum der Nationalbewegung: Die Leiter der Gruppe "Fergana-Tal" R. Kadiyev und Juri Osmanov gründeten mit ihren Mitstreitern die NDKT, die Nationalbewegung der Krimtataren. Mustafa Cemilev und seine Anhänger gründeten 1987 die OKND – die Organisation der Krimtatarischen Nationalbewegung.[44] Erstere waren noch loyal zur Sowjetverwal-

---

41 TASSR - Tatarische Autonome Sozialistische Sowjetrepublik. Die gebräuchliche Bezeichnung war in der UdSSR Tatarien (Советская Татария), nicht Tatarstan! Auch dies ein Ausdruck von srikter Verweigerung einer 'echten' Autonomie geschweige denn 'Staatlichkeit'.

42 Kırımlı 1989, S. 72.

43 S.: *Antworten Michael Gorbatschows auf Fragen der Zeitung 'Washingten Post' und der Zeitschrift 'Newsweek'. 18. Mai 1988.* Moskau: APN, 1988, S. 16.

44 Bei ersten Begegnungen mit der etwas verwirrenden Vielzahl an Positionen einzelner Aktivisten zwischen beiden Nationalbewegungen und den anderen Parteien wie PMU, Adalet, Millî Fırka usw. drängte sich mir am Anfang immer der Vergleich mit der Judäischen Volksfront und der Volksfront von Judäa im britischen Film "Das Leben des Brian" auf, in dem solche Fraktionierungen satirisch hinterfragt werden. Und bei allem Ernst der Lage können viele krimtatarische Jugendliche mit diesen Unterschieden nicht viel anfangen. Doch selbst unter der krimtatarischen Jugend gibt es verschiede-

tung und zur Partei, wollte einen Wandel *im* System. Die OKND sah Verbesserungen nur erreichbar durch radikale Methoden und eine Abschaffung des totalitären Systems.[45]

Nach dem Zerfall der UdSSR 1991/92 und teilweise schon vorher als Illegale kehrte gut die Hälfte des Volkes aus der Verbannung zurück. Seitdem wurde die Rückkehr durch internationale NGOs und Exilorganisationen der Krimtataren begleitet. Auch von der Regierung der Ukraine und Usbekistans kam Hilfe, wenn auch zögerlich und unzureichend. Doch je später und je mehr Krimtataren auf die Krim kamen, desto schwächer wurde der Fluss von Mitteln aus Kiew und Taschkent. Die Xenophobie unter der hauptsächlich russischen Krimbevölkerung und der allgemeine ökonomische Niedergang nach der Unabhängigkeit der Ukraine schufen immer schwierigere Rahmenbedingungen für die Rückkehrer, die nun schon wieder über zwölf Prozent der Krimbevölkerung ausmachten.

---

ne Vereinigungen (siehe dazu Kap. 3.4.1.1.3. B) Zur Geschichte der Nationalbewegung(en) siehe Zuleyxa, Bilal: *Двиxeue – это жизн, особено национальное.* [Bewegung – das ist Leben, insbesondere nationales] In: *Uyğunlıq* Nr. 21, November 2003, S. 2.

45 Ein weiterer Streitpunkt war die Sicht auf die Unabhängigkeit. Die NDKT präferierte eine Autonomie wie im Jahre 1921, die OKND eher eine unabhängige Staatlichkeit. Hier haben sich die Positionen jedoch mittlerweile verwischt.

3. Neubeginn auf der Krim

Warum spreche ich von Neubeginn und nicht von der Fortsetzung krimtatarischer Bildung unter anderen gesellschaftlichen Rahmenbedingungen? Weil man vor dem Zerfall der UdSSR, wie oben beschrieben, nicht von krimtatarischer Bildungslandschaft sprechen kann. Erst nach der Rückkehr auf die Krim begannen Aktivisten der Nationalbewegung sich um den Aufbau eines krimtatarischen Bildungswesens zu kümmern. Da die Lehrerschaft, die Intelligenz der Krimtataren Mittelasiens – auch bedingt durch ökonomisch bessere Situiertheit – unter den Ersten waren, die auf die Krim übersiedelten, war einem krimtatarischen bildungspolitischen Neuanfang in Usbekistan die Grundlage entzogen. Es machte keinen Sinn mehr, dem anschwellenden Strom Richtung Schwarzes Meer einen Neuaufbau in der Diaspora entgegenzusetzen. Allerdings befürchtet der Meclis[46] schon seit mitte der 1990er, dass dieser Wegbruch aller kulturellen Infrastruktur die bisher aufrechterhaltene krimtatarische Identität in der Diaspora negativ beeinflussen und die Assimilation der in Mittelasien verbliebenen Krimtataren beschleunigen könnte.[47]

Auf der zweiten Sitzung des II. Qurultay des krimtatarischen Volkes vom 27. bis 31. Juli 1993 wurde der Beschluss wieder zum lateinischen Alphabet zurückzukehren, von den Delegierten angenommen.[48] Qurultay steht für ´Vollversammlung/Ratsversammlung`. Jeder kommunale und regionale Meclis wird von der zu einem Qurultay zusammengekommenen Bevölkerung gewählt. Die nächst höhere Ebene des Meclis bis hin zum Milliy Meclis (Nationaler Rat) wird von den jeweils auf dem letzten Qurultay gewählten Vertretern bestimmt. Dieses demokratische Pyramidensystem geht zurück auf die illegale Organisierung in der Verbannung, wo in jeder Straße, jeder Siedlung

46 Dies ist die krimtatarische Schreibweise, auf deutsch sprich: Medschlis.

47 S.: Czerwonnaja 1997, S. 10; Williams 2001, S. 459.

48 S.: *Latin grafikası esasında Qırımtatar elifbisini qabul etmek aqqında" Qırımtatar Milliy Qurultaynıñ Ekinci Sessiyasınıñ qararını.*[Über die Annahme des krimtatarischen Alphabets auf der Basis der lateinischen Grapheme] unter: http://www.qurultay.org/tat /show_links.asp?AD=kurultay/kurultay_2/sessions/session_2/docs/list.txt [19.9.06, nicht mehr am Netz; stattdessen jetzt http://qtmm.org/, 13.5.2016].

und jedem Rayon Initiativgruppen gebildet wurden, die Vertreter für die Initiativgruppe der Republik wählten, also ein klassisches Graswurzel-System.[49]

Das vorher diskutierte und von einer wissenschaftlichen Konferenz im Juli 1992 erarbeitete Alphabet wurde so Grundlage der immer noch andauernden Bemühungen, einen Neuanfang in der krimtatarischen Literatur und Bildung zu schaffen. Der Übergang zum lateinischen Alphabet wurde staatlicherseits mit dem Erlass Nr. 1139–1 vom 9. April 1997 von der Hohen Rada der Autonomen Republik Krim sanktioniert.[50]

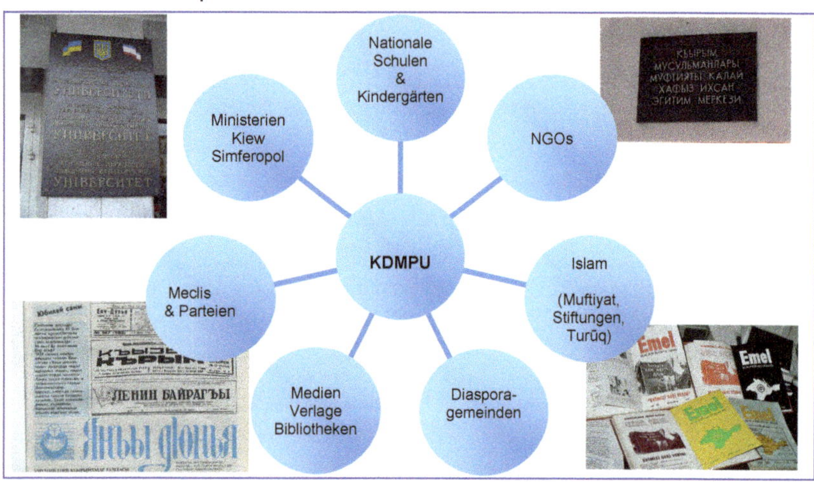

Abb. 1 Organigramm zu Einflussfaktoren an der KDMPU

Wie auf dem Organigramm angedeutet, beeinflussen zahlreiche Faktoren die Entwicklung des tatarischen Bildungswesens auf der Krim. Am Beispiel der Staatlichen Universität für Ingenieurswesen und Pädagogik der Krim (KDMPU) und insbesondere des Lehrstuhls für krimtatarische und türkische Philologie kann man diese vielschichtigen Einflüsse verdeutlichen.

Allen angedeuteten Aspekten die gleiche Aufmerksamkeit zukommen zu lassen, fehlt im Rahmen dieser Arbeit der Raum, jedoch sollen ausgewählte Momente des Schemas in eigenen Kapiteln beschrieben werden. Dies be-

---

49 S.a.: Williams 2001, Fn. 16, S. 420.

50 S.: Qoñurat, Kemâl Hüseyin: *Qırımtatar edebiy tiliniñ imlâ qaideleri toplamı* [Sammlung der Orthographieregeln der krimtatarischen Literatursprache] In: *Günsel* Nr. 2 (Sep./Okt. 1999) S. 2–17.

trifft die Schulen und Kindergärten (4.1.3. und 4.4.1.1.2), Medien (4.2.3.1.; 4.3. und 4.4.1.2) und Verlage (4.4.3.) sowie die Komponente des Islam (4.1.3. und 4.2.2.). Andere Aspekte finden unter Punkten ihre Berücksichtigung, die sich aus dem Kontext ergeben hat, wie etwa der Meclis, administrative Einheiten wie Bildungsministerium und Regierungen oder NGOs.

3.1. Aufbau des Bildungswesens

Als Bildungswesen der Krimtataren verstehe ich hier nicht nur die offiziellen Universitäten, nationalen Schulen und Kindergärten, sondern ebenfalls die islamischen Bildungseinrichtungen und besondere Initiativen des E-Lerning bzw. audio-visueller Praktiken, die keiner Schule im herkömmlichen Sinne bedürfen. Natürlich ist das, was ein Bildungswesen generell ausmacht – Vorschulen, Schulen, Fakultäten – Gegenstand dieser Untersuchung, doch ohne die zusätzliche Flankierung dieses Bereiches durch private Initiativen von AktivistInnen der Nationalbewegung wäre der Reichtum der krimtatarischen Bildungslandschaft wohl noch nicht erreicht worden, der bis anfanng 2014 zu konstatieren war. ´Reichtum` beschreibt hier eine komparative Perspektive, rückblickend auf das, was bis 1989 an kärglicher krimtatarischer Litereratur, Wissenschaft und Kultur möglich war. Verglichen mit dem Vorkriegsstand ende der 1930er Jahre jedoch war das Kultur- und Bildungswesen der Krimtataren des 21. Jahrhunderts natürlich noch weit von ehemaliger Blüte entfernt. Umso wichtiger schien mir deshalb die Untersuchung der Bereiche Internet und Musik in ihrer identitätsstiftenden und –fördernden Wirkung zu sein, weshalb diese beiden Bereiche mit in diese Untersuchungen einbezogen worden.

Der jetzige Zustand jedoch bedarf einer separaten Analyse, da sich rechtliche, personelle und strukturelle Rahmenbedingen in kürzester Zeit seit 2014 rasant geändert haben – allein unter den bisher 17.000 Krimtataren, die ihre Heimat erneut verlassen mussten, waren überproportional viele Akademiker und Studentinnen und Studenten, was bereits zur Schließung einer Kafedra an der TNU (Taurida National University) geführt hat[51].

51 Online unter URL http://www.crimea.edu/eng/ (22.4.2016).

3.1.1. Universitäten

Die KDMPU - Къырым Девлет Мюхэндислик ве Педагогика Университети[52]

Wie in der ganzen Arbeit immer wieder festzustellen sein wird, ist die KDMPU als ein Hort, eine Art Cluster zu betrachten, aus dem heraus in fast alle für die Erhaltung der nationalen Identität relevanten Bereiche ausgestrahlt wird. Dass diese Beziehungen keine Einbahnstraßen, sondern reziproke Relationen darstellen, wird an anderer Stelle eingehender behandelt werden. (Kap. 3.4.1.1.3.).

Der Aufbau einer krimtatarischen Hochschulausbildung auf der Krim begann Anfang der 1990er Jahre an der damaligen Staatlichen Universität "M. W. Frunse" Simferopol, der heutigen TNU. Da fast der gesamte krimtatarische Lehrkörper des Staatlichen Pädagogischen Institutes "Nizami" aus Taschkent, dem einzigen Institut, an dem Krimtataren der UdSSR lehren und forschen durften, auf die Krim zurückgekehrt war, suchte man nach Wegen, für diese WissenschaftlerInnen Arbeit zu finden. An der Universität "W. M. Frunse" wurde nach zähem Ringen 1990 an der philologischen Fakultät ein Lehrstuhl für krimtatarische Sprache und Literatur eingerichtet.[53] An der TNU wurde bis 2014 lediglich in den beiden genannten Abteilungen krimtatarische Bildung vermittelt, dies aber bei weitem nicht immer ***auf*** krimtatarisch. Die KDMPU hingegen wird als quasi-krimtatarische Universität angesehen. Für das Studium an der KDMPU gibt es kein Zugangs-Quotensystem für StudentInnen ehemals deportierter Völker, wie es an allen anderen Fach- und Hoch-

52 Staatliche Universität für Ingenieurswesen und Pädagogik der Krim / Uk.: Кримський Державнии Інженерно-Педагогічний Університет (KDIPU) / Kt.: Qırım Devlet Mühendislik ve Pedagogika Universiteti. Nach Abschaltung der ukrainischen Webseite http://kipu.crimea.ua/ ist die KDMPU unter der nunmehr russischen URL http://kipu-rc.ru/ zu erreichen (22.4.2016).

53 Seit der Gründung ist der Leiter des Lehrstuhls Ayder M. Memetov. Der Lehrstuhl für Krimtatarische Literatur wurde 1992 eigenständig. Nach dem Tode seines Leiters Cafer B. Bekirov übernahm bis 2015 Shevket Elvisovich Yunusov diese Aufgabe. Aufgrund von Anfeindungen, der unsicheren Lage und der Gleichschaltung der Lehre verließen 2014 viele krimtatarische Studenten die Halbinsel, woraufhin die Kafedra für krimtatarische Literatur geschlossen und dem Bereich krimtatarische Philologie angegliedert wurde. Prof. Memetov nannte diese geflüchteten Studenten öffentlich "Idioten", was wiederum zu heftigen Diskussionenunter der Dozentenschaft von KDMPU und TNU führte.

schulen der Krim besteht. Sie geht zurück auf das Institut für Ingenieurswesen und Pädagogik der Krim, welches ebenfalls nach zähem Ringen mit der örtlichen Nomenklatur den Behörden abgetrotzt wurde.[54]

Bis 2014 bestanden an der KDMPU 28 Lehrstühle, an denen 400 Wissenschaftler lehrten und forschten sowie jedes Studienjahr über 6000 Studierende Bildung erhielten. Die Hälfte der Studierenden waren bis dahin Krimtataren, die andere Hälfte Krimčaken, Karaimen sowie Jugendliche der ehemals von der Krim deportierten Bulgaren, Deutschen, Armeniern und Griechen.[55] Daneben studierten natürlich ebenfalls Ukrainer, Russen und Belorussen dort (s. Tabelle I). Zur Zeit (2016) ist eine Umstrukturierung der Universitätslandschaft auf der Krim im Gange. Es wird vermutet, dass ähnlich der Zusammenlegung von einem Dutzend Instituten in Tatarstan zur größten Zentral-Universität des Wolga-Ural-Gebietes auch eine zentrale Krim-Universität mit diversen Filialen gegründet werden soll, die den Status einer "Föderalen Universität" bekommt. Schaut man nach Tatarstan, wo an der KFU[56] im April 2016 die rennomierte Fakultät für tatarische Geschichte (Tat-Fak) aufgelöst wurde, bangen krimtatarische Akademiker um den Fortbestand der bisherigen Institiute.

Wie man dem Schema der KDMPU (Abb.2, S. 36) entnehmen kann, sind jedoch nicht nur die einzelnen Fakultäten, sondern auch das Tanz-Ensemble "Uçan Suv", die Abteilung für Publikation und Information sowie Studentenklub und Sportverein etc. im Budget der KDMPU enthalten. Auch diese – auf den ersten Blick nicht direkt mit krimtatarischer Muttersprache verbundenen – Abteilungen haben einen nicht unwesentlichen Einfluss auf Attraktivität und Nutzung der krimtatarischen Sprache im Universitätsalltag. So beschäftigt sich etwa die Abteilung Publikationen/Redaktionen mit der

54 Untergebracht ist die KDMPU in der ehemaligen Marineschule der Schwarzmeerflotte der UdSSR, vul. Sevastoploska 21 in Aqmescit / Simferopol. Mehr zur Geschichte der KDMPU in: Yakubov/Veliyev/Selimov S.9.

55 Während des II. Weltkrieges wurden außer den Krimtataren ca. weitere 40.000 Menschen deportiert: 14.300 Griechen, 12075 Bulgaren, 9919 Armenier u.a.m.

56 Siehe Iterview mit dem Leiter des Institutes für Geschichte der Akademie der Wissenschaften Tatarstans, Rafael Khakimov: Рафаэль Хакимов: «Тема истории татар становится интересна всей Европе, а КФУ неинтересно...» (Das Thema der Geschichte der Tataren stößt auf Interesse in ganz Europa, die KFU ist nicht interessiert...) Quelle : http://realnoevremya.ru/today/30716 (13.5.2016).

Publikation und redaktionellen Bearbeitung universitätseigener Schriften nicht nur auf Russisch und Ukrainisch, sondern auch auf Krimtatarisch oder anderen Sprachen.[57]

Ein Novum an der KDMPU ist das *Milliy Araştırma Merkezi* (Nationales Forschungszentrum - NIZ). Wie das "Zentrum zur Erforschung von Handschriften", das Sprachzentrum "Window to America" und das Türkische Forschungszentrum der TİKA[58] erscheint auch das Nationale Forschungszentrum der Philologischen Fakultät nicht im Schema der KDMPU. Dieses Zentrum ist wie die vorgenannten Institutionen an der KDMPU angesiedelt, wird aber aus anderen Budgets bezahlt, sowohl von externen Drittmittelgebern als auch von unterschiedlichen staatlichen Stellen. Seit dem sich die russisch-türkischen Beziehungen infolge von Syrienkrieg und Flugzeugabschuß dramatisch verschlechtert haben, sind Kooperatioen mit türkischen Institutionen in Rußland verboten, alle Türkisch-Angebote an den Universitäten wurden abgesetzt und die von der Türkei finanzierten Forschungszentren an der KDMPU 2015 geschlossen. Das 2005 eingerichtete Nationale Forschungszentrum wurde aus Mitteln des ukrainischen Ministeriums für Wissenschaft und Forschung finanziert. Das heißt: Die Räume, in der das Zentrum arbeiten soll, wurden an der KDMPU zur Verfügung gestellt und hergerichtet sowie acht Kontingente (Stavka)[59] zur Finanzierung der Arbeitsplätze bewilligt. Diese acht finanzierten Arbeitseinheiten teilen sich nun bis zu 16 Wissenschaftler, da mehr Mittel nicht zur Verfügung stehen.

57 Das Buch zur Einweihung des "Denkmals des Guten" wurde z.B. auf russisch, ukrainisch, krimtatarisch und usbekisch herausgegeben. S.: Yakubov 2004.

58 Türk İşbirliği ve Kalkınma İdaresi Başkanlığı (Ministerium für Türkische Zusammenarbeit und Entwicklung beim Regierungspräsidium der Türkei/Ankara) ehemals Agentur für türkische Zusammenarbeit und Entwicklung beim Präsidentenamt der Republik Türkei (Türk İşbirliği ve Kalkınma İdaresi Acentası (TİKA), 1999 umbenannt in Ministerium für die Verwaltung türkischer Zusammenarbeit und Entwicklung.

59 Die vier Abteilungen des Forschungszentrums (Krimtatarische Sprache, Literatur, Geschichte und Kultur) haben je zwei Stavkas zur Verfügung. Direktor ist Prof. Dr. İsmail Asanoviç Kerimov.

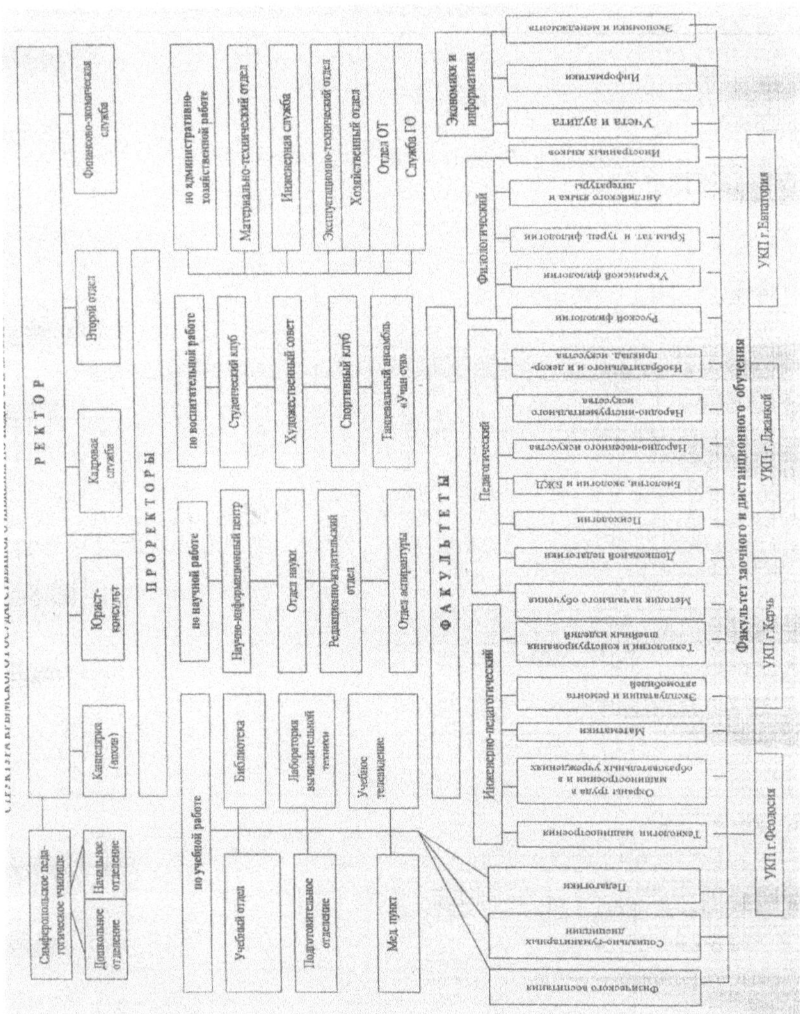

Abb. 2 Organigramm KDMPU, Studienjahr 2004.

Die Räume des Zentrums standen seit der Eröffnung leer, kein Möbelstück, kein Computer oder auch nur ein Buch konnten angeschafft werden. Die Folgen waren: Unterbezahlte Mitarbeiter, welche sich mangels eingerichteter Arbeitsplätze in Bibliotheken, in den ohnehin überlaufenen anderen Einrichtungen an der KDMPU oder zu Hause eine Arbeitsmöglichkeit suchen müssen. Eine unzumutbare bzw. nicht vorhandene Arbeitsatmosphäre.

In diesen Bereich fällt auch die Universitätszeitung *Уйгъунлыкъ* [Uyğunlıq / Harmonie], in der russische, ukrainische und tatarische Texte erscheinen. Das Motto der Zeitung "*Единство в стремлениях, мыслях и делах*" [Einheit im Streben, Denken und Handeln] ist da nicht nur multikulturelle Atmosphäre vorspiegelnde schöne Rede, sondern tägliche zusammen verrichtete Arbeit in drei oder mehr Sprachen.

Die eindeutige Kongruenz mit dem Leitgedanken und Lebensmotto des großen muslimischen Reformers Ismail Gasprinski "Dilde, Fikirde, İşte Birlik" [Einheit in Sprache, Denken und Handeln] ist hier sicher kein Zufall, sieht man sich doch in den tatarischen Bildungseinrichtungen als Erben Gasprinskis an der Schwelle zu einer neuen Epoche krimtatarischer Bildung nach Jahrzehnten des Siechtums.[60] Das Konterfei und die Losung Gasprinskis sind dementsprechend omnipräsent im krimtatarischen Kulturleben.

60 S.a.: Fisher 1978, S.103. 'Einheit in der Sprache' hebt auf die pantürkische Idee einer einheitlichen Turksprache für alle Turkvölker ab, die Anfang des letzten Jahrhunderts sehr populär war und seit den 1990er Jahren wieder Urständ feiert. Nichts destotrotz ist die Idee einer gemeinsamen Sprache der Realität nicht näher gekommen. S.a.: Röhrborn, Klaus: *Zur Frage einer Lingua franca für die Türkvölker in der Gegenwart* In: *Die ural-altaischen Völker. Identität im Wandel zwischen tradition und Moderne* Wiesbaden: Harrassowitz, 2003, S.73–79. Verfechter solcher Vorstellungen von Einheit in Sprache, Denken und Tun aller Türken sind vor allem im türkistischen und turanistischen Spektrum heimisch (z.B die Journale *Bozkurt* [Grauer Wolf], *Göktürk* [Himmelstürke] und *Türk Yurdu* [Türkische Heimat], Der Verein *Elbirliği* [Einheit der Hände], die *Turan Kulturstiftung*, die *Turkiyat-Stiftung* u.a.). Teile dieses Spektrums lehnen eine Annäherung an islamische Bewegungen ab, andere befürworten sie (Türk-İslam-Sentezi). (*Bozkurt* polemisiert dagegen: "Bana göre Ticanilik, Nurculuk, yobazlik, komünizm ve partizanlik gibi hastaliklarin sebepleri, milli ülküden yoksunluktur." [Meiner Ansicht nach sind die Gründe für Krankheiten wie Ticanilik, Nurculuk, Bigotterie, Kommunismus und Partisanentum ein Mangel an nationalen Idealen.] Nr. 9, Sep. 2004, S. 4). S.a.: Kap. 4.1.1. und Kap. 4.3.3.

Tabelle II Die Studierendenzahlen nach Nationalität, Ingenieur-pädagogische Fakultät KDMPU[61]

Studienjahr 2000	**1. Kurs**	**2. Kurs**	**3. Kurs**	**4. Kurs**	**5.Kurs**
Armenier	1	-	-	-	1
Bulgaren	-	1	1	-	-
Griechen	2	-	-	1	-
Deutsche	-	-	-	1	-
Ukrainer	97	26	28	27	16
Krimtataren	109	103	108	91	78
Russen	67	68	42	38	32
Andere	3	2	4	7	2

Neben dem Tanz-Ensemble "Uçan Suv" [wörtl.: Fliegendes Wasser][62] haben auch das Krimtatarische Jazz-Ensemble, ein Kammermusik-Quartett und ein Gesangs-Ensemble ihre Heimat an der KDMPU (dazu ausführlicher unter 3.4.1.)[63]. All diese Institutionen sind nicht nur einfach sinnvolle Freizeitvergnügungen und Beschäftigung mit Kunst, sondern stellen auch eine Herausforderung an Lehrende und Studierende dar: Gesungen und geschrieben wird auf krimtatarisch. Diese kulturellen Aktivitäten binden die Teilnehmer nicht nur in die Beschäftigung mit krimtatarischer Sprache ein, sondern es wird auch eine Perspektive für professionelle Arbeit aufgezeigt, bei der das Krimtatarische unabdingbar ist. Diese Ensembles fungieren auch als Kaderschmieden für das Krimtatarische Nationaltheater, das Folklore-Ensemble "Qırım" oder als Sprungbrett für eine Karriere außerhalb der Krim. Gleiches gilt für die Studenten und Studentinnen der Bereiche Mode, bildende Kunst oder dekorative Kunst.

Mit der Teilnahme an Projekten internationaler Organisationen im Bereich Antirassismus und interkulturellem Dialog bot die KDMPU bis 2014 den

61 Quelle: Statistikabteilung KDMPU, 2004.

62 Dies ist ein 98 Meter hoher Wasserfall in der Nähe von Jalta auf der Strecke zum Ay Petri. (s.a. Kap. 3.4.2.)

63 Aber auch die anderen Nationalitäten haben kulturelle Aktivitäten an der KDMPU entwickelt: Das Showdance-Ensemble "Эдельвейс" (Edelweiß) der krimdeutschen Studentinnen vertritt seit Jahren die KDMPU beim "Krim-Kontest *Freier Tanz*".

StudentInnen die Möglichkeit, internationale Kontakte zu knüpfen und sich für Auslandsstudienplätze zu bewerben.[64] Jedoch wurde letztere Möglichkeit nur minimal in Anspruch genommen. Natürlich ist auch hier die ökonomische Lage der meisten krimtatarischen Familien ein Hindernis auf dem Weg zu mehr internationaler Erfahrung. Die Möglichkeiten sind bezüglich zu erlangender Stipendien weit größer als die momentane Nachfrage. Ein Grund hierfür sind nach meinen Erfahrungen vor Ort einfach Desinteresse und das Unvermögen, auch nach mehrjähriger Fremdsprachenausbildung keine Stipendien-Ausschreibungen etwa im Internet übersetzen zu können. Es wird sich in dieser Hinsicht noch allzu sehr auf Russisch und Türkisch verlassen. Die Situation wurde aber zumindest in der KDMPU erkannt und zusammen mit neuen Lehrmethoden (Audio/Videomaterial, Praxis-Konferenzen) und neuen Möglichkeiten, wie dem "Window to America", soll das Problem im Spezialkurs für "Krimtatarische Literatur und Sprache / Englische Sprache" angegangen werden. Auch hier blickt man zurück und schaut auf andere Nationalbewegungen und ihre Elite. Frau A.B. Bakhşişeva, ehemalige Leiterin des Lehrstuhls für Anglistik, schrieb dazu: "In der Geschichte der krimtatarischen nationalen Bildung ist bekannt, dass keine westeuropäischen Sprachen gelehrt und keine nationalen Kader als Spezialisten ausgebildet wurden. Selten erhielt ein Angehöriger der krimtatarischen Intelligenz eine Ausbildung in einer westeuropäischen Sprache am Gymnasium, an der Universität oder sogar im Ausland."[65] Deshalb legt man nun umso mehr Wert auf umfassende Fremdsprachenausbildung an den verschieden Fakultäten. Leider wurde das FremdsprachZentrum "Window to America" 2014 infolge der russischen Annexion geschlossen.

An der KDMPU und TNU gab es bis dahin auch Spezialkurse, die etwa krimtatarische Literatur und/oder Philologie mit dem Studium der englischen, deutschen oder französischen Sprache koppeln. Aber auch Arabisch, Per-

---

64 Unter anderem arbeitete die pädagogische Fakultät auf dem Gebiet des Antirassismus mit internationalen NGOs zusammen und beginnt jedes Jahr am 21. März die Europäische Aktionswoche gegen Rassismus, Faschismus und Nationalismus. S.a.: Ibragimov, I: *Internationaler Tag gegen Rassendiskriminierung* In: *Uygunlıq* Nr. 17, April-Mai 2003.

65 Bakhşişeva, A.B.: *О первой педагогической практике по английскому языку, и не только...* [Zum ersten pädagogischen Praktikum der englischen Sprache, doch nicht nur...] In: *Уйгъунлыкъ,* Nr. 17, April/Mai 2003, S. 2.

sisch oder Türkisch kann gewählt werden. Man sah sich auf dem richtigen Wege, wenn auch dieser Prozess seine Zeit gebraucht hätte. A.B. Bakhşişeva richtete sich an die ersten siebzehn Absolventen des englisch-krimtatarischen Spezialkurses: "Nun seid Ihr die ersten zukünftigen nationalen Kader der englischen Sprache! Unsere "ersten Schwalben"! [...] Ihr – die Zukunft unseres Volkes. In Euren Händen liegt nicht zum geringen Maße die Verantwortung für die Zukunft der nationalen Bildung und Aufklärung."[66]

Einen besonderen Stellenwert hat die KDMPU als Austragungsort zahlreicher Wettbewerbe und Konferenzen. Neben dem nationalen Gedichtwettbewerb (s.a. 3.2.4.1.) wird jedes Jahr das Festival "Tuvğan Til" ausgetragen. Unter dem Motto "Tuvğan til eñ qıymetli barlıqtır" [Muttersprache ist der kostbarste Reichtum] messen sich Schüler der nationalen Schulen der Krim in den Sparten Theater, Dichtkunst, Volkstanz und Volkslied. Partner waren dabei immer die Pädagogenvereinigung "Maarifçi", die Krimtatarische Nationalbibliothek und die Liga der krimtatarischen Frauen. Gesponsert wurde dieses größte Kulturereignis der Schüler von krimtatarischen Firmen und der TİKA, deren Tätigkeit seit 2014 verboten ist. 2006 wurde mit Erlaubnis der Literaturgesellschaft "İlxam" das Festival zu Ehren des verstorbenen Dichters und Schriftstellers Yunus Qandım durchgeführt. Derartige Veranstaltungen waren immer wieder ein Motivationsschub für alle, Lehrende, Sponsoren und vor allem für die SchülerInnen, sich mit dem Krimtatarischen zu beschäftigen[67]. Ganz nebenbei wurden so krimweite soziale Kontakte geknüpft, die sonst nicht zustande kommen würden.

Besonders aktive Dozenten beider Universitäten, Lehrer der Nationalen Schulen und andere krimtatarische Beschäftigte aus dem Bildungsbereich schlossen sich in der Vereinigung "Maarifçi" [Der Lehrende] zusammen. Ohne diese Lehrer- und Dozenten-Vereinigung ist aus dem Bildungsbereich wären die Erfolge im Bildungsbereich bis 2014 undenkbar gewesen. Sei es in Zeitschriften und Zeitungen der Krim, in der verbandseigenen Zeitschrift *Tasil* [Bildung] oder in diversen Foren der krimtatarischen Webseiten, die *Maarifçi* waren überall präsent. Auf den Seiten "Qırım Tatarlar" gab es sogar Subdomains, die nur von Tasil-Mitarbeitern gestaltet wurden, so z.B. auf

---

66 Ebenda.

67 Rumiyeva, D.: *Къырымнынъ истидатлы эвлятлары* [Begabte Kinder der Krim] In: *Янъы дюня* Nr. 17 (830), 29. April 2006, S. 3.

www.qirimtatar.org. In der Wochenzeitschrift "Янъе Дюня / Yañı Dunya" produzierten die Maarifçi-Aktiven periodisch ein Extrablatt.[68] Äußerst aktiv waren sie ebenfalls im Bereich Networking, Studentenaustausch und Fundraising. Fast keine bildungspolitische oder kulturelle Veranstaltung wurde ohne die Mitwirkung der Maarifçi abgewicklet. Dazu zählten Großveranstaltungen wie die jährlichen Gedichtwettbewerbe, das Festival "Tuvğan Til" (Muttersprache) oder die Wochen der Muttersprache.

Tabelle III Die Entwicklung der Studierendenzahlen der KDMPU[69]

Studienjahr	**Anzahl Studierende**	**Krimtataren**
1994–1995	442	169
1995–1996	897	412
1996–1997	1362	722
1997–1998	1982	979
1998–1999	2452	1045
1999–2000	2820	1117
2000–2001	3194	1602

Wie man der Tabelle entnehmen kann, hatte sich binnen acht Jahren die Studierendenzahl mehr als versechsfacht, die Anzahl der krimtatarischen Studierenden ist jedoch relativ stabil geblieben: bei knapp 50%. Dieses Verhältnis hatte sich ohne Proporz-System so eingependelt. Trotz der enormen Entwicklung, die die krimtatarischen Lehrstühle bis 2006 erfahren hatten, gab es noch enorme Schwierigkeiten, die administrativ-politischen, individuellen, sozio-ökonomischen oder gesellschaftlichen Charakters waren.

A) Administrativ-politische Hindernisse

Wie im Schema der KDMPU zu ersehen, war der Lehrstuhl für krimtatarische und türkische Philologie 2004 nur einer von 20 Lehrstühlen. Und nicht einmal in allen Unterrichtseinheiten *dieses* Lehrstuhles wird *auf* krimtatarisch unterrichtet. Dieses Problem bringt ein weiteres hervor: Lehrer, die hier für die na-

68 Mehr zu *Tasil* unter Kapitel 3.3.1.3., zu *Янъе Дюня / Yañı Dunya* unter Kapitel 3.3.3.3.

69 Quelle: Statistik-Abteilung KDMPU, 2004.

tionalen Schulen ausgebildet werden, können Methodik und Didaktik für die Lehre krimtatarischer Sprache und Literatur besuchen, aber eine Ausbildung für das Lehren von Mathematik, Biologie, Chemie etc. in krimtatarischer Sprache ist noch nicht möglich ist. Doch für alle Fächer einschließlich Sport und Naturwissenscaften sollten für eine umfassende muttersprachliche Ausbildung an den Nationalen Schulen Lehrer ausgebildet werden.[70]

Da das ukrainische Schulsystem noch keine interdisziplinären Abschlüsse, vergleichbar dem Magister Artium oder Master of Arts, zulässt, ist auch das Studium noch entsprechend verschult. Die Lehrpläne lassen – neben anderen Unzulänglichkeiten – eine breitere Auslegung der Lehrinhalte noch nicht zu. Wer sich etwa für Iranistik, Arabistik oder Turkologie interessiert, kann jeweils nur die entsprechende Philologie studieren, ergänzt mit krimtatarischer Literatur. Eine breitere Grundlagen-Ausbildung, die wie in Westeuropa politologische, soziologische oder ökonomische Aspekte im Kontext des jeweiligen Faches behandelt, findet nicht statt und eine erkenntnisorientierte interdisziplinäre Studienplanung ist so schlecht möglich[71].

Als Problem erweist sich auch immer wieder die Unsicherheit bei der Schul- und Berufsplanung aufgrund der "falschen" Staatsangehörigkeit. Die Rückkehrer, die nach der Gründung der unabhängigen Ukraine kamen, haben teilweise noch ihre alte Staatsbürgerschaft, da sie die Entlassung aus der alten Staatsbürgerschaft – etwa Usbekistans oder Kirgistans – nicht bezahlen können. Für derartige Anträge muß der Weg zu den Behörden in Zentralasien auf sich genommen werden, was rein finanziell eine Barriere darstellt. Für andere kam die Unabhängigkeit der alten \`Heimat\` zu schnell: Sie besitzen weder einen ukrainischen noch einen usbekischen Pass, sondern noch die Staatsbürgerschaft der UdSSR. Andere Krimtataren, die noch in Zentralasien

---

70 S.a.: Kerimov, İsmail: *Qırımtatar mekteplerinde tabiy ilimler boyunca dersler haqqında* [Über den Unterricht in den krimtatarischen Schulen die Naturwissenschaften betreffend] In: *Günsel* Nr. 1 (1999) S. 4.

71 Da nimmt es nicht Wunder, dass von Absolventinnen die tscherkessische Sprache der türkischen Sprachfamilie zugeschlagen wird und Mitglieder des Lehrkörpers erstaunt sind, dass das Kurdische nicht zu den Turk- sondern den iranischen Sprachen gehört.

ausharren, haben schon einen ukrainischen Pass, können aber ob ihrer finanziellen Lage nicht auf ihre grüne Insel umziehen.[72]

Ein weiterer Punkt, der wohl nur administrativ zu lösen gewesen wäre, ist der Zugang der nationalen Minderheiten zu Arbeitsstellen in der Bürokratie und Verwaltung auf der Ebene der Autonomen Republik Krim wie auch auf der Ebene der Kreise und Kommunen. Beschäftigte im Öffentlichen Dienst, die einer nationalen Minderheit angehören, fand man am ehesten unter Bediensteten des Ministeriums des Innern: Bei einem Bevölkerungsanteil von 13 Prozent waren krimtatarische Angestellte dort mit 3,5 Prozent vertreten. Gleiches gilt für die Katasterämter, 3,2 Prozent Krimtataren arbeiten bei den Steuerbehörden, 3,0 Prozent bei den Tourismusbehörden und 1 Prozent unter dem Ministerium für Finanzen. In allen anderen Ämtern und Behörden tendiert der Beschäftigtenanteil von ehemals deportierten Nationalitäten gen Null, nach der Annexion sind durch Flucht und Entlassungen diese Prozentanteile nochmals gesunken. Eine Ausbildung an der KDMPU bedeutet also auch, sich der Gefahr auszusetzen, bei staatlichen Arbeitsstellen weniger berücksichtigt zu werden, als wenn man eine andere als die "Tatarische Universität" besucht hätte. Es handelt sich hier nicht um offene, sondern um strukturelle, verdeckte Diskriminierung.[73]

B) Individuelle Barrieren

Zu den individuellen Hindernissen bei der weiteren Entwicklung des krimtatarischen Bildungswesens würde ich die persönliche Einstellung einer/eines Jeden zu privater Zukunft und Zukunft der ethnischen Gruppe an sich rechnen. Die meisten Aktiven im Bildungswesen, die sich über das normale berufsbedingte Maß hinaus engagieren, sind in ihrem Umfeld sehr angesehen, haben ein hohes soziales Prestige, können aber nicht oder nur bedingt auch als Vorbilder gelten, die auch den ökonomischen Aufstieg geschafft haben.

---

72 Zumindest wurde für diese Gruppe die Teilnahme an den Wahlen in der Ukraine ermöglicht: Für "Naşa Ukraina" stimmten im Jahre 2006 43,5 % der Krimtataren Usbekistans, für die "Partei der Regieonen" 27,5 % und für den Block "Julia Timoşenko" 8%. Zur Wahl für "Naşa Ukraina" stellten sich der Abgeordnete des krimtatarischen Meclis für Usbekistan, Ali Xamzin und Bekir Ganiyev. S.: *Naşi vıyborıy v Usbekistane* [Unsere Wahlen in Usbekistan] In: Avdet Nr. 10–11 (386–387) 7. April 2006, S. 2.

73 S.: Tayrov 2005, S. 288 (Rede von M. Cemilev auf dem IV. Qurultay / III. Sitzung, 10.9.2004).

Im Gegenteil: Im Rahmen der für meine Feldforschung durchgeführten Interviews kam leider des Öfteren zur Sprache, dass ehemals Aktive der Nationalbewegung, die mittels ihrer Stellung in der Gemeinschaft an besser dotierte Posten in der freien Wirtschaft oder der Administration gekommen waren, sich nach ihrer Etablierung im neuen sozi-ökonomischen Umfeld von Aktivitäten in und für die krimtatarische Bewegung zurückzogen.[74] Es gibt auch eine Tendenz, die dem entgegenläuft: Krimtatarische oder auch Kasantatarische Geschäftsleute treten als Sponsoren auf, wenn es darum geht, wichtige Projekte zu unterstützen. Vor allem im kulturellen Bereich wäre ohne ein Engagement dieser Geschäftsleute an diverse Projekte nicht zu denken gewesen. So unterstützte der ukrainische Oligarch Rınat Ahmetov, Kasan-Tatare und Besitzer des renommierten Donezker Fußball-Klubs "Şaxtyor", den Bau des Erinnerungs-Komplexes zu Ehren der ehemals Deportierten im Salgırka-Park nahe der TNU in Simferopol.[75] Dieses Engagement dürfte aber eher dem ge-

---

74 Dies betraf ehemalige Akademiker (Psychologen, Soziologen, Ökonomen) genauso wie Redakteure oder Arbeiter. Ich führte dazu Interviews in Yalta, Simferopol, Sudak und Cankoy. In der ARK gab es im Jahr 2005 146 (Griwna-)Millionäre. S.: *Avdet* Nr. 9 (385), 24. März 2006, S. 2.

75 Ahmetov entstammt einer wolgatatarischen Bergarbeiterfamilie aus dem Donbass. Er übernahm 1996 von einer Unterweltfigur den Fußballklub und ist heute Dank eines Imperiums in der Stahl,- Kohle und Elektroindustrie mit 1,7 Milliarden US-Dollar der reichste Mann der Ukraine. Mit Viktor Janukovitch, dem Chef der "Partei der Regionen" eng liiert, "erwirtschaftete" er sich einen Sitz im Parlament. Dies hielt ihn aber nicht davon ab, sich für die – mehrheitlich hinter dem Janukovitch-Rivalen Yuščenko stehenden – Krimtataren finanziell zu engagieren. Nach der Annexion der Krim und dem russischen Krieg in der Osturkaine verlor Achmetow hunderte Millionen war aber nach wie vor auf der Krim, im Donbass *und* in der freien Ukraine geschäftlich aktiv, u.a. mittels Beteiligungen an Krymenergo und SCM's telecommunication /Krim-Telekom S.: *Wie ein ukrainischer Oligarch trotz Krieg Kasse macht*. Unter URL: http://www.n24.de/n24/Nachrichten/Politik/d/7347118/wie-ein-ukrainischer-oligarch-trotz-krieg-kasse-macht.html (12.5.2016) und *Ukraine crisis takes its toll on country's oligarchs*, 17.3.2015 unter URL http://blogs.ft.com/beyond-brics/2015/03/17/ukraine-crisis-takes-its-toll-on-countrys-oligarchs/ (13.5.2016); Qırım Sedası, Nr. 37 (563), 10.9.2004, S.1; s.a: Zimmer, Kerstin: Eine Region und ihre Partei. Die Partei der Regionen als Donezker Elitenprojekt In: Ukraine-Analysen, 3/2006, unter URL: www.ukraine-analysen.de/pdf/2006/Ukraine-Analysen03.pdf; s. Wellgraf 2006, S. 49–52.

nerellen Klientelismus eines auf Expansion bedachten Oligarchen entspringen als einer ethno-solidarischen Attitüde.[76]

Die Firmen *Winta*, *Marakand* und *Elim* unterstützen seit Jahren die Veranstaltungen der krimtatarischen Künstler im Ukrainischen Musik-Theater und im Krimtatarischen Nationaltheater, aber auch wissenschaftliche Veranstaltungen wie das I. Internationale Turkologie-Symposium an der KDMPU wurden gesponsert.[77]

Natürlich ist auch das familiäre Umfeld, die Sozialisation in der Deportation und der ökonomische Status quo eines Jeden ausschlaggebend dafür, inwieweit er sich in die Bewegung involvieren kann. Bedeutsam hierbei ist die Wohnsituation. Hier spielen sowohl administrative als auch ökonomische und gesellschaftlich-ideologische Aspekte eine Rolle. Nach der massenhaften Rückkehr der Krimtataren auf ihre Grüne Insel[78] durften sich Krimtataren in einigen Gebieten, vor allem im touristischen Süden und an den Küsten, nicht niederlassen.

---

76 Was der neue alte Präsident Janukoviç und sein 'Spezl' Axmetov politisch für die krimtatarische Bewegung bedeuten könnten, ist bisher völlig offen. S.: *Вся власть Донецку! Янукович и Ахметов строят свою "региональную" вертикаль управления страной* [Alle Macht Donezk! Yanukoviç und Axmetov bauen ihre "regionale" in eine vertikale Kontrolle des Staates um] In: *Первая крымская* 8–14. Sep. 2006 S. 1 und 3.

77 Die Geschäftsführer dieser drei Firmen konnten vom Meclis für eine Kandidatur auf der krimtatarisch-ukrainischen Liste *Народный Рух Украины* [Nationale Bewegung Ukraine] gewonnen werden. Diese Liste ist nach dem Niedergang und der Abwahl der Bewegung "Unsere Ukraine" von Ex-Präsident Yuşçenko der nächste Partner der krimtatarischen Bewegung in der ukrainischen Politik. Sadix Tabax (Winta), Seytumer Berberov (Marakand) und Islam Xalilov (Elim) sind jedoch leider immer noch die Ausnahmen in dem Bereich.

78 Yeşil Ada / Grüne Insel ist ein fester Terminus für die Halbinsel in zahlreichen krimtatarischen Liedern und Gedichten (s.a. Punkt 3.4.1.1.1.)

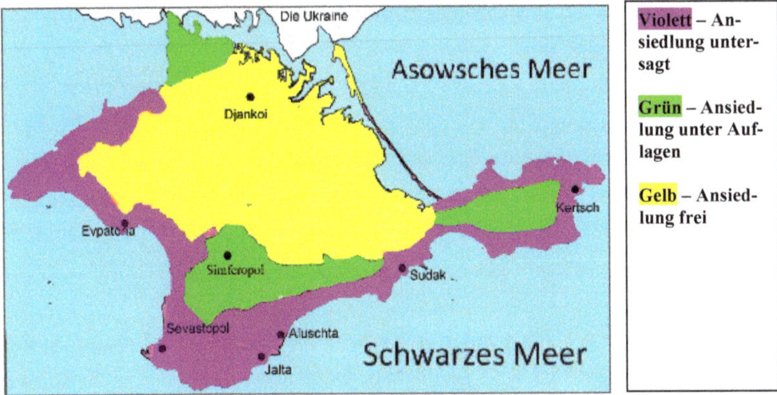

Karte I Administrative Niederlassungszonen 1989/90 Quelle: Kurşutov 2006

Das bedeutet, dass dort, wo die ökonomische Entwicklung am stärksten ist, nämlich im küstennahen Bereich, die Ansiedlung sehr erschwert wurde. Im agrarischen Bereich der Mitte und des Nordens, wo auch die Lebensbedingungen klimabedingt härter sind, haben es Neuankömmlinge, die teils jahrelang in Garagen, Hütten und Rohbauten leben müssen, viel schwerer, eine Arbeit zu finden. Dementsprechend hoch ist in diesen Kreisen die Arbeitslosigkeit. Und auch die Möglichkeiten, an kulturellem Leben teilzunehmen, ist dort eingeschränkter als im grünen Bereich um Simferopol oder in den dichter besiedelten Gebieten der Küste (weitere Probleme im Kontext Niederlassung/Bodenrechte unter Kap. 3.4.2. Toponymie).

C) Sozio-ökonomische Defizite

Neben der extremen Unterbezahlung der akademischen Berufe, die viele der Lehrenden dazu zwingt, einen oder mehrere Nebenjobs anzunehmen, fällt in diesen Bereich auch die Korruption. Fünfzehn Jahre nach der Ankunft in der neuen alten Heimat, haben sich manche Familien so etabliert, dass sie in die Ausbildung ihrer Kinder investieren können, ohne die Gewährleistung ihres Lebensstandards zu gefährden. Wenn nun die Tochter oder der Sohn nicht oder nicht mehr die geforderte Leistung erbringt, wird versucht, mit finanziellen Anreizen doch noch ein Abschluss-Diplom zu bekommen.[79]

79 Korruption ist aber nicht nur ein Problem an den Universitäten, sondern ein generelles Problem in der Ukraine. Sie steht auf dem Corruption Perception Index 2005 von

Gefordert wird etwa an den krimtatarischen Lehrstühlen von den Aspiranten, dreimal im Studienjahr eine kleine wissenschaftliche Arbeit im Umfang von ca. 15 Seiten zu erstellen. Für die Publikation derselben sorgen dann meist die Mitarbeiter des Lehrkörpers. Erfüllt ein Aspirant diese Auflage nicht, kann er vom Posten suspendiert werden, der immerhin mit circa 25 €uro monatlich dotiert ist. Geschieht Derartiges, kann es aber durchaus sein, dass sich der Exmatrikulierte mittels Bestechung an einer anderen Fakultät einschreiben lässt, später den Lehrstuhl wechselt und so wieder an seiner alten Einrichtung erscheint.

Gäbe es genug Arbeit auf der Krim, würde dieses Phänomen sicher nicht oder in geringerem Maße existieren. Doch diese Arbeitsplatzknappheit ist nicht nur ein generelles Problem, welches alle Krimbewohner gleichermaßen trifft, wie immer wieder gern behauptet wird, sondern es trifft besonders hart die ehemals deportierten Völker. Von 143.000 arbeitsfähigen Krimtataren finden 69 Prozent keine feste Anstellung, die meisten arbeiten in prekären temporären Arbeitsverhältnissen im Agrar- und Basar-Sektor.[80] Dafür braucht es aber keine Ausbildung in krimtatarischer Sprache. Der Anreiz, krimtatarisch zu lernen und mit der Sprache zu arbeiten, hängt also eng mit den Zukunftschancen zusammen, die sich den StudentInnen eröffnen.

D) Gesellschaft, Integration & Akzeptanz

Ein weiterer defizitärer Bereich ist die gesellschaftliche Akzeptanz der Rückkehrer. Xenophobie, Rassismus und Chauvinismus sind seit der Rückkehr der ehemals Deportierten ein großes Problem. Die interethnische Situation ist in regelmäßigen Abständen von Eskalationen gekennzeichnt. Anschläge auf das Gebäude des Meclis am 15. Januar 1999 oder die Massenschlägereien um den Basar von Bahçesaray im August 2006 sind hier nur zwei Beispiele[81], jedoch in keiner Weise vergleichbar mit den massenhaften Hausdurchsu-

Transparency International auf Platz 107 (zusammen mit Palästina und hinter Botswana, Italien oder Ghana). S.: http://www.transparency.de/Tabellarisches-Ranking.813.0.html [19.9.2006].

80 Tairov 2005, S. 292.

81 S.: Selime Tanlı: *Yol basqan, yol alır* In: Ocaq, Nr. 2/1999, S. 14/15.

chungen, extralegalen Morden und Verschleppungen, Verhaftungen, Landesverweisen/Deportation und Berufsverboten seit der zweiten Annexion 2014[82].

So war die Beziehung zu Russen auch im politischen Bereich meist reserviert, wogegen zu Politikern anderer Ethnien oft gute Beziehungen unterhalten werden, gleich welcher Partei derjenige angehört. So trat der Parlamentspräsident der Krim, Boris D. Deutsch, der Jude ist, oft bei Veranstaltungen der Krimtataren an der KDMPU und in der Öffentlichkeit auf.[83] Auch zum damaligen Premierminister der Ukraine, Juri Ekhanurov, einem in Jakutien geborenen Burjaten, bestanden recht gute Beziehungen.[84]

Einerseits gab und gibt es also an Einrichtungen wie der KDMPU und TNU eine geschützte Athmosphäre von multikulturellem Flair, andererseits im öffentlichen Raum ein vorherrschendes russophones Bild, das die multiethnische und multikonfessionelle Realität der Krim verdeckt. Einhergehend damit beherrschen etwa im öffentlichen Personennahverkehr oder in der Gastronomie xenophobe, antiislamische Diskurse die gesellschaftlcihe Atmosphäre, wodurch ein Phänomen des Identity-Switching zu beobachten war. Wer an der Universität noch mit Freundinnen auf krimtatarisch kommunizierte, tat dies außerhalb, im Bus oder auf dem Bahnhof auf Russisch. Selbst eine befreundete Redakteurin, im Bus von einer fremden Mitreisenden befragt, in welcher Sprache wir uns denn unterhalten würden, verleugnete ihr tatarisch und antwortete, wir sprächen türkisch.

3.1.2. Nationale Schulen und Kindergärten

Laut dem Gesetz über die Schulbildung der nationalen Minderheiten der Ukraine steht jeder Ethnie, die für eine Klassenstufe mindestens 16 Schüler stellen kann, ein Schulraum und eine Lehrkraft für die Unterweisung in der jeweiligen Muttersprache zu[85]. Die Kosten für Schulraum und Lehrer übernimmt

---

82 Siehe dazu diverse Menschenrechtsreporte von der Gesellschaft für bedrohte Völker (vgl. https://www.gfbv.de/fileadmin/redaktion/Reporte_Memoranden/2015/MemorandumKrim_aktualisiertMai.pdf) der Unrepresented Nations and Peoples Organisation (UNPO) and Amnesty International

83 S.a.: Deyç, Boris D.: *Единство – наш главный политический ресурс* [Einigkeit – das ist unsere wichtigste politische Ressource] In: Krımskie Izvestiya Nr. 92 (3078), 22. Mai 2004, S. 1.

84 S.a.: Avdet Nr. 10–11 (386/387), 7. April 2006, S. 2.

85 Art. 10 des Vorschulbildungsgesetzes vom 11.7.2001, VVRU 2001 Nr. 49 Art. 259; Art. 7 des Gesetzes über die allgemeine Bildung vom 13.5.1999, VVRU 1999 Nr. 28

dabei der Staat. Für jegliche Innenausstattung, Schulbücher, Möbel etc. muss die entsprechende Gemeinde selbst aufkommen. Bei der desaströsen ökonomischen Lage, die sich nach dem russisch-ukrainischen Gasstreit Anfang 2006 noch verschärfte, ist die eigenverantwortliche Ausstattung und Unterhaltung einer nationalen Schule für viele Gemeinden ein undurchführbares Unterfangen. Bis 2014 existierten auf der Krim 15 nationale Schulen der Krimtataren und ein nationaler staatlicher Bildungskomplex. Des Weiteren bestanden zwei Kindergärten, zwei türkisch-krimtatarische Gymnasien und eine islamische Medresse.[86]

Allen Schulen gemein ist der Mangel an Verkehrs-Infrastruktur, an Inneneinrichtung und Lehrmaterial. Die Schulen sind nationale Schulen meist nur dem Namen nach. Das heißt: Der Anspruch, alle Fächer in allen Klassenstufen auf krimtatarisch mit krimtatarischem Lehrmaterial anzubieten, ist das Ziel, der Idealzustand, aber nicht die Realität. Zugrunde liegende Probleme sind hier der Lehrermangel aufgrund bisher nicht existenter Lehrerbildung *auf* krimtatarisch. Dass bisher im Bereich Lehramt nicht auf krimtatarisch ausgebildet wird, ist einer der Hauptkritikpunkte der Tataren am staatlichen Bildungswesen. Ein weiterer Punkt ist die Erstellung von krimtatarischen Lehrbüchern für alle Fächer jeder Klassenstufe. Diese Aufgabe wird fast ausschließlich von den oben beschriebenen Fakultäten der KDMPU und TNU wahrgenommen, deren Kapazitäten jedoch beschränkt sind. Daher werden nach wie vor veraltete Schulmaterialen benutzt z.B. für Fremdsprachen.[87]

Art. 230; Art. 5 des Gesetzes über die höhere Bildung vom 17.1.2002, VVRU 2002 Nr. 20 Art. 134; Art. 7 des Gesetzes über die außerschulische Bildung vom 22.6.2000, VVRU 2000 Nr. 46 Art. 393. Zwar wird der Staat grundsätzlich zur Schaffung von Vorschuleinrichtungen und Schulen - auch - mit muttersprachlichem Unterricht für Minderheiten verpflichtet (Art. 25). Die speziellen Vorschriften über Vorschuleinrichtungen (Art. 26), allgemein bildende Schulen (Art. 27) sowie Fach- und Hochschulen (Art. 28) heben diese Artikel jedoch wieder auf. Die Errichtung von Vorschuleinrichtungen und allgemein bildenden Schulen mit Unterricht in einer Minderheitensprache oder die Einrichtung spezieller Klassen mit muttersprachlichem Unterricht wird in das Belieben des Staates gestellt und zudem auf die Orte begrenzt, an denen eine Ethnie geschlossen siedelt.

86 Dies ist das "Qalay Hafez Ikhsan Bildungszentrum" in Mayskoye, Rayon Cankoy. Es untersteht dem Muftiyat der Krim, bietet einen 12-klassigen allgemein bildenden Gymnasialabschluss und steht allen Krim-Muslimen offen (s. Punkt 3.1.3.).

87 Die jüngsten Deutsch-Lehrbücher etwa in Qamacı sind von 1986, anderes Lehrmaterial noch älter!

Immer noch gibt es Lücken im krimtatarischen Lehrbuchangebot: Eine Ausstattung mit Lehrbüchern zum Beispiel in Biologie oder Mathematik für alle Klassenstufen ist noch nicht möglich.

3.1.2.1. Die nationalen Schulen

Im Schuljahr 2003/04 wurden lediglich 13,4 Prozent oder 5988 der Schüler krimtatarischer Herkunft in ihrer Muttersprache unterrichtet!.[88] Während es vor der Deportation 373 krimtatarische Schulen gab, sind es 2006 erst wieder 15. Nach den Angaben des Bildungsministeriums der Krim gab es im Schuljahr 2004/05 insgesamt 570 Schulen, davon waren aber nur 15 krimtatarisch. Das bedeutet, dass der größte Teil krimtatarischer Kinder – fast 85 Prozent – russischsprachige Schulen besuchen mussten. Nur jedes 10. Kind lernt offiziell auf einer nationalen Schule in der eigenen Muttersprache. Wie im Falle des Bildungskomplexes von Qamacı weiter unten beschrieben (Kap. 3.1.2.2.), ist es aber bisher nicht einmal möglich alle Fächer an solchen nationalen Schulen auch auf krimtatarisch anzubieten, da Lehrer in den entsprechenden Fächern bisher eben nicht ausgebildet wurden und werden.

Das ukrainische staatliche Hilfsprogramm für ehemalige Zwangsumsiedler sah für die Jahre 2006–2010 den Bau von fünf weiteren krimtatarischen Schulen vor, leider blieb es nur bei den Planungen. Damit aber alle Kinder in ihrer Muttersprache lernen könnten, wäre es notwendig, mehr als 100 Schulen sofort zu bauen! Bei diesem Tempo der muttersprachlichen Beschulung würde eine Quote von 100 % erst gegen Ende des 21. Jahrhunderts erreicht werden, doch das wird zu spät sein, so warnen die Aktivisten der Fakultäten und des Meclis. Zwar konnten im Jahre 2006 circa 90 Prozent der krimtatarischen Schüler an den russischen Schulen zwei bis drei Stunden in der Woche krimtatarisch unterrichtet werden, 3000 Kinder davon konnten Krimtatarisch jedoch nur fakultativ wählen[89]. Dies bedeutet, dass immer noch

88 Im Jahr davor waren es 12,6 %. Bei offiziell 12,6 % Bevölkerungsanteil stellten die Krimtataren 2006 bereits über 25 Prozent der StudentInnen an den Universitäten der Krim und der Anteil der tatarischen StudentInnen an der Fakultät für Musik der KDM-PU liegt sogar bei über 70%. Sie haben damit die Ukrainer auf der Krim überholt, die lediglich 24,4 Prozent der Bevölkerung stellen und zum großen Teil russisch sprechen, wie die Mehrheitheitsbevölkerung (58,5 Prozent) der Krim, die Russen. S. : Chubarov 2003, S. 191. S.a.: Osmanov, 2004; Kurşutov 2006.

89 Tairov 2005, S. 290.

13 Prozent der krimtatarischen Kinder überhaupt keine Möglichkeit haben, ihre Sprache an einer Schule zu lernen, weder an einer nationalen, noch an einer russischen, weder fakultativ noch an einer Medresse. Dieser Zusstand ist für eine muttersprachliche Bildung völlig unzureichend, denn die Russifizierung in den Elternhäusern ist so weit fortgeschritten, dass von elterlicher Seite her oft keine Hilfestellung beim Erlernen des Krimtatarischen zu leisten ist.

Tabelle IV Zahl der Schüler mit Unterricht in einer Minderheitensprache (außer Russisch) [90]

Unterrichtssprache	Schülerzahl 2002/03
Rumänisch	28.000
Ungarisch	21.200
Moldawisch	6.800
Krimtatarisch	5.600
Polnisch	1.400
Bulgarisch	200
Slowakisch	100

Zieht man die zahlenmäßige Stärke der Krimtataren auf der Krim in Betracht, ist auffällig, dass die Krimtataren überproportional viele Internetseiten mit bildungsrelevanten Inhalten betreiben. Die beängstigende Schulsituation wird versucht durch Nutzung neuer Medien, vor allem durch das Internet zu mildern. Völker vergleichbarer Größe mit ähnlichen Problemen (Russifizierung, ökonomische Krise) wie etwa im Ausland die Gagausen, Balkaren und Karaçayer oder im Inland die Rumänen und Ungarn sind virtuell quasi nicht vorhanden. Dazu ausführlicher im Kapitel *Internet* (3.2.).

Auch mit verschiedenen Off-line-Initiativen versuchen die Lehrer der Nationalen Schulen, das Lernen attraktiver und bunter zu gestalten. Eine Veranstaltung in diesem Sinne sind die jährlichen "Wochen der Muttersprache", in denen jeder Schüler kleine Erzählungen, Theaterstücke oder Gedich-

90 Statističnij Ščoričnik Ukraïni za 2002 Rik/Statistical Yearbook of Ukraine for 2002, Kiew 2003, S. 501.

te selber schreiben soll, die dann mit Hilfe der Kulturabteilung des Meclis und der Gesellschaft "Maarifçi" publiziert werden. Bei Rezitationswettbewerben messen sich die Schüler und bekannte tatarische Literaten kommen zu Lesungen in die Schulen, nicht ohne die Jungen und Mädchen zu erinnern: "Alles hat sein Fundament. Die Sprache ist das Fundament des Volkes, der Nation. Wie ein Haus ohne Fundament zusammenbrechen kann, kann auch eine Nation ohne Fundament zusammenbrechen."[91]

Aufgrund der bedenklichen muttersprachlichen Situation wurden Initiativen gestartet, die mittels Video und CD-Rom versuchen, zumindest teilweise die fehlenden krimtatarischen Schulen zu ersetzen. Das Video von Leyla Asanova "Ana tilimiz ögrenemiz" war der erste Versuch dieser Art und setzte noch auf VHS-Technik. Mit Mitteln des Fonds "Wiedergeburt" wurde eine zweistündige Unterrichts-Kassette erstellt, von der Kinder vom Alphabet über die Grundrechenarten bis zu traditionellen Festen der Krimtataren eine Basis vermittelt bekamen.

Eine Weiterentwicklung dieses Konzeptes stellt die CD-Rom von Zarema Xayredinova dar: Multifunktional können mittels verschiedener Buttons das Alphabet, Kindergedichte, Lieder, Wörter, Farben, die Uhrzeit und vieles andere mehr erlernt werden. In Zusammenarbeit mit dem Philologen Seyran Useynov von der krimtatarischen Fakultät der KDMPU und dem Historiker Idris Asanin vom Schriftstellerverband der Ukraine wurde diese bisher einzigartige Gelegenheit geschaffen, krimtatarischen Kindern die Grundlagen ihrer Muttersprache audio-visuell nahe zu bringen. Voraussetzung ist natürlich das Vorhandensein entsprechender Hardware. Ermöglicht wurde die Realisierung des Projektes durch finanzielle Unterstützung der Renaissance-Foundation und des Bildungsministeriums der AR Krim.

---

91 Isa Abduraman zu den "Wochen der Muttersprache" 2006. S.: Useinova, Nadžiye: *Иджадий корюшювлер.* [Schöpferische Treffen] In: *Avdet* Nr 10–11 (386–387), 7. April 2006, S. 8. Die Schriftstellerin Uriye Edemova mahnte ebenfalls: "Ein jeder Mensch sollte nationale Verantwortung, Ziele und Vaterlandsgefühle haben. Wenn diese feurigen nationalen Gefühle bei uns und bei Euren Eltern nicht da gewesen wären, wären wir niemals in unser Vaterland zurückgekommen. Diese Gefühle haben uns hierher gebracht."

Seite aus dem virtuellen CD-Rom-Wörterbuch (Luğat):
Balqurt (Biene) und Baqa (Frosch) können angeklickt werden und singen dann ein Kinderlied oder einen Reim auf krimtatarisch. Jedem Buchstaben sind so Reime oder Lieder zugeordnet, die wiederholt und mitgesungen werden können.

Abb. 3 CD-Rom *Шенъ Элифбе* [Heiteres Alphabet]

Ein Problem analog dem Religionsunterricht in Deutschland oder der Türkei stellt sich auch in der Ukraine: Während die Diskussion in Deutschland um eine generelle Verbannung christlichen Unterrichts von den Schulen kreist und die Aleviten der Türkei die Abschaffung des staatlichen Islam-Unterrichts oder aber die Berücksichtigung ihrer Religion einfordern, dreht sich die Diskussion auf der Krim um die Aufnahme oder Ablehnung von christlich-orthodoxen Inhalten in das Curriculum der Schulen, eben auch der Schulen, an denen nicht nur slawische Kinder lernen.

3.1.2.2. Der Bildungskomplex Qamacı (Zareçnoye)[92]

Zur Zeit meiner Datenerhebung im Frühjahr / Sommer 2004 war der dortige Schulkomplex im ersten Schuljahr seines Bestehens. Im September 2003 wurde dieser in der Ukraine einmalige Musterkomplex eingeweiht und als Pilotprojekt in Dienst gestellt. Von der Kinderkrippe bis zur Gymnasialstufe sollen krimtatarische Kinder hier auf krimtatarisch eine umfassende Allgemeinbildung bekommen, ein Internat ist dem Komplex angeschlossen. Ende des Schuljahres 2004 aber waren die meisten Schränke der Klassenzimmer immer noch leer, in der Bibliothek wurden die Bücher mangels Regalen auf dem Boden gestapelt und die einzigen Sportgeräte der Turnhalle waren eine alte Matratze, Hanteln und eine Tischtennisplatte, die von den Lehrkräften privat organisiert wurden. Dies war der allgemeinen ökonomischen Krise in der Ukraine geschuldet, aber vor allem der Eigenverantwortlichkeit bei der Ausstattung und Unterhaltung der Schulen laut oben beschriebenem Schulgesetz über die Nationalen Schulen der Minderheiten der Ukraine. Sämtliche private Ersparnisse sind – wenn nicht durch den Umzug auf die Krim – so doch spätestens nach den beiden Börsenstürzen und Bankenkrisen der 1990er Jahre aufgebraucht. Dass es so wenig Nationale Schulen der Minderheiten auf der Krim gibt, ist also vor allem diesem Umstand geschuldet, nicht unbedingt fehlendem politischem Willen.

Ein weiteres Hindernis sind die Machtstrukturen auf kommunaler Ebene. Für den Ausbau von kommunaler Infrastruktur in kompakten Siedlungen ehemals Deportierter gab es ein gesondertes Budget vom Ministerium des Innern (Abteilung für Meldewesen, Passangelegenheiten und Migration) aus Kiew. Da diese Gelder aber nicht direkt an die Betroffenen ausgezahlt wurden, sondern über bürokratische (Sicker)Kanäle in die entsprechenden Gemeinden gelangten, wurden sie teilweise zweckentfremdet und nicht in voller Summe eingesetzt. Wenn der Bürgermeister einer Gemeinde mit einem Dorfbewohner-Anteil ehemals Deportierter von 30 Prozent eine Summe von 6000 Griwna erhielt, kam es oft vor, dass diese Summe für **alle** Dorfbewoh-

92 Заречненский учебно воспитательный комплекс "общеобразовательное учебное заведение – дошколное учебное заведение" [Bildungs- und Erziehungskomplex "Allgemeinbildende Lehreinrichtung – Vorschulstudieneinrichtung Zarečnoe"], Direktorin ist Frau Zera Murtazaevna Osmanova.

ner ausgegeben wurde[93]. Für die alteingesessene Dorfbevölkerung sollte jedoch gemäß Gesetzeslage das Steueraufkommen des Rayons verwendet werden und nicht die Sonderzuwendungen für Repatriierte. Bei einer Arbeitslosenrate von offiziell 78 Prozent (Rayon Cankoy) ist jedoch die Steuereinnahme äußerst gering, was viele Kommunalpolitiker fast dazu zwingt, auch Gelder anderer Budgets für die Gemeinde zu verwenden.

3.1.3. Medressen

In der Ukraine existierten bis 2014 drei islamische Strukturen und zwei Muftiyate, das der Festland-Ukraine unter dem gebürtigen Libanesen Šeikh Ahmed Tamim mit Sitz in Kiew[94] und das Muftiyat der Krim unter dem Krimtataren Ali Ablayev.

Islamische Gemeinden gibt es heute in jeder Region der Ukraine, denen verschiedene ethnische Gruppen angehören. Sie gliedern sich in drei größere Strukturen: die Geistliche Verwaltung der Muslime der Ukraine (DUMU)[95], das Geistliche Zentrum muslimischer Gemeinden in der Ukraine und die Geistliche Verwaltung der Muslime der Krim. Daneben gibt es Gemeinden, die keiner der genannten Organisationen angehören.

Die Geistliche Leitung der Muslime der Krim (Духовное управление мусульман Крыма, DUMK) wurde im Jahre 1991 gegründet. Der erste Mufti der Krim war seit 1991 Hacı Seytžalil Ibrahimov, gefolgt von Nuri Mustafayev. Der heutige Mufti Hacı Emirali Ablayev (auch Ali Abu Ablayev) wurde am 9. Dezember 1999 zum höchsten Repräsentanten gewählt. Da die meisten Muslime auf der Krim leben, vereint das Krim-Muftiyat heute ca. 70 Prozent

---

93 So geschehen im Kreis Cankoy: Große Strassen wurden gebaut zu landwirtschaftlichen Objekten, die mehrheitlich Russen beschäftigten, nun aber mittlerweile in Konkurs gegangen sind. Gigantische Bürogebäude stehen als Investruinen da, während Kanalisation und Verbindungsstrassen zu tatarischen Siedlungen im Vorwende-Zustand verrotten. Anstatt Splittwege zu allen Siedlungen wurden 30-cm-starke Betonpisten gebaut, die nur wenige Kilometer ausmachen. Quellen: Interview mit Ruslan Nuriyevitch Kurtseytov, Stellvertretender Vorsitzender der staatlichen Kreisadministratur (In Deutschland etwa: Landrat) am 9.6.2004 und eigene Beobachtungen.

94 Mufti Ahmed Tamim hat die Idžaza der Turûq Qadiriya, Rifa'iya und Naqışbandiya erhalten, studierte in Indien, Syrien und Pakistan. Biografie in *Minaret*, Nr. 56, April 2006, S. 3, s.a. unter: http://islam.ua/nasha-literatura/gazeta-minaret-pri-dumu/ (22.5.2016).

95 DUMU - Духовное Управление мусульман Украины, online unter URL: http://www.islamyat.org/ (22.5.2016).

aller vom Staat registrierten islamischen Gemeinden der Ukraine und ist auch das geistliche Zentrum der Krimtataren. Das Muftiyat in Simferopol gab und gibt verschiedene Bücher zu religiösen Themen und eine eigene krimtatarische Zeitung, *Khicayet*, heraus, was durch Pressezensur, Verbotslisten islamischer Literatur, Bücherkofiszierungen und Strafverfahren seit 2014 drastisch eingeschränkt ist.

Die "Geistliche Leitung der Muslime in der Ukraine" (Muftiyat Kiew, DUMU) entstand im Jahre 1992 in Kiew. Auf der ersten Versammlung der Muslime der Ukraine 1994 wurde ein Präsidium unter der Leitung des Mufti Ahmed Tamim gewählt. Das Kiewer Muftiyat suchte alle Muslime jedweder ethnischer Gruppen zu vereinigen, ohne Rücksicht auf kulturelle Differenzen, scheiterte aber an der eigenen Organisierung der Krimmuslime. Die DUMU ist mittlerweile in 14 Regionen der Ukraine vertreten und die zweitgrößte muslimische Struktur in der Ukraine. Unter ihrer Leitung arbeitet das Islamische Institut in Kiew. Trotz der erklärten Oberhoheit des Muftiyats in Simferopol gibt es auch Muslime, die sich vom Mufti in Kiew vertreten fühlen.

Das Geistliche Zentrum der Muslimischen Gemeinden der Ukraine (GZMGU)[96] entstand auf der Basis der unabhängigen Leitung der Muslime in der Ukraine, die am 12.1.1995 registriert wurde. Das GZMGU vereinigt muslimische Gemeinden aus 12 Regionen der Ukraine, deren Mitglieder hauptsächlich zur kazan-tatarischen Bevölkerung gehören und hat einen national-religiösen Charakter. Die Hauptverwaltung des GZMGU befand sich bis zum Ukrainekrieg 2014/15 in Donezk. Dort befand sich auch das regionale islamische Kulturzentrum von Donezk und die islamische Universität. Zum Leiter des GZMGU wurde Rashid Brahin gewählt. Aus dem GZMGU ging im Jahre 1997 die Muslimische Partei der Ukraine (PMU) hervor, die ebenfalls alle Muslime der Ukraine – poltisch – vertreten möchte.[97]

Schon seit den neunziger Jahren versuchen ukrainische Muslime, ihre Aktivitäten und Tätigkeiten gemeinsam zu koordinieren. Mehrfache Versuche, eine allgemeine Versammlung der Muslime in der Ukraine zu veranstalten, sind bis heute gescheitert. Jedoch sind die Meinungsverschiedenheiten nicht mehr so brisanter Natur wie in den Gründungsjahren: Zum 15-jährigen Grün-

96 russ.: Духовный центр мусульманских общин Украины – ДЦМОУ.

97 Am 26/27. September in Donezk gegründet: Партии мусульман Украины – ПМУ.

dungsjubiläum des Kiewer Muftiyats (DUMU) reisten Vertreter aus 11 Landkreisen und Städten der Krim nach Kiew[98]. Ein Problem ist allerdings, dass jede der Organisationen in eigenen Strukturen arbeitet, eigene Bildungszentren und Moscheen betreut. Die drei großen Organisationen DUMU, DUMK und GZMGU vertreten annähernd 17 Prozent der Muslime der Ukraine. So ist gegenüber dem Staat und internationalen Organisationen keine der islamischen Institutionen legitimiert, Anliegen im Namen *aller* Muslime der Ukraine vorzutragen, und dies sind immerhin über zwei Millionen Menschen![99]

Der Gründung muslimischer Gemeinden auf dem Festland ging die Gründung verschiedener kultureller Zentren voraus. Das erste wurde 1991 in Kiew registriert. Unter den weitverbreiteten Wohlfahrtsorganisationen und – stiftungen sind die "CCAP Foundation", "Al'- Buşra" und "Das Leben nach Tschernobyl'" am bekanntesten. Besonders rege agiert die interregionale Organisation "Ar Raid"[100], ein Zusammenschluß von 11 regionalen muslimischen Organisationen der Ukraine mit Aktivisten auf der Krim.[101]

Bis 2005 gab es auf der Krim lediglich eine weiterführende islamische Bildungsanstalt in Qalay (Mayskoye). Sie untersteht dem Muftiyat der Krim.[102] Durch die Betonung der *religiösen* Komponente der Bildung, und nicht der explizit krimtatarischen an dieser Medresse, nutzen auch Angehörige ande-

98 Der IV. Kongress der Muslime der Ukraine – Ein Meilenstein in der Geschichte der DUMU In: *Minaret*, Nr. 57, Mai 2006, S. 2; unter: www.islamyat.org [22.3.16].

99 s.: Bogomolov 2003; s.a.: http://www.crimeatau.org.ua/project/islam/summ.html (nicht mehr im Netz, 17.4.2015), online ist jedoch noch die Webseite an sich: http://crimeatau.org.ua/ (22.5.2016).

100 Diese gibt eine Zeitung gleichen Namens heraus: *АРРАИД – Во имя Аллаха Милостивого, Милосердного!* [Arraid – Im Namen Allahs des Gnädigen, Barmherzigen] – 04119 Kiew 119, ul. Degtyarevskaya 25 A, Tel.: (0038) 0 44 490-99-00, 490-91-69, fax: - 490-99-22, homepage: http://www.arraid.org/ru/nashi-izdaniya (22.5.2016), e-mail: gazeta@arraid.org, Herausgeber: Überregionale Assoziation der gesellschaftlichen Organisationen ARRAID.

101 Einen aktuellen Überblick über islamische Organisationen in der Ukraine bietet: Bogomolov/Danilov/Semivolos/Yavorskaya: *Исламская идентичность в Украине* [Islamische Identität in der Ukraine] Kiew: Stilos, 2006, 200 S.

102 Die Knaben-Medresse mit Meçet befindet sich im Dorf Mayskoe, Rayon Cankoy, ul. Gasprinskogo Nr. 1; die Mädchen-medresse in Azovskoe, ul. Kalinina Nr. 5 (Beide erreichbar unter E-mail: azovski1998@hotmail.com).

rer Ethnien die Chance eine gute Ausbildung in Mayskoye zu erlangen.[103] In diesem Bildungskomplex können Schüler von der 1. bis zur 11. Klasse eine allgemeine Hochschulreife erlangen, sind jedoch in islamischer Geschichte, Theologie und Kultur besonders ausgebildet. Das heißt, sie können nach Abschluss der Medresse an jede staatliche Hochschule aber auch an islamische Universitäten wechseln. Das Lehrmaterial und z.B. die Koran-Exemplare des Komplexes kommen unter anderem vom Zaman-Verlag, der der Nurculuk-Bewegung nahe steht.[104] Zwei türkische Schulen auf der Krim wurden direkt von der Nurculuk-Bewegung betrieben. Verglichen mit dem Einfluß und der Stärke der ´Nurcus` in Mittelasien, ist der Einfluss der Nurculuk-Schulen auf der Krim jedoch längst nicht auf dem Niveau von Kasachstan, wo es bereits 29 dieser Schulen gibt.[105] Nach der Türkei-Rußland-Krise von 2016 sind sämtliche Aktivitäten im Bildungssektor mit Unterstützung türkischer Institutionen oder auch nur mittels türkischer Finanzen untersagt und diese Schulen als auch die nationalen Schulen der Krimntataren haben mit der Kompensierung des Wegfalls dieser Unterstützung zusätzlich zu kämpfen.

Ein flächendeckendes Angebot an islamischem Unterricht existiert nicht, und es gibt zu wenig Imame. Jeder dieser Geistlichen muss im Durch-

---

103 Die Hocas kommen aus der Türkei, Georgien, von der Krim und sogar aus der Mongolei, werden in der Türkei ausgebildet, dann entsandt. Unter den Schülern in Qalay sind Tschetschenen, Krim-Aserbaidschaner, Karacayer, Türken und Ahıska-Türken.

104 Die Nurculuk-Bewegung geht auf den Kurden Said-i Kurdî zurück. Die so genannten Fethullahçılar, neben den Işıkçılar und den Süleymancılar Erben der Naqşbandiya-Tariqat des Said-i Kurdî betreiben heute in Zentralasien und Osteuropa ein Netz von über 200 Schulen und versuchen - auch in Westeuropa - sich den Ülkücülar anzunähern. Eine heftige Polemik des Türkisten Dr. Necip Hablemitoğlu gegen Nurculuk / Fethulahçı in *Kırım*, Nr. 24, Juli-Sep. 1998, S. 3–8 ("Fethullahçi Ihaneti" [Der Verrat der Fethulahçı]). Zu Nurculuk s.a.: http://www.nurculuk.com/ und *Nurculuk*, in: The Encyclopaedia of Islam, New Edition Bd.8, Leiden 1995, 136–138. und *Nursi*, in: The Encyclopaedia of Islam, New Edition Bd.8, Leiden 1995, 143/144.

105 In einer dieser beiden Schulen, in Tankovoe, finden auf Initiative des Meclis auch Weiterbildungen für krimtatarische Pädagogen statt. Über Einfluss und Wirkungsweise der Nurculuk-Schulen gibt es in der Wissenschaft divergierende Standpunkte. S.a: Balcı, Bayram: *Fethullah Gülen'in müritleri: "yeni Cedidîler" mi, yoksa Türk İslamî' nın "Cizvitleri" mi?* [Die Schüler von Fethullah Gülen: "Neue Djadidisten" oder "Jesuiten" des türkischen Islam?] In.: *Orta Asya'da İslâm Misyonerleri. Fethullah Gülen Okulları* [Missionare des Islam in Mittelasien. Die Schulen des Fethullah Gülen] Istanbul: Iletişim, 2005, S. 191 und S. 298–303.

schnitt zwei Gemeinden betreuen. Auch hier half die Türkei: Sie entsandte für ein bis drei Jahre Imame, die vom Präsidium für religiöse Angelegenheiten der Türkei (DİTİB) oder von türkischen Stiftungen bezahlt wurden.[106] Eine Ausbildung der Imame fand jedoch bis dato nur auf dem Festland an der Islamischen Universität von Donezk statt, wo seit 1993 nach den Studienplänen der Al-Azhar-Universität von Kairo gelehrt wird. Auch in Kiew ist eine Ausbildung zum Theologen seit dem 11. April 1993 möglich. Gern wurden auch Stipendien von türkischen Stiftungen in Anspruch genommen, der Imam der Moschee in Yalta z.B. studierte in Ankara, der Direktor der Hafez-Medresse in Qalay in Bursa.

Weitere Finanzquellen für den Aufbau der islamischen Infrastruktur im Bildungswesen waren bis 2014 islamische Banken und Stiftungen. Der Kontakt zu Geldgebern aus islamischen Ländern des Nahen Ostens und Arabiens wurde vom Muftiyat und dem Meclis gemeinsam gepflegt. Die Islamic Development Bank (IDB)[107] unterstützte seit 2004 krimtatarische Bildungsprojekte, ein medizinisches Zentrum für Frauen, ein Studentenwohnheim für junge Muslima, ein Schul-Wohnheim für Waisenkinder und einen islamischen Kindergarten auf der Krim. Geldmittel internationaler Organisationen werden über die eigens dafür gegründete IMDAT-Bank des Meclis an die für die jeweiligen Projekte zuständigen weitergeleitet. Dass diese Transaktionen nicht immer sehr transparent seien, ist ein Hauptkritikpunkt der NDKT an der OKND und dem Meclis.[108]

Toleranz als Erbe der Vielfalt

Der Islam auf der Krim sei traditionell ein toleranter Islam, wurde von Interviewpartnern immer wieder betont. Erscheinungen wie der Einfluss von

106 DİTİB – bezahlt den in der Türkei freigestellten Religionslehrern Visum, Transfer, Miete und Salär, beaufsichtigt etwa die Verteilung von Spendengeldern aus der Türkei und von auf der Krim lebenden türkischen Geschäftsleuten (auch in Odessa, Artemovsk, Donezk…).

107 s.: "Crimean Tatars: Islamic Development Bank supports Education and Health of Crimean Tatars" unter URL: www.RISU.org.ua [26.7.2004].

108 Diese Bewegung ist die größte kt. Organisation auf der Krim. Marginale Gruppen wie die KSSKN, ehemals NDKT gab und gibt es heute mit Unterstützung des neuen Regimes in Simferopol. Sie spielten aber bis 2014 eine Nebenrolle auf der politischen Bühne, werden heute protegiert und instrumentalisiert, v.a. die neue Organisation "Krim Birligi" (Einheit der Krim" (Siehe Kap. 3.3.3.5.).

wahabitischen[109] oder vermeintlich wahabitischen[110] Muslimen auf den Islam im Wolga-Ural-Gebiet oder dem Nordkaukasus seien auf der Krim nicht möglich. Und tatsächlich konnte ich nur eine Handvoll Gläubiger in Aqmescit ausmachen, die sich selbst als *echte Muslime* bzw. der Hizb-u tahrir[111] zugehörig bezeichneten, von Redakteuren und Journalisten (durch die ich diese kennenlernte) aber belächelt oder ignoriert wurden.

Auf der Krim gibt es lediglich sechs- bis achthundert Wahabiten, meist Männer zwischen 25 und 40 Jahren, die auch versuchen auf dem Lande Einfluß zu erlangen. Durch ihren ereifernden belehrenden Habitus und auch dadurch, dass ihre Kenntnisse des Krimtatarischen oft beschränkt sind, werden sie bisher von den Aqsakallı (Weißbärte) genannten Dorfältesten abgelehnt. Ein Problem ist allerdings, dass sie sich mittels Gründung eigener Stif-

---

109 Wahabismus: Als Wahhabiten werden die Anhänger der Wahhabiya, einer konservativen und dogmatischen Richtung des sunnitischen Islams hanbalitischer Richtung bezeichnet. Diese Bewegung geht auf Muhammad ibn Abd al-Wahhab zurück. S.: Ende, W.: *Wahhābiyya* In: EI² S. 39–47.

110 Vermeintlich deshalb, weil von russischer Seite (Medien und Staatsorgane), fast jede religiöse Aktivität von Muslimen, die nicht völlig konform mit der repressiven Politik des Putin-Regimes geht, als Wahabismus diffamiert wird, so Anna Schor-Tschudnowskaja (Hessische Stiftung Friedens- und Konfliktforschung, Frankfurt/Main) in ihrem Vortrag: Wovor sehen sich die Russen in Tschetschenien verteidigt? Daten und Mythen um den Tschetschenienkrieg (gehalten auf Int. Symposium, "Demokratische Ideale und post-kommunistische Realität – Herausforderungen an die Nationalbewegungen der ethnischen Minderheiten in Staaten Osteuropas", Stiftung Wissenschaft und Politik, German Institute for International and Security Affairs, Berlin, 23. Mai 2006.), s.a.: Schor-Tschudnowskaja, Anna / Malek, Martin (Hrsg.): Europa im Tschetschenienkrieg: zwischen politischer Ohnmacht und Gleichgültigkeit. Stuttgart: Ibidem, 2008.

111 Die *Hizb ut tahrir* wurde 1953 vom Ex-Muslimbruder Taqi ud-Din an-Nabhani in Jerusalem gegründet. Bei der "Hizb ut-Tahrir al-islami" ("Islamische Befreiungspartei") handelt es sich um eine in zahlreichen muslimischen Staaten vertretene, aber meist auch verbotene Organisation; inzwischen ist sie auch in der Bundesrepublik Deutschland verboten Zu welcher der zahlreichen unter dem Label *Hizb-ut tahrir* firmierenden Gruppen die Personen auf der Krim Kontakt haben, konnte ich nicht eruieren. His but-Tahrir-Anhänger und ihre Familien waren nach der Annexion der Krim 2014 mit die Ersten, die von der Krim flüchten mussten, da sie ja nach russländischer Gesetzeslage Verfolgung zu erwarten hatten

tungen der Aufsicht des Muftiyats entziehen, der die meisten der etwa 600 islamischen Stiftungen auf der Krim unterstehen.[112]

Die traditionelle religiöse Toleranz hat nach meinem Dafürhalten mit der Existenz weiterer turksprachiger Völker oder Volksgruppen auf der Krim zu tun. Neben der relativ jungen Gemeinde der Krim-Aserbaidschaner, die zum großen Teil Schiiten sind, gibt es die Karaimen, Krimçaken und Urum, die seit Jahrhunderten mit den Tataren auf der Krim und im übrigen Taurien siedelten. Sind die Karaimen und Krimçaken turksprachige Ethnien jüdischen bzw. alt-testamentarischen Bekenntnisses, so sind die Urum griechisch-orthodoxe Christen. Die Karaimen und Krimçaken leben heute wieder in kleinen Gemeinden auf der Krim.[113] Auch sie wurden Opfer von Vertreibung und Genozid.

Die Urum[114], tatarisierte Griechen, wurden schon unter Katharina der Großen 1778/1779 in das Gebiet des heutigen Mariupol umgesiedelt. Dort im Zwangsexil stabilisierten sich die Gemeinden wieder. Heute gibt es immer noch ein reges Gemeinde- und Kulturleben der Urum und trotz der Jahrhunderte der Trennung von der Krim bestanden bis 2014 weiter Kontakte zu den Krimtataren. Bei Treffen beider Ethnien wird mehr auf die gemeinsame Sprache und Geschichte abgehoben, die unterschiedlichen Religionen sind Thema, werden aber nicht überbewertet.

Die Nähe zu den Karaimen, Krimçaken und Urum wird nicht nur im Kontext der sprachlichen und kulturellen Verwandtschaft betont. Auch die historisch lange Anwesenheit dieser Ethnien auf der Krim stellt einen Zusammenhang her, der auf internationalem Parkett als Argument für die Anerkennung als autochthones bzw. indigenes Volk der Krim herangezogen wird,

112 Angaben nach Aussagen in Interviews mit 'Aqsakallı' in der Cuma Camii in Qezlev (Evpatoriya) 23.9.1998 und Meclis-Pressedienst 17.5.2004.

113 Die Karaimen sind Thora-Gläubige, den Talmud anerkennen sie nicht. Heute leben karaimische Gemeinden auch in Polen, Litauen und Israel. Zur Ethnogenese und Geschichte der Karaimen: Lebedeva 2003, S. 4/5; Kudusov 1995, Hotopp-Riecke 2011.

114 Als Alternativbezeichnung ist für sie aus der deutschen Turkologie auch der Begriff *Graeko-Tataren* bekannt. Die Angehörigen dieser Volksgruppe sind aus ethnischer Sicht als Griechen (türkisch *Rum* = Grieche) anzusehen, deren Vorfahren (rund 9.600 Menschen) um das Jahr 1780 die tatarische Sprache angenommen haben sollen. Die Volksgruppe der Urum umfasst heute rund 13.000 Menschen. Bei Volkszählungen werden die Urum in Georgien aufgrund ihres Glaubens als "Griechen" und nicht als Turkvolk aufgeführt.

denn an den Status eines indigenen Volkes knüpfen sich – flankiert von einer Reihe internationaler Deklarationen – besondere Rechte und auch finanzielle Ansprüche. Dazu sagte Refat Çubarov, der stellvertretende Vorsitzende des Meclis: "I have my opinion that the Crimean Tatars, as well as some other ethnic communities of the Crimea – Karaims, Krymchaks, and Urums in the Past – are the indigenous people of the peninsula, and the volume of their rights should be outlined by international standards an areas of peoples´ rights, including indigenous..."[115] Durch die erstrebte Anerkennung als autochthones Volk, erhoffte sich die Nationalbewegung nicht nur die volle moralische Rehabilitierung, sondern auch finanzielle Hilfe aus Kiew und dem Ausland für den Aufbau kultureller und sozio-ökonomischer Infrastruktur der Tataren auf der Krim.[116]

3.1.4. Keine Entwicklung der nationalen Bildung ohne Hilfe der Diaspora

Große Unterstützung für den Aufbau des Bildungswesens (Infrastruktur, Mobiliar, Lehrkräfte, Computer, Lehrmaterial...) kommt von türkischer Seite (s.a. Kap. 3.2.1.), allerdings oft aus einem Spektrum, welches in Westeuropa als rechtsextrem bis faschistisch eingeordnet wird.[117] Nachfragen meinerseits, ob den Wissenschaftlern und Lehrkräften auf der Krim denn bewusst sei, wer da zu Besuch in die Fakultäten kommt, auf Jubiläumsfeiern spricht und Geld für die nationalen Schulen überweist, bekam ich ausweichende und relativierende Antworten. Ein kritisches Bewusstsein für die politische Verortung der Partner aus der Türkei, des politischen Systems der Türkei und ihres Bildungswesens ist nur schwach entwickelt. Die wenigen Pädagogen, die zu Austauschaufenthalten in der Türkei weilen können, nehmen das Bildungs-

115 Für die Erreichung dieser Anerkennung wurde auch die "Stiftung zur Erforschung und Unterstützung der indigenen Völker der Krim" unter Vorsitz von Refat Çubarov gegründet. S.: Williams 2001, S. 444/445 und *Aydın. Center of Public Initiatives fort he Crimea*. Nr.17, November 1998.

116 Hier strebt der Meclis insbesondere die Anerkennung durch die UNO (Deklaration über die Rechte inigener Völker) und die ILO (Internationale Arbeits-Organisation mittels deren Konvention Nr. 169 an. S.: http://www.ilo.org/

117 So qualifizierte der Direktor des Orient-Instituts der DMG in Istanbul, PD Dr. Claus Schönig, die MHP und ihr nahe stehende Organisationen wie die *Ülkü Ocakları* [Idealisten-Vereine] als extrem rassistisch, totalitär und faschistisch ein. (Öffentlicher Vortrag "Imaginierte Einheitlichkeit und reale Verschiedenheit – Anmerkungen zum nationalistischen Geschichtsbild in der Türkei" Freie Universität Berlin, 17.7.2006)

wesen der Türkei naturgemäß aus ihrer Perspektive her war: Es ist für den großen Teil der krimtatarischen Lehrer ein modernes vorbildhaftes System.[118]

Die Verzahnung der Führung der krimtatarischen Nationalbewegung mit der nationalistischen Bewegung in der Türkei (MHP[119], Ülkü Ocakları, Nizam-i Alem[120]) scheint jedoch intensiver zu sein, als bisher angenommen. Zum einen ist diese Beziehung wohl dem Umstand geschuldet, dass die Krimtataren für die Behebung ihrer massiven sozialen Probleme immense finanzielle und materielle Hilfe benötigen, die sie von staatlicher ukrainischer Seite nur in bescheidenem Rahmen bekamen, entsprechend den ökonomischen Möglichkeiten der von Krisen in den 90er Jahren geschüttelten Ukraine. Wenn man krimtatarische Publikationen aus der Türkei analysiert, kann man schon seit Jahren eine Verflechtung von panturkistischer, türkisch-nationalistischer und krimtatarischer Thematik registrieren. Sowohl in der MHP-nahen Zeitschrift *Ufuk Ötesi*[121] als auch in krimtatarischen Periodika der Türkei wie *Kalgay*,

---

118 S.: Qırımtatar ocaları İstanbulda Türkiyeniñ tasil sisteminen tanış oldılar [Krimtatarische Lehrer machten sich in Istanbul mit dem Bildungssystem der Türkei hbekannt] In: *Maarif işleri* Nr. 8 (82) August 2006. Solange jedoch der Genozid an Armeniern, Assyrern, Pontos-Griechen und Kurden in staatlichen Schulbüchern der Türkei geleugnet, solange alevitische Schüler zwangsweise in sunnitischen Religionsunterricht gehen müssen, solange autochthone Bevölkerungsteile der Türkei verleugnet und Muttersprachunterricht verboten bleibt - dies betrifft Krimtataren *und* Kurden, Lazen, Zaza... - kann von einer Vorbildwirkung des türkischen Bildungswesens keine Rede sein.

119 MHP - Milliyetçi Hareket Partisi – Partei der Nationalistischen Bewegung; gegr. von Alparslan Türkeş [s.a. Fn.]. Die Ursprünge der Partei liegen in der rassistischen Mobilisierung in der Zeit zwischen 1939 und 1945 in der Türkei, programmatisch angelehnt an faschistische Parteien Europas. s.a.: Çelik, Selahattin: *Verbrecher Staat. Der "Susurluk-Zwischenfall" und die Verflechtung von Staat, Unterwelt und Konterguerilla in der Türkei* Frankfurt/M.: Zambon, 1998, S. 152–161.

120 Avrupa Nizam-i Alem Federasyonu (ANF), gegründet 1994 in Frankfurt/M.; eine Abspaltunng der ADTÜF. Sie repräsentiert den europäischen Arm der BBP (Büyük Birlik Partisi / Große Einheitspartei) aus der Türkei, einer 1992er Abspaltung der MHP, die einen islamistisch-radikal-nationalistischen Kurs vertritt, wobei der Islam jedoch eine stärkere Betonung erfährt als bei letzterer. (S.: Feindt-Riggers / Steinbach, 1997, S. 61/62; VS NRW online).

121 So schreibt z.B. Alptekin Cevherli in *Ufuk Ötesi* vom September 2005: "Ortada 300 milyon Türk ve dünya yüzeyinde yüz milyonlarca kilometrekare alanı ilgilendiren, inkâr edilmesi imkânsiz bir gerçek vardır. Bunlar ne 'dış Türk'tür, ne de 'Türki'dir. Bu insanlar öz be öz Türk'tür." [Es gibt eine interessante, unmöglich zu verleugnende Wirklichkeit von ungefähr 300 Millionen Türken und hunderten Millionen Quadratkilometer

Bahçesaray, *Tepreş* oder *Kırım Bülteni* findet man Autoren des panturkistischen, nationalistischen Spektrums der Türkei[122]. Das Ideal einer von Türken beherrschten Großmacht von Bosnien bis Jakutien von Tatarstan bis Iran ist das einigende Band dieser Ülkücü [Idealisten] genannten Bewegung. Der Graue Wolf als Emblem der nationalistischen panturkistischen Bewegung ist daher nicht von ungefähr das Symbol sowohl des Vereins TÜDEV[123] aus der Türkei als auch der Adalet-Partei (Gerechtigkeitspartei) auf der Krim und der MHP in der Türkei. Er taucht auf Publikationen der MHP genau so auf wie in panturkistischen parteiungebundenen Magazinen (*Göktürk*, *Ufuk Ötesi* u.a.).[124] Finanzen der nationalistischen Bewegung der Türkei scheinen einen sehr wichtigen Beitrag für die Handlungsfähigkeit der krimtatarischen Nationalbewegung zu leisten. Aber auch ideell wird hier für eine türkische Identität und Solidarität gearbeitet. Von dieser Solidärität und Identitätsfindung profitiert eben auch das vergleichsweise kleine Volk der Krimtataren, die ohne ihren Nationalstolz und / oder Nationalismus wohl als solches nicht mehr existieren würden. Die Gründe für die Verflechtung der krimtatarischen Vereine der Türkei und z.B. Deutschlands mit der panturkistischen nationalistischen Szene fußt nicht zuletzt eben darauf, dass Grundwerte scheinbar geteilt werden: Kampf um die Heimat (Vatan), Solidarität unter den türkischen Völkern (Milletçilik/Türkçülük=Nationalismus/Türkismus), Islam als genuin türkisches Attribut usw. Eines scheint jedoch antagonistisch zu sein: Einerseits ist die Führung des Meclis der Krimtataren stolz auf die Erreichung ihrer Ziele ausschließlich mit friedlichen Mitteln[125], andererseits ist einer der großen Förde-

Land. Diese sind weder 'Turki' noch 'Außen-Türken', sondern diese Menschen sind voll und ganz Türken] (S. 27).

122 Der Verein von Bursa mit seiner Zeitschrift *Kalgay*, der Verein von Eskişehir und Teile der Krimtataren Ankaras gehören mit zum Spektrum der Meclis-Opposition um *Bizim Kırım* und *Xalq Sedası*. Aber auch Wissenschaftler, die nicht zur Opposition gehören, veröffentlichen in *Kalgay* (A. Veliyev in Nr. 16, S. 20/21; V.Y. Gankieviç S. 17), s.a. Abb. S. 165.

123 TÜDEV – Türk Devlet ve Toplulukları Dostluk, Kardeşlik ve İşbirliği Vakfı [Stiftung für Freundschaft, Brüderlichkeit und Zusammenarbeit der türkischen Staaten und Gesellschaften], Türkei.

124 S.: Çapraz, Kemal: *Çapraz ateş. Gözler MHP Kongresinde* [Kreuzfeuer. Die Augen auf dem MHP Kongress] In: *Ufuk Ötesi* September 2003, S. 3 und 19.

125 *Bahçesaray* Nr. 22, August 2003, S. 26 "*Kırımoğlu: Örnek olduk*" [Wir wurden zum Beispiel]: "...in diesem 60 Jahre währenden Kampf haben wir nicht ein einziges mal

rer in der Türkei, die MHP, eine Partei, die in den 70er Jahren in der Türkei einen beträchtlichen Anteil an tausenden politischen Morden hatte und sich nie explizit von Gewalt als politischem Mittel distanziert hat.[126] Im Gegenteil, es gibt zahlreiche Belege aus Dokumenten der MHP, die Gewalt als politisches Instrument rechtfertigt und dazu aufruft.[127]

In die Schulen und Kindergärten auf der Krim haben ideologische Inhalte der türkischen Ülkücü-Bewegung bisher keinen Eingang gefunden. An den Universitäten jedoch ist zu befürchten, dass durch die beschriebenen Kontakte eine Kontaminierung krimtatarischer Bildungsinhalte durch nationalistisch-türkische Ideologien oben erwähnter Organisationen erfolgen könnte[128]. Die TİKA, vom Ansatz ihres Auftrages her schon prädistiniert für pantürkische Inhalte, versucht auch auf ideologischem Terrain diese zu platzieren. Die Auswahl des Lehrmaterials für die von ihr betreuten Institutionen spielt dabei eine Rolle: Die Türk Anseklopedisi, herausgegeben unter der Schirmherrschaft von Devlet Bahçeli, ehemaliger Vize-Premierminister der DSP-ANAP-MHP Regierung und MHP-Vorsitzender, transportiert meist unmerklich Ideen des beschriebenen Spektrums in die Wissenschaft, z.B. mittels der Autorenschaft von Wissenschaftlern rechter Provinienz. Die Bände der Enzyklopädie *Türkler* ziert neben den Symbolen des osmanischen Sultanats auch der graue Wolf...[129]

In türkische Zusammenhänge – im Sinne von alle Turkvölker betreffend – sind tatarische Intellektuelle von der Krim auf vielfältige Weise involviert. Zarema Nagayeva zum Beispiel, ehemalige Leiterin des Lehrstuhls für Bildende Kunst der KDMPU, war zusammen mit der Vorsitzenden der krimtatarischen Frauen-Liga Safinar Cemileva jedes Jahr Teilnehmerin am Qurultay

---

Waffen benutzt, daran kann sich jede nationale Bewegung auf der Welt ein Beispiel nehmen, meinte Mustafa Abdulcemil Kırımoğlu..."

126 S.: Schröder, Kati: *Die Türkei im Schatten des Nationalismus. Eine Analyse des politischen Einflusses der rechten MHP.* Hamburg: Summa, S. 182–191.

127 S.: Arıkan, Burak E.: *The Programme of the Nationalist Action Party of Turkey: An Iron Hand in Velvet Glove?* In: *Middle Eastern Studies* London, Vol. 34, Nr. 4, S.120–135.

128 Während meines Aufenthaltes an der KDMPU 2004 brachte zum Beispiel eine Delegation der MHP Freiexemplare der parteieigenen Zeitschrift "Türk Yurdu" [Türkische Heimat] zum Verteilen mit (die allerdings "eingelagert" wurden).

129 S.: Güzel, Hasan Celâl / Çiçek, Kemal / Koca, Salim (Hrsg.): *Türkler* Ankara 2002.

der Gesellschaft für Freundschaft und Solidarität der Frauen und Mädchen der Türkischen Welt.[130]

3.2. Internetpräsenz

Die krimtatarische Sprache hat auch nach der Rückkehr aus der Verbannung auf der Krim einen schweren Stand. Starke Russifizierung und ökonomische Zwänge des Alltags lassen das Bemühen um den Erhalt der Muttersprache, um deren Wiederverankerung in der krimtatarischen Bevölkerung nahezu aussichtslos erscheinen. Selbst der Leiter des TİKA-Büros der Krim, İsmet Yüksel, meist bemüht, das Positive der Entwicklungen im Bildungswesen herauszustellen, warnte im Interview mit der Netz-Zeitung "Qırım": "Die Zeit wird kommen, wo wir alle anderen Probleme lösen können, aber wenn die Sprache verloren geht, kehrt sie nicht zurück!".[131]

Ich habe deshalb etwas genauer untersucht, wie die erste Wissenschaftlergeneration nach Glasnost und Perestroika sich in der alten neuen Heimat bemüht, via Internet den Kampf der Dissidenten aus der krimtatarischen Nationalbewegung der letzten 60 Jahre fortzusetzen.

Ohne aus dem reichen Fundus an oral tradierter Folklore und Literatur schöpfen zu können, wäre wohl eine so imposante Renaissance krimtatarischer Kultur und Bildung nicht möglich gewesen, denn wissenschaftliche Quellen *auf* krimtatarisch und *über* Krimtataren waren vom Stalinregime fast vollständig vernichtet worden. Im Folgenden gehe ich exemplarisch näher auf die krimtatarischen Internetressourcen ein, die zumindest bis zur Annexion von 2014 bestanden, da eine Beschreibung aller relevanten Web-Seiten den Rahmen dieser Arbeit sprengen würde. Diese Web-Seiten fungierten als Mul-

130 Die *Türk Dünyası Kadın-kızlarının Dostluk ve Gönüldeşlik Cemiyeti* unter ihrer Vorsitzenden Şenol Bal hat ihren Sitz in Ankara. Zielsetzung ist die gegenseitige Bekanntmachung von Problemen auf den Gebieten Politik, Wirtschaft, Wissenschaft, Kultur und Sozialleben aus Perspektive der Frauen der Turkvölker. S.: *Янъы дюня* 6 (718), 24. Januar 2004, S. 1. Frau Nagayeva arbeitet jedoch nicht mehr an der KDMPU. Sie wurde nach Ermittlungen des ukrainischen Geheimdienstes wegen Korruption verhaftet und angeklagt.

131 "Vaqıtı kelir, her bir mesele çezilir, amma til ğayıp olsa, o keri qaytmaz!" (Es wird die Zeit kommen, da man alle Probleme lösen kann. Verschwindet jedoch die Sprache, kehrt sie nicht wieder) Interview vom 23.01.2002 online unter URL: http://www.seda.by.ru/life/arc5.shtml (nicht mehr im Netz 22.11.2015)

tiplikatoren der Bemühungen um eine Re-Tatarisierung der Generation, die nach der Rückkehr auf die Krim geboren wurde und oft des Krimtatarischen nicht mehr in ausreichendem Maße mächtig ist. Aber auch die Funktionen von Lehranstalt, Archiv und kollektivem Gedächtnis werden von diesen Seiten im Internet erfüllt.

Wer stellt also welche krimtatarischen Seiten ins Netz, wer finanziert das? Und wie? Wer soll mit diesen Seiten angesprochen werden? Welche Rolle spielt dabei Networking mit der krimtatarischen Diaspora in der Türkei, Deutschland und den USA? Untersucht habe ich sowohl für Wissenschaftler relevante Seiten von der Krim selbst (Universitäten, Institute) als auch von Institutionen in der Diaspora.

3.2.1. Die Seiten der Nationalbewegung

Die umfangreichsten krimtatarischen Seiten wurden bis zu dessen Verbot vom Pressedienst des Meclis ins Netz gestellt. Die meisten Inhalte bezogen sich auf den politischen Kampf, Tagespolitik und Geschichte der Nationalbewegung[132]. Auf jeder dieser Seiten[133] wurde jedoch auch krimtatarische Bildung vermittelt und auch für Wissenschaftler der Bereiche Geschichte, Linguistik, Nationalismusforschung, Musikwissenschaft oder Soziologie boten sie einen reichen Fundus an Material. Hier einige Beispiele:

- Auf den Seiten des "Center of Information and Documentation of Crimean Tatars" (Kiew) sind die Ausgaben von *Avdet* archiviert. So ist eine Analyse der Entwicklung der OKND anhand von Originaltexten im Internet möglich.[134] Dieses Informationszentrum unter Leitung

132 Mit krimtatarischer Nationalbewegung meine ich hier die OKND unter Führung von Mustafa Cemilev. Die NDKT verfügt, soviel ich eruieren konnte, nicht über eine eigene Homepage, gleiches gilt für deren Quasi-Nachfolgerin KSSKN, die jedoch mittels der Zeitschrift *Bizim Kırım* aus Köln über eine Internetpräsenz verfügte (www.bizimkirim.com, seit 2014 nicht mehr im Netz, gefolgt von gleichnamiger Facebookseite der "Kırım Tatar Kültür Dernekleri Federasyonu" unter Ünver Sel, vgl.: https://www.facebook.com/Bizim-K%C4%B1r%C4%B1m-136060269847377/, gesichtet 22.3.2016).

133 Diese Seiten sind: www.qurultay.org, http://qtmm.org/, www.vatankirim.net (von der Emel-Krim-Stiftung Istanbul um den Journalisten Özgür Karahan gelauncht), www.qirim.net, u.a. (alle letztmalig geöffnet 28.5.2016), http://www.fikirdebirlik.com/ (als Webseite nicht mehr im Netz, gefolgt von der Facebookseite https://www.facebook.com/FikirdeBirlik/?fref=nf (22.3.2016).

134 Unter URL: http://www.cidct.org.ua/en/Avdet/ (24.2.2016).

von Ayder Ibragimov gab auch das sehr informative Journal "Krimskii Studii" heraus. Dort wurden sowohl aktuelle wissenschaftliche Studien zu sozio-ökonomischen und kulturellen Problemen der Krimtataren veröffentlicht, als auch Reprints von Dokumenten zur krimtatarischen Geschichte der Sowjetzeit. Dazu konnte man eine wöchentliche Zeitungsschau zu allen krimtatarisch relevanten Themen abrufen und aktuelle Gesetzestexte wurden veröffentlicht. Alle Ausgaben der "Krimskii Studii" gibt es unter: http://www.cidct.org.ua/en/studii/ (blieb seit 2014 von Zensur verschont, da von Kiew aus gelauncht) und als gedruckte Ausgabe in Deutschland in der Bibliothek des I-CATAT in Magdeburg. Das Zentrum wurde ausschließlich durch Fördermittel vor allem der *National Endowment for Democracy* (USA) betrieben.

- Die Geschichte der krimtatarischen Diaspora in der Türkei ist im Archiv der Zeitschrift Bahçesaray online abrufbar. Dort gibt es kostenfrei alle Ausgaben seit 2001 als PDF-Datei herunterzuladen.
- Wissenschaftliche Aufsätze zu Philologie und Geschichte findet man auf etlichen Seiten: Zum Beispiel zum Thema I. Gasprinski / Djaddidismus etwa unter URL http://www.ismailgaspirali.org/ismailgaspirali/ana.htm oder philologische Arbeiten wie "Kırım Tatarcasında Geniş Zaman İfadesi Veren Sıfat- Fiiller" von Zuhal Yüksel unter. http://nogai.blogspot.de/2008/11/krm-tatarcasnda-geni-zaman-ifadesi.html (30.3.2016).
- Auf den Seiten der Diasporavereine in der Türkei wurde für die Kampagne "Kırım´da bir Çocuk okut" [Unterrichte ein Kind auf der Krim] geworben. Für 15 US$ monatlich werden Schülerpatenschaften auf der Krim vermittelt. Ein ähnliches Projekt wurde am 8. April 2006 für die Schulen als ganzes unter dem Namen "Kırım`da kardeş okulunuz olsun" [Eine Partnerschule auf der Krim für sie] gestartet: Über die Seite www.kardesokul.com konnten die Projektleiter auf der Krim und in der Türkei sowie alle Nationalen Schulen auf der Krim erreicht werden. Ziel ist die Vermittlung einer türkischen Schulpartnerschaft für alle Schulen

der Krimtataren[135]. Neben den diversen Städtepartnerschaften Krim-Türkei wurden mittlerweile auch sämtliche offizielle Schulpartnerschaften von russischer Seite her beendet[136].

Viele Sites der Nationalbewegung dienen quasi auch als Kurs für Einführung der Latiniza. Da die Umstellung von Kyrilliza auf Latiniza in der Polygrafie recht kostenintensiv ist, dient hier das Internet als Vorreiter. Neben der Bekanntmachung des lateinischen krimtatarischen Alphabets wurden fast alle Nachrichten z.B. auf Qurultay.org in Englisch, Russisch, Türkisch, Ukrainisch und Krimtatarisch / Latiniza angeboten[137].

Seit dem Frühjahr 2005 entstand ein krimweites Netz von Dorf-, Stadtviertel- und Landkreiszeitungen mit gleichen Zielsetzungen. Ohne die Möglichkeiten des Internets wäre diese Entwicklung nicht denkbar. Zwar waren diese jungen Projekte nicht alle online, aber zumindest alle verfügten über E-mail-Adressen, so daß lokale Zeitungen auch als PDF- und Word-Dateien ausgetauscht und bearbeitet werden konnten. Sponsoren und Förderer dieser Projekte sind eine Vielzahl von ausländischen NGOs, Institutionen der EU sowie Vereine und Parteien der Diaspora[138], was es nun seit der Annexion der Krim 2014 ungleich

---

135 Nicht mehr am Netz seit 2014, Projektpartner waren die Jugendverbände *Birlik*, *Qardaşlıq*, die Pädagogenvereinigung *Maarifçi*, die Gesellschaft *Bizim Kırım* u.a. Projektleiter war Kürsad Örnek (kartalkursad@yahoo.com).

136 Siehe: Türkiye'nin Kırım'da kardeş şehri kalmadı. (Keine der türkischen Städtepartnerschaften auf der Krim blieb bestehen) in: *Sözcü*, 8.12.2015, online unter URL: http://www.sozcu.com.tr/2015/dunya/turkiyenin-kirimda-kardes-sehri-kalmadi-1004209/ (28.5.2016).

137 Das gleiche gilt für die Seiten http://www.seda.by.ru [Stimme der Krim] (nicht mehr im Netz, 3.4.2016); http://aspects.crimeastar.net/ct/ [Krim Aspekte] (nicht mehr im Netz, Nachrichten wurden teilweise in das Archivforum überspielt, unter URL: http://maidan.org.ua/arch/oldkrym/1042604832.html, 22.32016), www.bizimqirim.org (nicht mehr im Netz; Screenshot zur Ansicht unter: http://archive.is/cQuC, 14.4.2016) oder die Zeitschrift *Günsel* unter: http://www.vatankirim.net/gunsel/gunsel1.pdf (31.5.2016)

138 Z.B.: Sudaq sesi [Stimme von Sudak], Qezlev [Evpatoriya], Eski Yurt (Bahçisaray), Maalle [Viertel] (Aqmescit). Fördergelder kommen von UNOPS (UN Office for Project Services [s.: http://www.unpo.org/news_detail.php?arg=18&par=227, nicht mehr im Netz, 22.3.2016]), Goethe-Institut, International Renaissance-Foundation (Subbranche der Soros-Foundation), Eurasia Foundation (Dahinter steht als Finanzier allerdings die USAID [US Agency for International Development]). Das UNHCR startete

schwerer macht, diese Projekte am Leben zu halten, da sämtliche Kooperationen mit türkischen Geldgebern, aber auch solche mit EU-Partnern unterbunden wurden. Daneben gab es noch kleinere Projekte der Opposition, die im Netz jedoch nicht präsent waren.[139]

3.2.2. Islamische Seiten

Als höher gehende Schule besteht für Muslime der Krim lediglich das oben erwähnte muslimische Gymnasium in Qalay (Mayskoye) (S. 58/59). In dieser desolaten Situation und bei dem Kampf um deren Verbesserung wird gern auf das Internet zurückgegriffen.

Da das Krim-Muftiyat für alle Krimmuslime, also auch für Karaçayer, Meskheten/Ahıska-Türken, Kurden, Aserbaidschaner und weitere muslimische Volksgruppen zuständig ist, wird auf entsprechenden Web-Seiten der Inhalt auf Russisch, Krimtatarisch und Englisch angeboten. Angehörige anderer Ethnien sprechen aber oft auch gut Krimtatarisch, da sie in der Verbannung Tür an Tür mit krimtatarischen Familien lebten und die gleichen Schulen besuchten, ein Verlassen der Sondersiedlungen stand schlicht unter Strafe. Auf den jährlich abgehaltenen Generalversammlungen der Krimmuslime (Qurultay) ist denn auch die Konferenzsprache Krimtatarisch[140].

Die \`islamischen\` Internetseiten fördern unter Betonung des religiösen Faktors – wie fast alle anderen tatarischen Seiten auch – die Stärkung der Identität, Beschäftigung mit der Muttersprache ("Laßt uns die Geschichte unserer Dörfer selbst schreiben!")[141] und den Austausch mit Muslimen außer-

---

auf der Krim 1994 mit 100.00 US$; 1998 waren es bereits 4 mio. US$. Erhebliche Unterstützung kommt auch aus der Türkei von den *Ülkücü ocakları* (Idealistenvereine, in Deutschland bekannt unter der Bezeichnung 'Graue Wölfe') bzw. der *MHP* (Milliyetçi Hareket Partisi – Partei der Nationalistischen Bewegung).

139 Nicht im Internet: "Xalq sedası" [Volksstimme], hervorgegangen aus "Areket" [Bewegung]. In Deutschland im ICATAT-Archiv einsehbar.

140 Im Norden der Krim interviewte ich Meskheten und selbst Kurden (auch ehemals yezidische), die fast kein Kurmancî mehr sprachen, dafür aber fließend Krimtatarisch oder Meskhet- bzw. Ahıska-türkisch.

141 Dazu heißt es dort: "Soñki yıllarda şeher ve köylerniñ tarihlarını ögrenüvine meraq hep artmaqta. Misal içün sovetler devrinde bir qaç tom olaraq neşir etilgen «Ukraynadaki şeher ve köylerniñ tarihı» adlı kitapnı qayd etmek mumkün. Lâkin Qırımğa ait qısmında halqımız haqqında malümat pek az hemde çoqusı yañlış bir şekilde berilgen."[In den letzten Jahren steigt das Interesse an Stadt- und Dorfgeschichte. Während der Sowjetzeit war es zum Beispiel möglich, einige Bände "Geschichte der

halb der Krim. Mittels diverser Internetseiten wird auch zu Spenden für neue Moscheen aufgerufen. Eine eigene Webseite des Krim-Muftiyats bestand bis 2006 nicht, Informationen betreffs Islam in der Ukraine können aber auf den Seiten der *Geistlichen Verwaltung der Muslime der Ukraine* (DUMU) unter http://www.islamyat.org/ und bei der Organisation ARRAID eingesehen werden. Auf diesen Seiten ist auch die jeweilige Zeitschrift der Organisationen als PDF-Datei downloadbar.[142] Auch die Online-Archive der Zeitungen sind so abrufbar.

Der Stand bezüglich einer eigenen Muftiyat-Webpräsenz ist 2016: Mittlerweile gibt es zwei Muftiyate auf der Krim als auch zwei konkurrierende Webseiten. Das traditionell mit der Bürgerbewegung und dem nunmehr verbotenen Nationalrat Medschlis verbundene Muftiyat DUMK (Geistige Verwaltung der Muslime der Krim / Духовное управление мусульман Крыма) unter Emirali Ablayev konnte sich nach vielen Kompromissen und Verhandlungen behaupten und ist noch anklickbar unter: http://qmdi.org/index.php/ru (22.4.2016). Das mit Unterstützung der neuen Machthaber gegründete neue "Gegen-Muftiyat" unter dem Namen "Zentrale Geistige Verwaltung der Muslime – Taurisches Muftiyat" ("Центральное духовное управление мусульман – Таврический муфтият, ЦДУМ – ТМ") findet man unter URL: http://cdumk.ru/ (22.3.2016).

Einen generellen Überblick und umfangreiche Nachrichten auf englisch, ukrainisch, russisch und deutsch geben die Seiten der "R.I.S.U. – Religious Information Service of Ukraine" unter www.risu.org.ua (12.5.2016).

Auch auf Seiten, die sich nicht als explizit muslimisch darstellen, finden sich immer Sub-domains oder Texte, Logos und Links, die sich auf den Islam als identitätstiftendes Merkmal beziehen. Als Logo des analytischen Informa-

---

Städte und Dörfer der Ukraine" herauszugeben. Doch in den Kapiteln zur Krim wird über unser Volk sehr wenig berichtet und wenn, dann wird das meiste falsch wiedergegeben."] Dies war eine Kampagne der Internetseite "Qırım Haberi" [Krim-Nachrichten]. Online unter URL: http://aspects.crimeastar.net/ct/ (offline, 2.2.2016) Andere Seiten sind z.B.: http://www.arraid.org/ru/node/4638; dies ist die Seite der "Überregionalen Assoziation der gesellschaftlichen Organisationen ARRAID / *АР-РАИД – Во имя Аллаха Милостивого, Милосердного!* " [Arraid – Im Namen Allahs des Gnädigen, Barmherzigen], einer islamischen Zeitung aus Kiew. s.a.: http://www2.maidanua.org/news/index.php3?bn=maidan_krym&trs=0&site=maidan

142 Die DUMU (**Д**уховное **У**правление **м**усульман **У**краины) vertreibt das Monatsmagazin *Minaret* (s.a. Kap. 3.1.3).

tions-Portals "Qırım"[143] zum Beispiel erschien ein Minarett mit dem islamischen Glaubensbekenntnis darüber. Zur identitätsstiftenden Kraft des Islam schreibt auch der krimtatarische Soziologe Kurtmolla Abdulganiyev: "Die religiöse Praxis der Krimtataren beschränkte sich auf Grundlegendes und war bei ihnen als *ein* Aspekt von vielen im Kontext von Gruppentradition fixiert – mehr ein Identitätsmerkmal denn ein Glaubenssystem".[144] Zur muslimischen Komponente der krimtatarischen Selbstidentifikation mehr unter Punkt 3.4.1.1.2..

3.2.3. Internetpräsenz der Diaspora

Die krimtatarische Diaspora ist aufgrund ihrer langen Migrationsgeschichte über fast alle Erdteile verstreut.[145] Die Internetseiten der Diasporagemeinden differieren sehr stark hinsichtlich Qualität des Inhaltes und Quantität der gebotenen Links, Sub-sites und des ins Netz gestellten Materials. Qualitativ am hochwertigsten für Lehrpersonal wie Studenten auf der Krim sind die Seiten, die von Istanbul aus ins Netz gestellt werden (www.bahcesaray.org, www.kirimturkleri.com[146], www.vatankirim.net, www.surgun.org, http://www.kirimdernegi.org.tr/, http://www.emelvakfi.org/ u.a.). Aber auch oben erwähnte Seiten der Nationalbewegung auf der Krim sind eng verlinkt mit den türkischen Sites und sie werden teilweise von Istanbul aus mit betreut.[147]

143 Leider nicht mehr am Netz, 26.5.2016.

144 Abdulganiyev, Kurtmolla: *Institutional Development of the Crimean Tatar National Movement* (April 2002) online unter URL: http://www.iccrimea.org/scholarly/national-movement.html [3.3.2016].

145 Es gibt Gemeinden in Nordamerika, Rumänien, Bulgarien, der Türkei, der BRD, im gesamten Raum der ehemaligen Sowjetunion, sowie Krimtataren in Australien, den Niederlanden etc.

146 "www.bahcesaray.org und www.kirimturkleri.com sind nicht mehr im Netz, die weiteren Webseiten sind nach wie vor zu erreichen und sind jeweils mit Archiven ausgestattet, 25.5.2016.

147 Der IT-Spezialist Özgür Karahan ist maßgeblich verantwortlich für diese attraktiven Seiten. Die Familie seines Vaters wanderte 1855 während des Krimkrieges von der Krim in die Dobrudscha aus, wo auch heute noch ein Teil der Verwandtschaft lebt. Sein Onkel ist dort der Vorsitzende des Krimtatarenvereins in Constanţa (Köstence). Sein Vater, Saim Osman Karahan, ist Autor des in Constanţa erschienenen Buches über Leben und Werk von Numan Çelebi Cihan. Özgür ist im Vorstand des Istanbuler Vereins, in den Redaktionen von *Kırım Bülteni* und *Bahçesaray* sowie als Webmaster und Administrator für die Gemeinde tätig.

Die erste Webseite über Krimtataren überhaupt wurde im Ausland, in den Niederlanden, ins Netz gestellt. Die SOTA-Stiftung präsentierte 1996 unter "The home of Crimean Tatars" Texte und Links zu krimtatarischen Themen als Subdomain ihrer Stiftungsseite[148]. Neben den Krimtataren wurden von Seiten dieser Stiftung auch die Uyguren und andere Turkvölker des historischen Ost-Turkestan unterstützt.

Die einfachste Web-Präsenz hatten die Krimtataren Deutschlands[149] mit Vereinen in Gießen und der Umgebung von Augsburg. Untereinander haben die Vereine wenig Kontakt, was mit der Herkunft der jeweiligen Mitglieder und der politischen Ausrichtung zu tun haben dürfte: Während im Verein aus Augsburg/Neu-Ulm vor allem ehemalige Angehörige der krimtatarischen Wehrmachtseinheiten und ihre Nachkommen organisiert sind, arbeiten im Verein in Gießen vor allem ehemalige `Gastarbeiter` aus der Türkei mit krimtatarischen Wurzeln oder mit Interesse am Thema Krimtataren, gespeist aus politisch-panturkistischer Haltung.[150] Und während sich in Süddeutschland

---

148 SOTA: "Foundation for the research of Turkestan, Azerbaijan, Crimea, Caucasus and Siberia" Haarlem, NL, unter http://home.online.nl/sota/sotainfo.html (20.5.2016).

149 Das waren die Webseiten des "Solidaritäts- und Kulturzentrums der Krimtataren in Westeuropa e.V." aus Gießen (http://www.kirimavrupa.net/, nicht mehr im Netz, nachdem unter selbiger Adresse für zwei Jahre das Graue-Wölfe-Web-Radio "Radiyo Ülkümüz" gesendet wurde, 22.4.2016), gefolgt nun von der Facebookgruppe https://www.facebook.com/groups/kirimtataravrupa/?fref=ts und der Facebookseite des Vereinsvorsitzenden Rafet Karanlık unter: https://www.face book.com/KIRIMAVRUPA und der "Landsmannschaft der Krim-Tataren in Deutschland e.V." aus Neu Ulm und Umgebung (http://www.tatarlar.de/, ebenfalls nicht mehr im Netz nachdem 2015 beschlossen wurde, sich nach 50 Jahren Bestehen aufzulösen aufgrund Mitgliederschwund/Assimilation). Daneben gibt es noch die Seite der ultra-nationalistischen Opposition um Ünver Sel aus Köln, wo man das Magazin "Bizim Kırım" als pdf-datei herunterladen kann (www.bizimkirim.net, nicht mehr im Netz, gefolgt von Facebookgruppe https://www.facebook.com/Bizim-K%C4%B1r%C4%B1 m-136060269847377/). Auch in den liberalen (Kasantatarischen) Zeitschriften Bertugan (Weil am Rhein) und AlTaBash (Berlin), deren RedakteurInnen Kazan-Tatarinnen sind, schreiben immer wieder auch krimtatarische PublizistInnen. AlTaBash als pdf-dateien auf der Webseite von "Tatarlar Deutschland e.V." unter URL: http://www.tatarl ar-deutschland.de/jurnal-altabash/ (ehemals http://www.altabash.tk/) Bertugan bestellbar beim gleichnamigen Verlag unter http://www.bertugan.de/ (22.3.2016).

150 Zu Krimtataren in Deutschland s.: Feyzi Rahman Yurter: *Krimtataren wurden von allen missbraucht*. online unter: http://www.versoehnungsfonds.at/index-2.html (unter Rubrik "Schicksale" und ders.: *Almanya'da Kırım Tatarları* In: *Bizim Kırım* Nr. 1, 2003, S. 15–19.

eher aktiv um die Pflege des religiösen und kulturellen Gemeindelebens gekümmert wird, versucht der Verein in Gießen, die Interessen des Meclis in Deutschland und Europa zu vertreten. Der entsprechende Anspruch ist bereits in der Vereinsbezeichnung erkennbar: "Landsmannschaft in Deutschland" versus "Solidaritäts- und Kulturzentrum in Westeuropa".[151]

Die Seiten der Communities der USA, Kanadas, Bulgariens und Rumäniens sind, verglichen mit den deutschen Seiten, recht umfangreich. Ihnen gemein ist allerdings, dass keine Texte auf Krimtatarisch angeboten werden, sondern auf Englisch und Türkisch zurückgegriffen wird. Dies mag damit zusammen hängen, dass diese Krimtataren aus der Türkei und Rumänien in die USA, nach Deutschland und Kanada ausgewandert sind und zu der Zeit schon des Krimtatarischen nicht mehr mächtig waren. Auffällig ist ebenfalls, dass die verbliebenen Krimtataren Mittelasiens über keinerlei Web-Präsenz verfügen.[152] Letzteres Phänomen korrespondiert mit der Präsenz der Krimtataren Mittelasiens in den Printmedien auf der Krim und vor allem der Diaspora: Die Probleme der in Mittelasien verbliebenen Krimtataren waren dort recht selten Thema, was sich seit 2005 wieder zu ändern begann. Weitaus häufiger ist dagegen von den Aktivitäten der krimtatarischen Gemeinden in der Türkei oder Rumäniens zu lesen gewesen. Gesprächspartner auf der Krim schätzten dies als Ausdruck dafür ein, wie schwer die Lage auf der Krim immer noch ist, man habe sich für einen gewissen Zeitraum entscheiden müssen; entweder weiter den Zuzug aus Mittelasien protegieren und flankieren oder

151 Vom Verein in Gießen wurden schon Computer und Zubehör auf die Krim geliefert, auch finanzielle Hilfe und Treffen mit EU-Politikern wurden organisiert. Allerdings sind im Giessener Verein mehr Türken als Krimtataren organisiert. Dazu bemerkte der Vereinsvorsitzende Rafet Karanlık ironisch, man betreibe hier Tatarcılık ohne Tataren. Karanlık war auch Deutschland-Vertreter von *Ufuk Ötesi* (vgl. S. 64/65).

152 Einige Diaspora-Seiten: Rumänien, http://uniuneatatara.ro/; auch auf den Seiten der Krim-Nachrichten-Agentur wird explizit für die Dobrudscha publiziert: auf rumänisch (http://qha.com.ua/ro/evenimente/tinerii-tatari-din-rom-nia-au-vorbit-despre-surghiun/1457/, 27.5.2016); Bulgarien, http://groups.yahoo.com/group/Tatar-BG/ (offline, 22.2.2016); USA, http://www.dostkirim.itgo.com/ (offline, 20.3.2016; stattdessen nützlich die umfangreichen Seiten des Information Center Crimea unter: http://www.iccrimea.org/; Kanada, http://www.canada-crimea.com/ und https://www.facebook.com/Canadian-Association-of-Crimean-Tatars-385520748311859/; vgl.: Altıntaş, Kemal: e-TATARS: VIRTUAL COMMUNITY OF THE CRIMEAN TATAR DIASPORA, 2001, online unter URL: http://www.iccrimea.org/scholarly/e-tatars.html (23.5.2016).

die Konsilidierung der sozialen Situation von bereits auf der Krim angekommenen Landsleuten zu unterstützen. Man habe sich für Letzteres entschlossen und nach ersten Erfolgen und dem Installieren eines funktionierenden Meclis-Systems in allen Rayons der Krim nun das Augenmerk wieder auf den Nachzug von Menschen aus Mittelasien gelegt.[153]

Die Internetforen und Yahoo-Gruppen *Kırım Haber*[154], *Yaş Qırım*[155] oder *Crimea-L*[156] werden ebenfalls von Istanbul aus betreut und Nutzer aus allen Diaspora- und Krimgemeinden führen dort interne Diskussionen über Themen wie nationale Identität, aktuelle Politik, Solidarität, aber auch über Sprache, Bildung und Studienmöglichkeiten im Ausland. Viel diskutiert wurde in diesen Foren ein Projekt der Krimtatarischen Jugend (*Kırımtatar Gençlik*), die Erstellung eines türkisch-krimtatarischen Online-Wörterbuches. Die Vernetzung von Jugendlichen der verschiedenen Diasporagemeinden erfolgt ebenfalls über die Foren und über die Zeitschriften *Kelecek* der einzelnen Mitgliedsvereine. Unter http://www.vatankirim.net/kelecek/bulten kann man

153 Symptomatisch für diese Periode war die Mandatierung von İsmet Zaatov für den III. Qurultay. Dort war kein Deligierter aus Usbekistan anwesend, sondern İ. Zaatov, stellvertretender Kultusminister der ARK und mit Familie schon seit 1989 wieder auf der Krim zurück, vertrat die Interessen der mittelasiatischen Krimtataren. 1996 waren lediglich zwei Vertreter der 33 Meclis-Abgeordneten von außerhalb der Krim: Izzet Xairov aus Usbekistan und Zevri Kurtbediniv aus Tadschikistan. Dies reflektiere, so Czerwonnaja, auf keinen Fall die Proportionen der Krim- und der Diasporagemeinden wider und zeigt, wie sehr sich Meclis und Diasporagemeinden Mittelasiens voneinander entfernt hätten (Czerwonnaja 1996, S. 14).

154 Mit dem Ziel die Kommunikation *auf* Krimtatarisch *über* die krimtatarische Sprache zu fördern, ging im Herbst 2003 dieses Forum an die Öffentlichkeit: http://group s.yahoo.com/group/kirim/ [2.7.2015].

155 *Yaş Qırım* wurde am 9. Juli 2000 von der Initiative Genç Kırım Tatar Gönüllüleri Topluluğu - "YaşQIRIM" (Gesellschaft der freiwilligen krimtatarischen Jugend "Junge Krim") installiert, um den wissenschaftlichen Austausch über Projekte und Entwicklungen unter jungen Krimtataren zu fördern: http://groups.yahoo.com/group/yasqirim. Bis 2013 wurde das Forum auch regelmäßig benutzt, 2015–16 nur noch sehr sporadisch, andere Kommunikationswege haben nun wohl den Vorrang, z.B. die diversen Facebook-Gruppen [23.5.2016].

156 Unter der URL http://groups.yahoo.com/group/crimea-L [14.4.2004] erreicht man das dienstälteste E-Forum der Krimtataren mit fast eintausend Mitgliedern. Seit dem 24. November 1998 ist es der Ort für den Austausch zwischen Krimtataren der Diaspora in englischer Sprache. (Zur damaligen Situation der krimtatarischen Sites siehe Karahan 2006). Im Jahr 2014 zu Beginn des hybriden Kriges gegen die Ukraine wurde die Liste am 1. März gehackt, um illegal neue Mitglieder einzutragen.

die jeweilige *Kelecek*-Zeitung eines jeden Vereins als PDF-Datei herunterladen. Das Projekt der Kelecek-Regionalzeitungen der Diaspora-Gemeinden war jedoch nur von kurzer Lebensdauer: Online findet man z.B. nur eine Ausgabe aus Deutschland und auch die anderen Standorte Seydişehir, Ankara, Eskişehir, Gebze, Tekirdağ, Istanbul kamen über die Nr. 2 ihrer Ausgaben der Jahre 2003/04 nicht hinaus.

Immense Bedeutung haben die Diasporagemeinden und NGOs ebenfalls für den Aufbau der krimtatarischen Nationalbibliothek "Ismail Gasprinski", in der heute wieder über einen reichen Fundus an Literatur von und über Krimtataren verfügt werden kann. Über 13,5 Tausend Dokumente sind dort elektronisch archiviert und via Internet bestellbar.[157]

3.2.4. Universitäten und Schulen im Netz

Gleich ist den Lehrstühlen an TNU und KDMPU, dass bis 20005/06 keine eigene Homepage bestand und auch die Hochschulen als Ganzes keine ansprechende Web-Präsenz zeigten.[158] Hier hinken die staatlichen Institutionen "Universität" permanent den außeruniversitären Entwicklungen hinterher. Denn sowohl die an den Universitäten Beschäftigten als auch die Studierenden nutzen immer intensiver das Internet für Lehre und Forschung. An der KDMPU standen kostenfreie Internetzugänge an der Philologischen Fakultät[159] und an der Einrichtung "Window to America" zur Verfügung. Finanziert werden diese Zugänge von externen Drittmittelgebern, hier die TİKA[160] (Türkei) und die Botschaft der USA in Kiew[161]. Seit der Krim-Annexion durch Ruß-

157 Die ukrainische Bibliotheksseite www.library.crimea.ua verkümmerte seit der Annexion zu einem kleinen Nachrichtenportal, die jetzige Präsenz findet sich unter http://gasprinskylibrary.ru/ (12.5.2016, S.a. unter Kapitel 3.4.3.).

158 So bis Frühjahr 2014: http://www.ccssu.crimea.ua/eng/structure/phil_fac/phil_f6.htm oder http://www.ccssu.crimea.ua/eng/structure/phil_fac/phil_f5.htm. Der "Informationsserver Krim" ist nach wie vor am Netz, viele Dokumente/Beiträge wurden jedoch entfernt (22.4.2016).

159 An der Fakultät war das Türkoloji Araştırma Merkezi (Zentrum für Türkeistudien) angesiedelt. Es beherbergt eine eigene Bibliothek, Computerarbeitsplätze mit Internetzugang und stellt zwei Dozenten für den Lehrbetrieb der Universität (Osmanistik, Tschagataiisch, Türkische Morphologie & Syntax etc.). Finanziert wird das Zentrum ausschließlich durch die TİKA.

160 Die TİKA war in vielen Bereichen der krimtatarischen Bildung tätig, finanzierte z.B. 400 Schuluniformen für 16.000 Dollar in İçki und veranstaltete 2004 einen Krim-weiten Malwettbewerb. S.: http://www.tika.gov.tr (s.a. Kap. 3.1.1. u. 3.1.4.)

161 Die "Windows to America" bestehen an 19 Bibliotheken und Universitäten der Ukraine. Siehe: http://www.woa-ua.org/en/ (16.5.2016).

land sind alle vom Ausland her finanzierten Projekte in den Universitäten beendet worden, damit auch die Online-Zugänge und Dozentenstellen.

Durch diese Internetzugänge an der Universität bestand nicht nur ein reger Austausch mit Gemeinden in der Diaspora, sondern Studierende betätigten sich als Webmaster, stellten Seiten ins Netz, betrieben Mailing-Listen und Chat-Rooms von dort aus.[162] Ein positiver Nebeneffekt der immer noch dürftigen Fremdsprachenausbildung war bei der Kommunikation mit den Diasporagemeinden die Benutzung des Krimtatarischen, während untereinander – etwa mit Landsleuten in Usbekistan oder Moskau – meist auf russisch gechattet wird.

Mit den nationalen Schulen sind die tatarischen Fakultäten der Universitäten auf vielfältige Weise verbunden. Im Bereich Internet wird die Zusammenarbeit bestimmt durch Trainingskurse für Bibliotheksmitarbeiter und Webmaster der Universität, die von der Stiftung "Crimean Tatar Initiative" angeboten werden. Die so geschulten Mitarbeiter und Studenten treten als Multiplikatoren auf, indem sie ihr Wissen in den Heimatdörfern und –städten weitergeben, sei es in den Redaktionen der Stadtteilzeitungen oder an den örtlichen Schulen. Die "Crimean Tatar Initiative" ist ebenfalls Mitinitiator des virtuellen Schülerzeitungsprojektes.

3.2.4.1. Schülerzeitungen online

Warum erscheint dieser Punkt im Kapitel, das sich mit dem Internet beschäftigt? Nun, die krimtatarischen Schülerzeitungen sind vor allem ein virtuelles Projekt: Alle Zeitungen erscheinen an der jeweiligen Schule als Papiervariante und sind außerdem als PDF-Datei aus dem Internet herunter zu laden.[163] Alle oben genannten Schulen (Kap. 3.1.2.1. & 3.1.2.2.) geben eine Schülerzeitung heraus. Aus all diesen Gründen sind die krimtatarischen (Internet-

---

162 Siehe: http://www.iccrimea.org/cl.html (2.2.2016).

163 Alle oben genannten Schulen geben je eine Schülerzeitung heraus. Dies sind im Einzelnen: Alma-Tarhan (Vilino) "Yañı nesil" [Neue Generation]; "Aqbardaq" [Schneeflocke]; Aqmescit (Simferopol) "Aqmescit" [Weiße Moschee]; Bahçesaray / Teberti koy "Teberti gençi" [Teberti Jugend]; Bahçesaray "İlham" [Eingebung]; Bulğanaq "Yelken" [Segel]; Büyük Onlar (Oktyabr'skoe) "Büyük Onlar"; Eski Qırım "Gonce" [Knospe]; İçki (Sovetskoe) "Tañ Yıldızı" [Morgenstern]; Kentoğay (Litvinenko) "Ebabil" [Seeschwalbe]; Kezlev, İsmail bey mah. "Nurlu ada" [Lichte Insel]; Kuntuğan "Nur" [Licht]; Qalay (Mayskoe) "Istiqbal" [Zukunft]; Qamacı (Zareçnoe) "Sevinç" [Freude]; Qarasuvbazar (Belogorsk) "Yaş yürekler" [Junge Herzen]; Rayon Pervomayskoe, Sarıbaş "Yaşlar" [Die Jungen]; Sudak "Qırım evlâdı" [Kinder der Krim]; Zuya (bei Qarasuvbazar) "Yaşlık sedası" [Stimme der Jugend], Abrufbar bis 2014 unter URL: http://ngo.crimeastar.net/mektep.html.

)Schülerzeitungen der 15 nationalen Schulen ein wichtiges Projekt und nehmen einen besonderen Platz bei der muttersprachlichen Förderung in den Nationalen Schulen der Krimtataren ein. Auf Initiative der Bildungsabteilung des Meclis[164] und der Stiftung "Crimean Tatar Initiatve" wurde dieses Projekt gestartet, welches wohl sogar in Westeuropa seinesgleichen suchte.[165] Kofinanziert wurde das Projekt von der polnischen Stiftung "Foundation for Education for Democracy"[166] und weiterer Drittmittelgeber.[167] Die Hardware wurde von Geschäftsleuten aus der Türkei, Bulgarien und der Krim gesponsert. Alle Nationalen Schulen wurden mit Computern und einem Internetanschluss ausgestattet.

Was sich hier in einem Satz niederschreiben lässt, ist in der Realität eine unglaubliche Leistung. Bis die ersten Ausgaben der Zeitungen zwischen Cankoy und Bahçasaray, zwischen Saki und Kerç zirkulieren konnten, mussten viele Schwierigkeiten überwunden werden.

Allein die Logistik war eine Herausforderung: Auf dem Gebiet der Republik Krim existiert öffentlicher Personennahverkehr nur auf den Hauptverkehrsstraßen, alle Dörfer und Städte jenseits der wenigen Fernverkehrsstrassen werden von kommunalem Bus- und Zugverkehr nicht frequentiert. Will man etwa von der Kreisstadt Cankoy zum Schulkomplex Qamacı[168], muss man ein Taxi oder private Marşrutka[169] benutzen. Bei dem Gehalt von monatlich 25 € netto, das z.B. eine stellvertretende Direktorin einer Nationalen Schule verdient, und bei Maršrutkapreisen von ca. 15 Cent pro 10 km Fahrtstrecke ist die privatwirtschaftliche Alternative zum ÖPNV eine kostspielige Angelegenheit.[170]

---

164 Meclis bedeutet Versammlung, Rat. Der krimtatarische Meclis ist die von vielen örtlichen krimtatarischen Räten gewählte Vertretung in Aqmescit/Simferopol. Einen offiziellen Status als nationale Volksvertretung der Tataren wurde ihm bis 2014 von ukrainischer Administration staatlicherseits allerdings verwehrt, unter russischer Besatzung seit April 2016 verboten. S.a. Abb. auf S. 163–164.

165 Federführend war dabei der Beauftragte für Bildung, Kultur und humanitäre Fragen des Meclis, Lütfi Osmanov aus Bahçesaray.

166 Unter URL: www.edudemo.org.pl/ [3.5.2016].

167 Erster Sponsor war 1999 die britische Westminster-Foundation (www.irf.kiev.ua/ua/news). Die Stiftung "Qırımnıñ Yañıdan Doğuvı Cemiyeti" [Gesellschaft für die Wiedergeburt der Krim] war bis 2014 der Träger des Projektes.

168 Къамаджы - Russ.: Заречное / Zareçnoye.

169 Diese Minibusse funktionieren nach dem gleichen System wie etwa die "Dolmuş" in der Türkei.

170 Der Durchschnittsverdienst auf der Krim betrug 2004 659,90 Hrivna (107,23 €). Dies liegt unter dem Durchschnittsverdienst etwa von Donezk oder Odessa und um die

Rechts: Zeitung im PDF-Format zum downloaden und Inhaltsverzeichnis der aktuellen Ausgabe.
Mitte: Leitartikel & Impressum
Links: Die Links der anderen Schulzeitungen.

Überschriften erscheinen auch auf ukrainisch und russisch.

Besuche in der Kreisstadt sind da eher selten und Reisen in die Hauptstadt ein Luxus, den sich nur wenige leisten können. Man ist auf dem flachen Land relativ isoliert. Einziger Zugang neben dem Telefon ist da das Internet. So können nun Schüler aus Qamacı die Zeitung "Teberti gençi" aus dem 130 km entfernten Teberti herunter laden und ihre Zeitung "Sevinç" ins Netz stellen. Nicht nur die Schülerzeitungen der anderen Nationalen Schulen, auch die Online-Ausgaben der Jugendzeitungen aus der Diaspora können so gelesen werden[171]. Neben der Beschäftigung mit der Sprache durch Interviews mit den Großeltern, Erstellen von Kreuzworträtseln und Anekdoten spielt auch die Lyrik eine große Rolle. Mit Rückgriff auf die reiche orale Tradition krimtatarischer Lyrik werden neue Gedichte und Balladen in den Schulzeitungen

Hälfte mehr verdient man in Kiew (1212 Hrivna). Eine Fahrt von Cankoy ins 210 km entfernte Kerç und zurück etwa kostete 2004 um die 46 Griwna (6,80 €), also fast ein Drittel eines Lehrer-Monatsgehaltes. S.: http://www.ukrstat.gov.ua/ [22.5.2016]

171 Besonders aktiv ist hier das "Zentrum der Kultur- und Solidaritätsvereine der Krimtürken" in Istanbul (Kırım Türkleri Kültür ve Yardımlaşma Derneği Genel Merkezi) ,welches die verschiedenen Ausgaben der Zeitung "Kelecek" [Zukunft], einer Jugend-Zeitung aus der Türkei und Deutschland anbot. S.: http://www.vatankirim.net/kelecek/kelecek.asp (22.5.2016). Das Projekt schlief nach 2003/04 wieder ein.

veröffentlicht[172]. Einmal im Jahr werden von einer Jury krimtatarischer Künstler, Schriftsteller und Lehrer die besten Gedichte auf einer Gala in Aqmescit prämiert. Nicht nur die Preise des Wettbewerbes, sondern schon der Umstand, veröffentlicht zu werden und einmal in die Hauptstadt reisen zu können, stimuliert viele SchülerInnen, sich am Lyrik-Ausscheid zu beteiligen. Ein ähnlicher Wettbewerb findet unter den Redaktionen der Schulzeitungen statt. Durch diese intensive Beschäftigung mit der Sprache wird ein Mainstreaming-Effekt angestrebt. Das heißt, es wird so versucht, den Bahçasaray-Dialekt (Ortayolaq şivesi)[173], der auf der zweiten Sitzung des II. Qurultay vom 27.-31. Juli 1993[174] zum Standard-Krimtatarisch für den Schulgebrauch erklärt wurde, in der Praxis zu verankern. Die SprecherInnen der beiden anderen Dialektgruppen des Nordens (Çöl şivesi) und Südens (Yalıboyu şivesi) gewöhnen sich so durch die Praxis an die Abweichungen von ihrem eigenen Dialekt. Unterstützt wird dieser Mainstreaming-Prozess dadurch, dass die Sprecher der verschiedenen Dialekte nach der Rückkehr auf die Krim zum großen Teil nicht wieder in ihre alten Siedlungsgebiete zurückkehren durften, sondern gemischt in zum Teil neu geschaffenen Stadtvierteln und Dörfern leben.

---

172 Auch krimtatarische Lyrik der letzten Jahrhunderte kommt über das Internet in die Dörfer, so die Gedichte von Bekir Çoban-Zade und Numan Çelebi Cihan (*1885). .*Ant etkenmen [Ich schwöre]* kennt jede KrimtatarIn. Geschrieben wurde der Text von Numan Çelebi Cihan, dem ersten - und einzigen - Präsidenten der unabhängigen Republik Krim, die ab dem 27. 11. 1917 bestand. Er wurde nach Eroberung der Krim durch die Bolschewiki erst in Aqyar/Sewastopol arretiert und schließlich am 23. 2. 1918 hingerichtet, sein Leichnam ins Schwarze Meer geworfen. Er war nicht nur Politiker, sondern auch Dichter. Viele seiner Werke wurden vertont und sind präsent in der kt. Nationalbewegung bis heute. Bekanntestes Gedicht: *Savluqman Qal Tatarlıq* [Lebewohl Tatarentum]. Es erhebt durch seinen geschichtlichen Hintergrund und dadurch, dass es bei staatlichen Empfängen, Feiertagen u. s. w. gesungen wird, Anspruch auf den Stellenwert als Hymne der ganzen und vor allem *tatarischen* Krim(republik). Es soll nicht nur die tatarische Seite der Krim repräsentieren, sondern soll auch den Anspruch untermauern, die Tataren als autochthones Volk anzuerkennen. S.a.: *Günsel* Nr. 4, Januar / Februar 2004, S. 16–22.

173 Doerfer kategorisierte diesen als "Nördliches Zentralkrimtürkisch", ein Übergangsdialekt zwischen Krimosmanisch (Südtürkisch) und Krimtatarisch (Westtürkisch). s.: Doerfer, 1959, S. 69/70.

174 Auf diesem Qurultay (Vollversammlung) des krimtatarischen Volkes wurde beschlossen, zur Latiniza zurückzukehren und den Dialekt der alten Krim-Hauptstadt zum 'Hoch-Krimtatarisch' zu wählen. Siehe auch: http://www.qurultay.org/eng/show_links.asp?AD=kurultay/default.txt (offline, 22.2.2016).

Nicht nur die Sprache durchläuft einen Prozess der Angleichung, auch die immer noch vorhandenen mentalen Differenzen bezüglich genealogisch historischen Stammeszusammenhängen wirkt die zweifache Umsiedlung wie ein Meltingpot: Noğay, Tat und Tatar sind Stammesnamen, die in der Familiengeschichte vieler Krimtataren noch bekannt sind, aber keinen Einfluss mehr auf Heiratspolitik oder Politik an sich haben. Durch die tragische zweifache Entwurzelung bzw. Mischung der einzelnen Bevölkerungsgruppen – erst in der Deportation, dann ein zweites Mal nach der Rückkehr – wurde einerseits ein einheitliches Nationalbewußtsein gestärkt und andererseits eine gemeinsame krimtatarische Sprache geformt, die weniger auf die Dialekte der Vorkriegszeit abhebt[175].

Fazit zum Bereich Internet:

Für das Fortbestehen des Krimtatarischen als lebendige Sprache ist eine lebendige Kulturszene neben der Wissenschaft und der Alltagssprache Voraussetzung. Sie bedingen und befruchten sich gegenseitig und schaffen so eine der Grundlagen für Identität, für Tatarisch-Sein auf der modernen Krim. Die Internet-Aktivisten in Sachen krimtatarischer Wissenschaft und Kultur brauchen, wenn sich diese virtuelle Bildungs-und Kulturlandschaft in der beschriebenen Vielfalt weiterentwicklen soll, auch zukünftig die Hilfe der Diaspora und von NGOs, was nach der Annexion 2014 äußerst schwierig geworden ist. Als positives Moment der Entwicklung krimtatarischer Internetseiten muss dem Umstand Achtung gezollt werden, dass schon bei der beschriebenen ökonomischen Lage in der Ukraine vor Annexion und Krieg jede Beschäftigung mit dem Internet positive Effekte hat: Alle Seiten fördern Beschäftigung mit krimtatarischer Sprache und eigener Geschichte, sei es in Kyrilliza oder Latiniza. Das Internet eröffnet Veröffentlichungsmöglichkeiten, kann Arbeit und Verdienst etwa im IT-Bereich bedeuten und bedeutet auf jeden Fall auch das Brechen mit provinzieller Isoliertheit sowie das Kennenler-

175 Laut Cengiz Dağcı (9 3. 1919, Gurzuf, Krim – 22. 9. 2011 London; "die lebende Legende"), der im Londoner Exil lebte, gab es noch in seiner Kindheit sich voneinander abgrenzende Identitäten der Tat (Tataren der südl. Krimgebirge) und Noğay (Steppenbewöhner des Nordens). (Williams 2001, S. 453) Auch meine Interviewpartner hoben immer wieder auf ihre Herkunft von Noğay oder Tat-Familien ab, besonders stolz waren die Bewohner der Gegend um Küçük und Büyük Taraktaş auf ihre Herkunft ("Von hier kommen die Unbeugsamen").

nen anderer krimtatarischer Lebenswirklichkeiten der verschiedenen Gemeinden in der Diaspora. Durch Schulzeitschriften, Preisausschreiben und Wettbewerbe der Nationalen Schulen via Internet wird nicht nur das nationale Gedächtnis am Leben gehalten, sondern aktiv an der krimtatarischen Umgangs- und Fachsprache gearbeitet. Die krimtatarischen Internet-Schulzeitungen sind nicht Anhängsel von Zeitungen aus der Hauptstadt, sondern sind selbst gestaltete kostenfreie Produkte der Schüler und Lehrer vor Ort, die als eigenständige Projekte das Medienangebot in der Provinz, so es außer dem Fernsehen überhaupt eines gibt, bereichern und mehr als die Medien aus Aqmescit / Simferopol zum eigenen Mittun animieren.
Für ein weiteres Anwachsen des Interesses am Erwerb der Muttersprache, vor allem der eigenen jungen Generation, könnte eine noch bessere Vernetzung der bestehenden Seiten, das Installieren von Online-Plattformen der diversen Periodika[176] und Vereine und eine stärkere Aufmerksamkeit für die Bereiche Ethnomarketing, Tourismus und Wirtschaft sinnvoll sein.

Wie schon die Osteuropawissenschaftlerin Brigitte Heuer in ihrem Aufsatz "Die unvollendete Repatriierung" feststellte, hat *"das Internet den politischen Kampf der Krimtataren insgesamt verändert".*[177] Eine effektivere Nutzung für den Bereich Bildung allerdings würde sicher die Attraktivität und Ausstrahlung des Krimtatarischen erhöhen. Ohne dieses *Mehr* an Attraktivität für die Sprecher des Krimtatarischen ist nicht nur nach Ansicht des Autors ein Weiterleben als aktive Sprache recht unwahrscheinlich. Bestand vor der Annexion 2014 die Aussicht darauf, dass durch Synergieeffekte bei engerer Kooperation von Bildungselite und politischer Führung des Meclis – ungeachtet politischer Differenzen in Detailfragen – die Nutzung des Internets ein Faktor für das Weiterleben und die Weiterentwicklung des Krimtatarischen genutzt

176 Nicht einmal das Flaggschiff der krimtatarischen Literaturmagazine *Yıldız* [Stern] hat eine eigene Homepage. Gleiches gilt für die Periodika *Qasevet, Tasil* [Bildung], *Günsel, Tañ* [Morgenröte], *Uygunlıq* [Harmonie], *Ученые записки*, *Научный Бюллетень*, *Yañı dunya* [Neue Welt], lediglich *Avdet* (http://avdet.org/), *Голос Крыма / Qırım Sedası* (http://goloskrimanew.ru/ [Die Stimme der Krim]), *Polu Ostrov* (http://poluostrov.com.ua/ [Halbinsel]) verfügen(2016 noch) und *Qırım* (letzter Eintrag von Anfang 2015, s.: http://qirimgazet.blogspot.de/ 3.5.2016) über eine eigene Webpräsenz.

177 Heuer 2002, S. 189/190.

werden kann, ist nach den einschneidenden Einbrüchen in der Bildungslandschaft 2014 die Überlebensfrage dringlicher als zuvor.

3.3. Publikationen / Printmedien

Die krimtatarischen Periodika sind eine unerschöpfliche Quelle, ein Spiegel der sozio-ökonomischen, politischen und kulturellen Entwicklung auf der Krim, die bisher noch überhaupt nicht als Objekt wissenschaftlichen Interesses in Mittel- und Westeuropa wahrgenommen wurde. Und dies völlig zu Unrecht, denn anhand dieser Quellen kann nicht nur die Vielfalt der krimtatarischen Kultur, ihrer Geschichte und zeitgenössischen Entwicklung analysiert werden, sondern auch alle Schattierungen der ideologisch-historisch-philologischen Auseinandersetzungen der letzten zwei Dekaden an Originalquellen nachvollzogen werden. Ich war höchst erstaunt, wie reich und verschiedenartig sich die krimtatarische Presselandschaft bis 2014 wieder etablieren konnte, bei allen Unzulänglichkeiten, was Vertrieb, Auflage und Umfang der Publikationen betrifft.

Auf der Krim selbst ist die Erforschung der historischen Presse der Krimtataren von Beginn der 1990er Jahre an Gegenstand wissenschaftlichen Interesses, sind doch Zeitungen wie Gasprinskis *Terciman*, die *Millet*, *Kırım* und *Molla Nasreddin* Periodika, auf die man sich heute fast täglich beruft; als Teil des nationalen Kulturerbes und auch als Fundament für den Djadidismus, die letzte große Reformbewegung der islamischen Welt nördlich des arabischen und persischen Nahen Ostens.[178] In den Zeitschriften *Emel* und *Terciman* erschienen wegweisende Artikel, die auch wichtig für die Entwicklung des Panturkismus, Türkismus und Turanismus waren.[179]

Ausführlich beschäftigte sich in jüngster Zeit Prof. Dr. İsmail Asanoviç Kerimov mit der historischen Presselandschaft der Krimtataren. Sein Werk "Gasprinskis lebendige Geschichte" stellt zum Beispiel eine annotierte aus

178 Z.B.: Kurşutov, Temur: *Worte der Weisheit – Licht für Suchende* In: Avdet Nr. 9 (385), 24. März 2006, S. 3.

179 S.: Müstecib Fazil Ülküsal: *Türk ve Türkçülük* In: *Emel* Nr. 8–12 1930; ders.: *Milliyet âmilleri: vicdan ve emel birliği* [Faktoren der Nation: Gewissen und Gemeinschaft der Ideale] In: Emel Nr. 14/15 1930 oder (o.A.) *Panturanizm, Panislâmizm* In: Emel Nr. 14/15 1930. Zu Turanismus/Türkismus s.a.: Ağuiçenoğlu 1997, S. 128–147.

der arabischen Schrift transkribierte Bibliografie dar, die für junge WissenschaftlerInnen und Interessierte als Einstieg genutzt werden kann.

3.3.1. Außeruniversitär

Wie die nachstehenden Publikationen veranschaulichen werden, haben nicht nur universitäre oder pädagogische Periodika wie *Maarifçi* Einfluss auf die Entwicklung des Bildungswesens der Krimtataren. Ein enges Geflecht aus ökonomischen, politischen und persönlichen Beziehungen wirkt auf diese Entwicklung ein – negativ wie positiv.

3.3.1.1. Yıldız

Die führende Stellung unter den Literaturmagazinen der Krimtataren nimmt die Zeitschrift *Yıldız* [Stern] ein. Sie ist die traditionsreichste Zeitschrift für Literatur, Philologie und Kultur der Krimtataren. Erstmals erschien Yıldız 1976 als Jahrbucg, ab 1980 dann als peridisches Magazin. Seit dem Umzug von Taschkent nach Aqmescit/Simferopol in 1992 war auch auf der Krim der Herausgeber und Chefredakteur der Schriftsteller Şakir Selimov. Dieses Magazin veröffentlicht wissenschaftliche philologische Arbeiten der Mitarbeiter beider Universitäten, Nachdrucke historischer Belletristik, Rezensionen, Tagungsberichte und neue Literatur. Nach der Annexion 2014 konnte die Redaktion mit neuer russischer Lizenz ihre Abreit fortsetzen, freilich die strikten Regeln der nunmehrigen Zensur beachtend[180]. Wie vor der russischen Machtübernahme arbeitet bei der Krimregierung ein "Republikanisches Komitee für nationale Minderheiten der Krim" (ResKomNaz), welches mit sehr bescheidenen Mittel auch heute das Erscheinen der Yıldız finanziert.

3.3.1.2. Qasevet

Das Magazin *Qasevet* (Heimweh)[181] wurde als handgeschriebene und kopierte Zeitschrift das erste Mal 1984 in Taschkent herausgegeben. Im Jahre 1989 zog die Redaktion um auf die Krim. Qasevet möchte mit der reichen krimtatarischen Kulturgeschichte bekannt machen. Deshalb erscheinen viele Artikel über Archäologie, Ethnografie, Literatur und Kunst auch auf russisch

---

180 In Deutschland listen lediglich zwei Bibliotheken die Zeitschrift Yıldız: Die ICATAT-Bibliotheken in Magdeburg sowie die Landes- und Universitätsbibliothek Halle/Saale, beide in Sachsen-Anhalt.

181 Die letzten Nummern bis 2011 sind auf den Seiten der Zeitung AVDET archiviert und online abrufbar, unter URL: http://avdet.org/ru/qasevet (22.5.2016).

oder englisch. Da die Zeitschrift sehr beliebt und qualitativ hochwertig ist, aber nur unregelmäßig erscheint, ist das Erscheinen einer neuen Ausgabe immer etwas Besonderes für die Macher wie für die Leserschaft. Die Herausgabe der letzten Nummern wurde dann auch jeweils zu einem richtigen `Event`: Der bildende Künstler Ismet Şeyx-zade lud z.B. zusammen mit Chefredakteur Şevket Qaybullayev zur Qasevet- Vernissage nach Kiew. Dort wurde im Schauspielhaus bei musikalischer Begleitung des Ensembles "Maqam" interessierten Künstlern, Studenten und Intellektuellen die neue Ausgabe Nr. 31 präsentiert. Die letzten Ausgaben präsentierte Chefredakteur Qaybullayev auf der VI. Buchmesse "Bücherarsenal" (Книжный Арсенал) im April 2016 in Kiew[182]

Die Zeitschrift erscheint in Kyrilliza und Latiniza und wird ausschließlich durch Sponsorengelder finanziert.

3.3.1.3. Tasil

"ТАСИЛЬ. окуъув – усулиет меджмуасы" – `Bildung – Unterrichts- und Methodik-Magazin`. Diese Zeitschrift wurde 2002 zum ersten Mal herausgegeben und erscheint im Verlag Dolya mittels Unterstützung der Stiftung "Wiedergeburt" («Возрождение»). Herausgeber sind die Mitglieder der Vereinigung "Maarifçi" (Die Pädagogen/Lehrenden) – Dozenten, Professoren, Lehrer und im Bildungsbereich politisch tätige Aktivisten der Nationalbewegung. Die Vereinigung sieht sich als Streiterin für die Werte Ismail Gasprinskis, nämlich den Kindern des krimtatarischen Volkes eine bestmögliche Ausbildung in ihrer Muttersprache zu ermöglichen. Eng verbunden ist der Inhalt der Zeitschrift ergo ebenso mit der Geschichte dieses Schul- und Geistesreformers wie mit der täglichen beruflichen Praxis der Autoren und den Problemen der krimtatarischen Bildung heute. Die Sparten der Artikel von *Tasil* decken folgenden Themen ab: Geschichte des Bildungswesens, Lyrik, Methodologie und Didaktik, Lehrpläne, Volksbildung, Lehrerbildung, Internet-Seiten, Nachrufe und Gastartikel.[183] Die Artikel erscheinen ausschließlich auf krimtatarisch in kyrillischer Form.

---

182 Siehe Bericht in Avdet unter: http://avdet.org/node/18709 (2.6.2016).

183 Z.B.: Bostancıoğlu, Metin: *Tasil'de yüksel'gen degerler* [Der erhöhte Wert der Bildung] In: Tasil Nr. 2, 2002, S. 61. M. Bostancıoğlu war Bildungsminister der DSP in der DSP-ANAP-MHP-Regierung der Türkei.

Die Zeitschrift *Tasil* ist *ein* Mittel der Einflussnahme auf die Entwicklung des Bildungswesens auf der Krim, jedoch nicht das einzige. Die *Maarifçi* Gesellschaft ist, wie bereits unter Punkt 4.1.1. angeführt, an vielen Fronten aktiv im Kampf um die Erhaltung der krimtatarischen Sprache. Neben erwähnten Veranstaltungen an Schulen und Universitäten ist sie auch eine wichtige Vermittlerin zwischen den Studenten und Organisationen im Ausland. Sie initiierte in Zusammenarbeit mit der TİKA Abkommen zwischen dem Bildungsministerium in Ankara und den Behörden auf der Krim, den Universitäten und Studenten und fungierte bis 2014 als Entscheider bei den entsprechenden Bewerbungen.[184] Über die krimtatarischen Medien (Avdet, Yañı Dünya...) wurden die Ausschreibungen bekannt gegeben und auch entsprechende Erfahrungsberichte als Anreiz für die nächste Generation StipendiatInnen abgedruckt.

Seit November 1999 erscheint monatlich, ebenfalls herausgegeben von *Maarifçi*, die Zeitung *Maarif işleri* [Pädagogisches Arbeiten]. Das Motto im Zeitungskopf stammt von Ismail Gasprinski: "Biz kelirmiz ve ketermiz, amma milliy maarif ebediy yaşaycaqtır..." [Wir kommen und gehen, aber das nationale Wissen wird ewig leben].

Neben Buchvorstellungen, nationalen Lehrplänen und Anzeigen über Arbeits- und Studienangebote in der Türkei wurden vor allem Berichte aus den nationalen Bildungseinrichtungen veröffentlicht. In jeder Ausgabe erschien eine Seite von Seyran Useinov "Seyran ocanıñ dersleri" [Unterricht von Lehrer Seyran]. Auf diesen Seiten werden Phraseologie, Anekdoten, Gedichte, Kurzgeschichten und Gebete auf krimtatarisch angeboten. Bezeichnend im Kontext von ukrainischem respektive krimtatarischem Nationbuilding ist die Kolumne "Wir lernen die Staatssprache auf der Basis der Muttersprache". Dort wird in Fortsetzungen Ukrainisch-Unterricht für krimtatarische Mut-

184 Im Studiensemester 2006/07 sind dies zum Beispiel 40 kostenlose Studienplätze an den Universitäten *Mimar Sinan* (Istanbul), Osman Gazi (Eskişehir), Uludağ (Bursa), Ege (İzmir), Erciyes (Kayseri u. Nevşehir) sowie an den Universitäten Ankara, Sakarya und Samsun in folgenden Studienfächern: Vier Plätze für Anglistik und Theologie, 3 Plätze für Verwaltung und Ökonomie, 2 in Informatik, Tourismus, Gastro-Management, Medizin, Architektur, Bauwesen, je ein Studienplatz in Soziologie, Journalistik, Int. Bez.; S.: *Avdet* Nr. 10–11 (386–387), 7. April 2006, S. 11/12.

tersprachler angeboten, die Lingua franca auf der Krim, Russisch, ausdrücklich nicht benutzt.[185]

Maarif işleri erscheint in krimtatarischer Sprache in kyrillischem Aphabet.

3.3.1.4. Günsel

Günsel ist wie *Qasevet* ein Hochglanzmagazin für Kultur, Gesellschaft und Wissenschaft und wird maßgeblich von Mitgliedern des Lehrkörpers des bereits vorgestellten Lehrstuhls für krimtatarische und türkische Philologie erstellt. Mitglieder der Redaktion sind unter anderem Lütfi Osmanov, ehemals verantwortlich beim Meclis für humanitäre Hilfe und Bildung sowie Ismail Kerimov und Nariman Abdulvahapov von der genannten Fakultät.

Das größte Problem für die Macher von *Günsel* waren laut Lütfi Osmanov nicht die Finanzen, sondern die Leser. Durch den Druck in der mecliseigenen Druckerei und die großzügige Unterstützung durch Dr. Ahmet İhsan Kırımlı, den Vorsitzenden der Vereinigung der "Kultur- und Solidaritätsvereine der Krimtürken" der Türkei als auch durch die TİKA, konnte man die Ausgaben günstig produzieren. Da die Günsel aber konsequent in Latiniza erschien, blieb der Absatz immer unbefriedigend. Von der eingeschlagenen Linie mochte man trotzdem nicht abgehen, da der Trend eindeutig zu mehr Latiniza gehe. Lütfi Osmanov schrieb dazu emotional: "Seht: Es kam der Tag! Wir haben einen weiteren Schritt für den Übergang des Krimtatarischen in die Latiniza getan. [...] Der Tag wird kommen, an dem jeder die Notwendigkeit, den Übergang versteht Ein Ausdruck unserer Angst ist: `Unser Volk kennt nicht seine Muttersprache, nun soll es auch noch das völlig neue Alphabet lernen. Dies bedeutet viel Arbeit. Werden wir uns nicht zwischen Kyrilliza und Latiniza aufreiben?` Dass das Volk seine Sprache nicht kennt, liegt aber nicht am Alphabet! Und reiben sich denn die Menschen auf, die Englisch, Französisch oder Deutsch lernen? Das Wichtigste ist der Wille zu lernen! Die Latiniza wird es uns möglich machen, die krimtatarische Sprache besser zu schreiben, richtig zu schreiben. [...] Einige äußern die Angst nach der Latinisierung vor der Gefahr einer Türkisierung zu stehen. [...] Doch wer sollte uns türkisieren? Niemand wird unsere Grammatik anrühren, niemand wird uns

---

185 Bezug von Maarif işleri über: 95007 Simferopol, pr. Vernardskogo 143/3, E-mail: maarif@crimea.com

zwingen anstatt `kelyata´ ein `geliyor´ zu benutzen oder ein `varmış´ anstatt `barğan´!"[186]

Dies spiegelt die Ängste aber auch die Hoffnungen wider, die im Zuge der Wiedereinführung der Latiniza den öffentlichen Diskurs bestimmen. Acht Jahre nach Erscheinen der ersten Nummer von *Günsel* mit diesem engagierten Votum für die Latiniza zeigt sich in obigen Äußerungen Osmanovs, wie langasam dieser Prozess vorangeht. Die letzte Nummer erschien 2003.

3.3.1.6. Tañ

Die Zeitschrift Tañ [Morgenröte] ist das Organ des Jugendverbandes Qardaşlıq [Brüderlichkeit], der bis zur Annexion auf der Krim arbeitete. Die erste Nummer kam zum 60. Jahrestag der Deportation im Frühjahr 2004 heraus. Die Redaktion besteht zum großen Teil aus StudentInnen der KDMPU. Inhalt und Form werden von diesen StudentInnen bestimmt, nicht ohne sich Rat von erfahrenen Journalisten anderer krimtatarischer Zeitungen einzuholen. Bei der Redaktionskonferenz nach Herausgabe der ersten Nummer wurde mit Dozenten der TNU und KDMPU[187] sowie Journalisten von krimtatarischen Zeitschriften diskutiert, was man anders oder besser machen könnte. Streitthema war auch in dieser Runde, ob mehr Artikel auf krimtatarisch in Kyrilliza oder Latiniza angeboten werden sollen. Seit 2014 sind viele der Macherinnen und Macher, sprich Studentinnen und Studenten, in die Festland-Ukraine geflüchtet und haben in Kiew die krimtatarische Jugendorganisation Qardaşlıq neu gegründet. Ihr online-Forum wird nach wie vor genutzt[188]. Die Tañ erscheint dort jedoch bisher nicht (Stand Juni 2016).

3.3.2. Universitäre Periodika

3.3.2.1. Uygunlıq (Harmonie)

Wie auf den Seiten 37/38 beschrieben, erschien die Universitätszeitung in drei Sprachen und beschäftigte bis zu drei Personen in Redaktion und Archiv.

3.3.2.2. Učenıye zapiski [Hochschulschriften]

Ученые записки ist eine Halbjahreszeitschrift der KDMPU und auch an der TNU existiert eine Publikation gleichen Namens. Die der KDMPU enthält Arti-

186 S.: *Günsel* Nr. 1 (1999), S. 2–4.

187 Anwesend war unter anderem von der KDMPU Safter Nagayev.

188 Online unter URL: http://vk.com/qardasliq (30.5.2016)

kel auf russisch, ukrainisch, krimtatarisch und englisch. Es werden wissenschaftliche Artikel aus allen Fachbereichen veröffentlicht. Chefredakteur ist der Rektor der KDMPU selbst, Feyzi Yakubov.

3.3.2.3. Nauçniy Bulleten [Wissenschaftliches Bulletin]

Diese Zeitschrift ist das "Organ des wissenschaftlichen Forschungszentrums für Handschriften" an der Fakultät für Philologie der KDMPU. Gegründet wurde das Zentrum 2001 mit der Zielsetzung osmanische Handschriften betreffs der Krim und krimtatarische Handschriften zu sammeln, zu übersetzen und zu publizieren, denn "die Wiedergeburt der krimtatarischen Sprache, Literatur, Kultur und Geschichte heute hängt zum großen Teil davon ab, wie zielgerichtet und in welchem Maßstab Handschriften in arabischen Lettern gesammelt und erhalten werden", so Ismail Kerimov in der Erstausgabe des Magazins.[189] Neben Bearbeitungen von Handschriften erscheinen auch Aufsätze zu krimtatarischer Etymologie, Bibliografien von Zeitungsaufsätzen der Vorkriegszeit, die in arabischen Lettern erschienen, und Artikel zu historischer Linguistik.

Die erste Ausgabe stellt bis heute einen programmatischen weiteren Schritt zur Sicherung von Quellen krimtatarischer Geschichte in arabischer Schrift dar. Programmatisch insofern, dass es schon noch Aufsätze in russischer Sprache in den Magazinen gibt, der größte Teil aber in krimtatarischer Sprache publiziert wird. Bis dato waren Übersetzungen von Originalen fast ausschließlich ins Russische vorgenommen worden. Ein Teil der krimtatarischen Aufsätze wiederum wird in lateinischer Schrift publiziert. Man versucht also auch hier, den Beschluß des I. Kurultay, zur Latiniza zurückzukehren, Stück für Stück umzusetzen.

Neben dem Tamga steht im Kopf jeder Ausgabe das Motto " Vatan sevgisi imandan kelir" [Vaterlandsliebe kommt vom Glauben her].[190] Neben diesem Leitspruch ist auch die Finanzierung des Magazins ein Indiz für die Immanenz des Islam im Bereich Bildung und Kultur der Tataren: Die islamische Vereinigung "Überregionale Assoziation der gesellschaftlichen Organi-

---

189 "Цели и задачи Центра сбора и изучения рукописей" [Ziele und Aufgaben des Sammlungs- und Forschungs-Zenrums für Handschriften] In: *Научный Бюллетень Nr. 1, X-XII 2001, S. 1.*

190 Tamga bedeutet Zeichen / Symbol. Viele größere soziale Gruppen der Turkvölker – Sippen, Stämme, Clans – hatten ihr eigenes Tamga. S.: Akçokraklı 1996.

sationen ARRAID" aus Kiew war bis 2014 Co-Herausgeberin des Bulletins (s.a. Kap. 4.1.3.). Das Magazin hat sich von einem Schwarzweißdruck auf einfach stiniertem Werkdruckpapier zu einem Hochglanzmagazin im Mehrfarbdruck entwickelt und wird von ausländischen Bibliotheken bereits gesammelt.

3.3.3. Wochenzeitungen

3.3.3.1. Avdet

Avdet [Rückkehr] war bis zu dessen Verbot April 2016 das offizielle Organ des Meclis und das älteste Sprachrohr der Nationalbewegung OKND. Herausgegeben wird sie seit dem 15. Juli 1990, damals noch zu 100 % in russischer Sprache.[191] In den Jahren 2004 bis 2006 hat sich auch bei der *Avdet* ein rasanter Wandel vollzogen, hin zu mehr Texten in krimtatarischer Sprache unter Verwendung der Kyrilliza. Von einem Flugblatt-Design der ersten Jahre hatte sie sich zu einer farbigen Zeitung in einem ansprechenden Layout gewandelt. Seit 2005 ist ein galloppierendes Pferd mit wehender Mähne vor einer Sonnenscheibe das Logo der Zeitschrift – Reminiszenz an die Ahnen aus der Steppe.

Es wurden in *Avdet* vor allem politische Statements von Mustafa Cemilev und Aktivisten des Meclis abgedruckt, aber auch – wie in anderen Zeitungen – Artikel zu Geschichte, Kultur und Bildung. Da es das Meclis-Presseorgan war, wurden in der Avdet auch die bildungspolitischen und kulturellen Kampagnen der Abteilungen für Kultur, Bildung und humanitäre Fragen des Meclis vorgestellt und über Ergebnisse berichtet. Von Anfang an wurde die Forderung nach dem Status einer Staatssprache für das Krimtatarische und der Status einer krimtatarischen nationalen Staatlichkeit in den Mittelpunkt der Pressearbeit gestellt. Hier sei nur kurz erläutert, was damit gemeint ist, da immer wieder Fragen an alle Vertreter dieser Forderungen herangetragen werden, die darauf abheben, dass es bei einem krimtatarischen Bevölkerungsanteil von 13 Prozent doch sehr vermessen wäre, eine

191 Die "Avdet" sollte von allen gelesen werden können, auch von bereits des Krimtatarischen unkundigen Menschen, daher nach wie vor vieles auf russisch und wenn auf krimtatarisch, dann in Kyrilliza. Auch in anderen Redaktionen gibt es ein Abwägen des Für und Wider der Latiniza-Einführung. Meist wird sich für den Kompromiss entschieden: Printmedium in Kyrilliza; Internetseite in Latiniza. Lediglich Tañ, Günsel und Qasevet erscheinen in der Printausgabe komplett in Latiniza.

Republik als Titularnation zu beanspruchen. Gerade das ist damit nicht gemeint. Der Status einer krimtatarischen nationalen Staatlichkeit soll lediglich für die auch in Zukunft in der Position der autochthonen Bevölkerung agierenden krimtatarischen Ethnie das höchste Maß an Sicherheit und Unterstützung gewährleisten und eine Geste der moralischen Restitution sein.[192] Nur in einem Gesellschaftsvertrag einer Nationalstaatlichkeit in der Ukraine oder bei der Ukraine können sich die Vertreter der Nationalbewegung, egal ob OKND, NDKD oder KSSKN, eine volle Sicherung der Zukunft vorstellen, ähnlich den in den Landesverfassungen von Brandenburg und Sachsen verankerten Rechten der Sorben in Deutschland. Dies betrifft vor allem die Bereiche Recht auf eigene Sprache, eigene Bildungsinstitutionen, eigene Kultureinrichtungen und selbstverwaltete Budgets für diese Bereiche. Fast in jeder Ausgabe wird über Erfolge und Misserfolge auf dem Weg zu diesem Ziel berichtet, Kultur und Geschichte insgeamt nehmen seit Jahren einen immer größeren Platz in *Avdet* ein.

Die Redaktion selbst ist personell eng mit der KDMPU verbunden: Der ehemalige Redakteur Timur Kurşutov z.B. ist heute Dozent für Krimtatarische Journalistik und Literatur an der dortigen Fakultät für krimtatarische und türkische Philologie so wie auch andere Redakteure Mitglieder der Lehrkörper von TUN und KDMPU sind

Nach der Annexion 2014 bekam die Zeitschrift keine neue Lizens von den russischen Behörden und hätte das Ersceinen einstellen müssen. Dem entgeht zur Zeit noch, indem lediglich 999 Exemplare gedruckt werden. So fällt die AVDET nicht unter Massenmedien (*russ.:* средства массовой информации, abgekürzt: СМИ), sondern lediglich unter Seriendrucksache (Stand Juno 2016).

192 Dabei ist zu bemerken, dass es nie eine Krimtatarische Autonome Sozialistische Sowjetrepublik gab, sondern lediglich eine Krimische Autonome Sowjetische Sozialistische Republik Krim (Крымская автономная советская социалистическая республика). Dies natürlich auch nur, weil durch die russich-sowjetischen Vertreibungen der krimtatarischen Bevölkerung die Basis für einen solchen Titel bereits beseitigt war.

3.3.3.2. Qırım[193]

Die Wochenzeitung Qırım unter ihrem Chefredakteur Bekir Mamutov engagiert sich für die Identifikation mit der Krim ohne auf das Ethnonym Tatar zurück zu greifen. Damit steht sie in der Tradition von Zeitschriften wie der *E-mel*. Deren Motto war "Kırım Kırımlılarındır" [Die Krim ist den Krim´ern].

Qırımcılıq [Krimlertum/Krimisch-Sein] versteht sich dort als Ausdruck von originärer Krimherkunft, alle vor der Ankunft der turksprachigen Stämme auf der krim siedelnden Ethnien einschließend: Ob Krim-Goten, Alanen oder Griechen, man sieht sich als legitimer Erbe aller Krimvölker. Mit dem Abnabeln des Ethnonyms *Tatar* soll die noch längere Anwesenheit oder gar ewige Anwesenheit der *Qırımlı* oder *Qırım xalqı* untermauert werden[194]. Zu dieser Fraktion von Nationalisten gehören auch die Macher der Regionalzeitung von Sudak, der *Suvdaq sesi* (siehe unten Punkt 4.3.3.6). Eine unüberbrückbare ideologische Frage stellt dieses Autosemantikon jedoch nicht dar. Während im Spektrum der OKND das Ethnonym *Qırım Tatar* benutzt wird, welchem eine historisch-genealogische Semantik immanent ist, gebraucht man in den Zusammenhängen um *Qırım* und *Suvdağ Sesi* den Terminus *Къырымлы/Qırımlı* mit einer eher geographischen Semantik, durch die auch einer historische Kontinuität der Besiedlung der Krim und ein Exklusivitätsanspruch Ausdruck verliehen werden soll. Gemein ist Vertretern beider Argumentationslinien der Anspruch auf den Status eines indigenen Volkes der Krim. Es ist also nur eine Akzentverschiebung im Kontext des Ringens um Anerkennung auf der Krim.

3.3.3.3. Yañı dünya

Die Wochenzeitung *Янъы дюня* [Neue Welt] ist die direkte Nachfolgerin der einzigen überregionalen krimtatarischen Zeitschrift der Verbannungszeit *Lenin bayrağı* [Banner Lenins]. Sie ist damit die traditionsreichste Zeitung der Krimtataren, die noch existiert, denn auch auf die Vorgängerinnen von *Ban-*

---

193 Bis 2014 war die Zeitschrift auch unter der URL http://www.qirim.info/ einzusehen (23.5.2016).

194 Dabei sollten drei Ethnonyme nicht verwechselt werden: Der beschriebene Terminus Qırımlı (russ.: крымцы) steht für die tatarischen 'Ureinwohner', Qırımçaklar (крымчаки) sind die Krimtschaken jüdischen Glaubens und die Krimbewohner insgesamt, also auch die Slawen, werden крымчане/ Krımçanye genannt. S.a: Williams 2001, S. 446/447.

ner Lenins, *Yeñi Dünya* und *Qızıl Qırım* [Rote Krim], kann sie sich berufen. Yeñi Dünya wurde vom legendären türkischen Kommunisten Mustafa Suphi im Jahre 1919 als erste kommunistische Zeitung, die auf Turkî erschien, gegründet. Nach der Ermordung des tatarischen Regierungschefs der Krim, Veli Ibragimov, wurde die Zeitung ab 1928 immer wieder schikaniert und zensiert, ab dem 9. Juno 1938 dann als *Qızıl Qırım* herausgegeben.[195]

Wie unter 3. beschrieben, konnte in der Deportation nur minimal journalistisch auf krimtatarisch gearbeitet werden, die Masse der Artikel in *Lenin bayrağı* waren aus dem Russischen übersetzte ideologische Texte. Noch während Glasnost und Perestroika, ermuntert durch die neue Politik Gorbatschows gegenüber den Massenmedien und Ideologen,[196] erschienen immer mehr Artikel, die sich mit den drängenden Problemen der krimtatarischen Schulbildung befassten. Wissenschaftler wie Ismail Kerimov von der KDMPU sind Stammautoren der Zeitung.

Muttersprache, Bildung, Schulpolitik und Literaturgeschichte machen einen großen Teil der Artikel in *Янъы дюня* aus. Viel Raum wird den Lesern gegeben, sich zu bildungspolitischen Themen zu äußern, Gedichte und Berichte zu veröffentlichen und Anzeigen aufzugeben. Per Anzeige werden nicht nur aus dem Auge verlorene Verwandte gesucht, auch Arbeitsangebote auf der Krim und in der Türkei, Aufrufe zu Wettbewerben und Familienanzeigen machen *Янъы дюня* zu einer Familienzeitung mit dem Schwerpunkt Kultur und Geschichte.

Wie das Banner Lenins symptomatisch war für Inhalt und Intention der vergangenen real sozialistischen Epoche ist das heutige Logo der Zeitung Ausdruck neuen krimtatarischen Bewusstseins. Tamga, Erdkugel und Halbmond beschreiben den neuen Kontext, in dem die Zeitung agiert. Politisch wird versucht, Ausgleich und Einheit unter den verschiedenen Meinungen der Leserschaft zu stiften, auch durch Lyrik des Redakteurs:

---

195 Kerimov, Ismail: *Bizler artık kene eski "Yañı dünya" mız* [Wir alle sind nun wieder unsere alte "Neue Welt"] In: *Янъы дюня* Nr. 1–3 (713–715) 1. Januar 2004, S. 3.

196 S.a.: Gorbatschow, Michael: *Durch Demokratisierung zum neuen Antlitz des Sozialismus. Treffen im Zenralkomitee der KPdSU mit Leitern der Massenmedien, der ideologischen Einrichtungen und der Berufsverbände der Kulturschaffenden, 7. Mai 1988.* Moskau: APN, 1988, 46 S.

Лянеттен къоркъунус

Динимиз болюне, адымыз болюне
Теселли береми бу халкъ гонълюне?
Ярын ватанны да больген тапылыр,
Бир тюрлю урьмет ёкъ тири олюге.

Душман, душман, деймиз, я достлукъ къайда?
Муаббетлик къалмады татта, ногъайда.
Достлукъны сатаракъ, бай олгъанындан
Не юрткъа, не халкъкъа айтчы, не файда?

Эписини четке ташлайыкъ, айды
Тувгъан тильге биле къалмады сайгъы.
Бундан сонъ айтынъыз, Алла-Таалядан
Мерхамет сормагъа акъкъымыз бармы?[197]

Fürchtet die Verdammung

Unser Glaube ist geteilt, unser Name ist geteilt
dieses Volkes Herzen gebe man Trost?
Morgen auch die Heimat ihr geteilt findet,
Nicht eine Hoffnung gibt es vor dem Tod.

Feinde, Feinde sagen wir, und wo bleibt die Freundschaft?
Keine Liebe mehr bei den Tat, bei den Noğay.
Die Freundschaft verkaufend, als neue Herren,
welcher Nutzen für die Heimat, welcher fürs Volk?

Lasst uns doch alles werfen an den Wegesrand, na los!,
Selbst der Muttersprache blieb keine Ehre,
Danach sprecht ihr Allah hats gegeben,
Haben wir so ein Recht, nach Mitleid zu fragen?

---

197 In: *Янъы дюня* Nr. 19 (832), 13. Mai 2006, S. 1.

3.3.3.4. Golos Kryma / Qırım Sedası & Polu Ostrov

Die Wochenzeitungen Golos Krıma (Stimme der Krim) und Polu Ostrov (Halbinsel)[198] sind die meistgelesenen Zeitungen unter den Tataren der Krim. Sie erscheinen als Familienzeitung, in Deutschland würde man sie vom Layout her als Boulevard-Blatt bezeichnen. Doch ist die Berichterstattung seriös und vielfältig. Vom Fernsehprogramm, über Rezepte und Politik bis hin zu Geschichte und Bildung reicht die Themenpalette der Artikel. Nationale Gedichtwettbewerbe, Preisausschreiben und Bekanntmachungen türkischer Universitäten zählen ebenfalls dazu. Während *Polu Ostrov* der Meclis-Opposition zuzurechnen ist, agierte Golos Krıma pro Meclis-Fraktion. Letztere ist 2005 auch dazu übergegangen, vier Seiten auf krimtatarisch in Latiniza zu veröffentlichen.

3.3.3.5. Regionale Zeitungen, Zeitungen der Opposition Regionalzeitungen

Die regionalen Zeitungen der Krimtataren haben eine unterschiedlich lange Tradition und einen unterschiedlichen politischen Backround, bemühen sich aber alle, neben aktueller Berichterstattung um Aufarbeitung der Geschichte, Wiederbelegung der Kultur und Religion sowie die Stärkung der krimtatarischen Sprache. Unter anderem erschienen anfangs der 2000er Jahre auf der Krim: *Kerç xabercisi* (Kerç), *Suvdaq sesi* (Sudak), *Qezlev* (Evpatoria), *Eski Yurt* (Bahçisaray), *Zaman* (Bahçisaray), *Karasuv* (Karasubazar /Belogorsk), *Maale* (Aqmescit/Simferopol), *Qasaba*, *Arzu* und einige kurzlebige andere Projekte, die in Kleinstauflagen als Offsetdruck- oder lediglich als Xero-Kopien erschienen.

Die Opposition

Die Zeitung *Xalq sedası* ist Nachfolgerin der *Areket* so wie auch die KSSKN die Nachfolge der NDKT angetreten hat, obwohl die NDKT nie offiziell für aufgelöst erklärt worden ist. *Xalq Sedası* vertritt, wenn man es nach westeuropäischer politischer Terminologie definieren möchte, die Rechtsaußen-Opposition. Die Zeitung erschien monatlich und war das Organ des *Koordina-*

198 Online unter URL: http://poluostrov.com.ua/ (2.6.2016).

tionsrates der gesellschaftspolitischen Kräfte des krimtatarischen Volkes (KSSKN).[199]

Xalq Sedası erschien ausschließlich in Kyrilliza und hatte im Bereich Bildung und Kultur wenig zu bieten.[200] Hauptsächlich beschäftigten sich die Artikel mit der Abgrenzung vom und Kritik am Meclis bzw. der OKND. Hauptkritikpunkt ist hier ein `zu Wenig` an nationaler Verantwortung und an entschlossenem nationalen Handeln. Dem Meclis und den krimtatarischen Medien wurde vorgeworfen, immer noch nach Prinzipien Leninscher Nationalitätenpolitik zu handeln: "National in der Form, sozialistisch im Inhalt". Einer der Aktivisten des KSSKN, Nariman Ibadulla, schreibt dazu unter anderem: "... Wie in den Tagen des entwickelten Sozialismus in den krimtatarischen Medien die Hymne des Sozialismus und Kommunismus gesungen wurde, singt man jetzt vom Internationalismus.".[201]

Der KSSKN unterstützt die Partei der Muslime der Ukraine bzw. deren Teilorganisation unter Leitung von Sadık Berberov auf der Krim. Die PMU stellt seit ihrer Gründung einen Konkurrenten des Meclis dar, da sie ja bei derselben Wählerklientel um Stimmen wirbt[202]. Bisher konnten KSSKN und PMU jedoch die 5%-Hürde des ukrainischen Wahlsystems nicht überwinden. Durch die hohe Aufmerksamkeit, die die Politik des Meclis vom KSSKN erfährt, scheint sie aber auch eine Art Korrektiv für eine allzu intransparente Politik des Meclis zu sein. Einladungen des Meclis bzw. der OKND an die KSSKN zu Treffen mit Administration und Behörden zur Klärung dringender sozioökonomischer Fragen werden nicht ausgeschlagen. Auch der KSSKN betont immer wieder die notwendige Einheit der Bewegung: "Nur gemeinsam,

---

199 KSSKN – Координационный Совет общественно-политических Сил Крымскотатарского Народа

200 Lediglich Seyran Useynov, Dozent an der KDMPU und stellvertretender Vorsitzender von "Maarifçi", bemüht sich im KSSKN um den Bereich Bildung und Muttersprache. S.: *Сейран Усеин; "Я Раббим Аллам! Бу топракънынъ акъикъий саиби олгъан къырымтатар халкъынынъ тили не омюр эйле.* [Oh, mein Herr, mein Gott! Was läßt die Sprache des krimtatarischen Volkes, des rechtmäßigen Besitzers dieses Bodens am Leben] In: *Xalq Sedası* Nr. 6, 7, 8 (Oktober - Dezember 2003), S. 3.

201 Ibadullaev, Nariman: *Народная Трибуна. Кто есть мы?* [Volksribüne. Wer sind wir?] In: *Xalq Sedası* Nr. 1 (10), Januar 2004, S. 3.

202 "*Крымские татары готовы поддержать партию мусулман Украины*" [Die Krimtataren sind bereit, die Partei der Muslime der Ukraine zu unterstützen] In: *Xalq Sedası* Nr. 2 (11), Februar 2004, S. 2.

als eine Kraft, gemeinsam mit einer Faust, bewältigen wir den Widerstand, der uns, dem autochthonen Volk, nicht seine vollen Rechte auf ein würdevolles und glückliches Leben in der Heimat zugestehen möchte. Auf unsere große Geschichte, unsere machtvolle Religion, unsere heldenhafte Heimat!".[203] Dies scheint zu einem guten Teil Rhetorik zu sein, agiert der Koordinationsrat doch gleichzeitig gegen den Meclis.

Vertreter der KSSKN-Opposition in der Diaspora sind Ünver Sel (Türkei)[204], Fikret Yurter (USA) und Kenan Aktaş in Deutschland (Köln).[205] Letzterer gibt dort auch das Magazin *Bizim Kırım* heraus, deren Artikel sporadisch auch auszugsweise in *Xalq Sedası* erscheinen.[206] Fikret Yurter ist der Herausgeber des krimtatarischen Magazins *Birlik* [Einheit] in New York.[207] Auf der Krim gehören als Prominente der Direktor der Gasprinski-National-Bibliothek, Ayder Emirov, und der Philologe Seyran Useyinov (KDMPU) zu dieser Organisation.

Journale und Magazine

Die Presselandschaft im Bereich der Journale und Magazine ist ebenfalls in den 2000er Jahren vielfältiger geworden. Mit Publikationen wie Xa-Xa-Xa, Altın Beşik, Yurt, Vatan, Ocaq, Tesir, Xidayet, Vatan Xadima, Yıldızçık wurde den LeserInnen eine Vielfalt an Inhalten geboten, die der slawophonen Presse nicht viel nachsteht. Jedoch sind Höhe und Zuverlässigkeit des Erscheinens der Auflage, Vertrieb und Layout oft noch "in progress". Auch die ökonomische Situation der Abonennten ist ein Grund für unregelmäßiges Erscheinen oder gar die Einstellung bestimmter Produkte.

---

203 In: *Xalq Sedası* Nr. 6, 7, 8 (Oktober - Dezember 2003) [Nachwort zum Protestmeeting am 18.10.2003 in Simferopol]

204 Унвер Сель: *Диаспора всегда была и будет со своим народмом!* [Die Diaspora war und wird immer für sein Volk da sein!] In: *Xalq Sedası* Nr. 5 (14), Juno 2004, S. 3.

205 S.: *Xalq Sedası* Nr. 2 (3), Mai 2003, S. 2.

206 Yurter, Fikret: *Der Istzustand und die Zukunft der Nation* In: *Xalq sedası* Nr. 5 (6), September 2003, S. 2.

207 Der Bruder von Fikret Yurter, Feyzi Rahman Yurter, lebte als Schriftsteller in Hamburg und hat sofort nach der Öffnung der Grenzen Anfang der 1990er Jahre über das Auswärtige Amt Hilfe für die tatarischen Rückkehrerfamilien auf der Krim organisiert. Er publiziert ebenfalls in *Bizim Kırım* (Siehe dort Nr. 1, 2003, S. 15–19; Nr. 2, 2003, S. 18–21; Nr. 2, 2005, S. 43–52 u.a.) und verfasste die in Ankara erschienenen Bücher *Yirminci Yüzyılda Kırım* (1998?) und *Kırım Diasporası* (2003).

Exemplarisch seien hier die Zeitschriften Xa-Xa-Xa und Yıldızcıq genannt. Erstere war das Satire-Magazin in krimtatarischer Sprache, letzteres ein liebevoll gestaltetes Kindermagazin. Beide sind im Vierfarbdruck gehaltene A-4-Formate, in denen regelmäßig nicht nur Satire und Kindergeschichten, sondern auch Texte, Zeichnungen und Symbole veröffentlicht wurden, die erstens zur Beschäftigung mit der krimtatarischen Sprache animierten und zweitens die tatarische Identität stärken sollte (Landschaftsbilder, Tamga).

Einen wichtigen Schritt unternahmen am 14. März 2005 Gayenur Yüksel und ihre MitstreiterInnen: Sie gründeten die erste krimtatarische Nachrichtenagentur Qırım Haber Ajansı (http://qha.com.ua/).[208] Nun konnten alle krimtatarischen Medien auf Nachrichten zurückgreifen, die ungefiltert die Situation auf der Krim und in der Diaspora wiedergeben. Seit der Annexion 2014 wird die Agentur von Kiew aus betrieben und muss mit vielen ehrenamtlichen informellen Mitarbeitern und Mitarbeiterinnen aufrechterhalten werden.

Artikel von İsmail Gasprinski [Reprint] oder über ihn sind in *allen* Publikationen häufig zu finden:[209] Er gehört zum strömungsübergreifenden nationalen Wertekanon der Krimtataren und ist zusammen mit seinem Leitspruch "Dilde, Fikirde, İşte birlik" ("Einheit in Sprache, Denken, Tun") und dem tatarischen Tamga das wohl meist verwendete nationale `Label`, mit dem sich alle Krimtataren identifizieren können.[210]

3.3.4. Monografien und Sammelbände der KDMPU

Auch wenn die Gesamtzahl der Publikationen der Beschäftigten des Lehrstuhls für krimtatarische und türkische Philologie der KDMPU bereits 2005 an die Hundert heranreichte, besteht ein riesiger Bedarf an krimtatarischen Büchern. Vor der Deportation wurden auf der Krim jedes Jahr mehr als 100 Bücher zu verschiedenen Themen auf Krimtatarisch herausgegeben. In den 15 Jahren von 1990 bis 2005 waren es insgesamt nur noch etwa 200 Titel. Die Auflagen betrugen im Durchschnitt 1000 Exemplare. Zieht man von dieser

---

208 QHA war bis zur Annexion 2014 erreichbar unter: Puşkina sk, 26/2a. Simferopol, Kırım, Ukrayna, 95011 e-mail: qha@qha.com.ua . Gayenur Yüksel ist die Frau des TİKA-Krim-Filialleiters İsmet Yüksel und war bis zum Tode des Herausgebers Kemal Çapraz Vertreterin der turkistischen Zeitung *Ufuk Ötesi* auf der Krim (s.a. S. 64/65).

209 S.a.: Gankieviç, V.Y.: *XIX. ve XX. yüzyıl içerisinde Kırım Tatar kadınları eğitiminde Gaspıralı'nın rolü* In: Kalgay Nr.16, 2000, S. 17.

210 Zu "Dilde, Fikirde, İşte birlik" siehe S. 15.

Zahl die etwa 70 Lehrbücher ab, dann sieht man, dass die Auswahl an schöngeistiger Literatur, an Kinderbüchern usw. ausgesprochen dürftig ist. Nach der Annexion 2014 sind aufgrund der verschärften ökonomischen Bedingungen sowie der neuen Pressezensurgesetze diverse Verlage, Publikationsprojekte und Redaktionen von Schließungen betroffen, so auch in den Universitäten.

Jedoch sind die die Basisarbeiten der Wissenschaftler der philologischen Fakultät nach wie vor grundlegend. Da das Krimtatarische eine langsame Entwicklung in Spezialgebieten nicht mitvollziehen konnte, sind terminologische Wörterbücher für Wissensgebiete wie Chemie, Mathematik, Geografie usw. Voraussetzung für die Ausbildung von Lehrern in eben diesen Bereichen. Hierfür arbeitet seit Jahren Seyran Huseinov, immer mit zu wenig Mitteln ausgestattet, am Rande des Möglichen.[211]

3.4. Nationale Kultur als Katalysator von Re-Tatarisierung

Bei dem Prozess der Konsolidierung der in den Jahren von 1990 bis 2005 geschaffenen Strukturen im Bereich der Bildung und bei dem zähen Ringen um deren Aufbau selbst spielt der Rückgriff auf die nationale Kultur eine wichtige Rolle. Ohne aus dem reichen Fundus an oral tradierter Folklore und Literatur schöpfen zu können, wäre wohl eine so imposante Renaissance krimtatarischer Kultur und Bildung nicht möglich gewesen. Im Folgenden gehe ich exemplarisch näher auf die krimtatarische Musik, auf den Bereich der audiovisuellen Medien als Multiplikator derselben und auf den "Ortstafelstreit" als Teil der nationalen Kultur ein.[212]

---

211 Standardwerke: Русско-крымскотатарский терминологический словарь – литература медицина язык Simferopol, Nov. 1991; Русско-крымскотатарский терминологический словарь – техника физика философия химия Simferopol, Jan. 1992; Русско-крымскотатарский терминологический словарь – политика религия спорт Simferopol, Feb. 1992. Русско-крымскотатарский терминологический словарь – математика школьная эстетика Simferopol, April 1992. Русско-крымскотатарский терминологический словарь – география, земледелие, психология, туризм Simferopol: Anayurt, September 1992.

212 Zu Relevanz von Tanz, Ritual, Folklore, Theater, Liedgut und Musik der Krimtataren für die Gruppenidentität / nationale Identität siehe: Gülüm, Rıza: *Rituals: Artistic, Cultural, and Social Activity* In: Allworth 1988, S. 262–274 sowie Hotopp-Riecke 2005.

3.4.1. Musik

Während in der vorhandenen Literatur in Bezug auf die Krimtataren und ihre Musik recht wenig zu finden ist, und wenn, dann meist von klassischer krimtatarischer Musik oder entsprechendem Volksliedgut die Rede ist, berücksichtige ich bei meinen Betrachtungen alle Bereiche der krimtatarischen Musik, gehe auf deren Symbolgehalt ein und darauf, welche Wechselwirkungen zwischen Bildungsbereich und Musik den Prozess der Revitalisierung der Muttersprache beeinflussen.

3.4.1.1. Krimtatarische Musik und Identität

Die Entwicklung der Musik der Krimtataren nach der Rückkehr aus der Verbannung in Mittelasien ist eng mit der krimtatarischen Nationalbewegung und deren Bemühen um das 'Wieder sesshaft werden' auf der Krim, um die Stärkung der nationalen Identität[213] und die Entwicklung der Kultur, auch der Erinnerungskultur auf der Krim, verbunden. Nach fast fünfzig Jahren Repression konnte sich jetzt wieder offen entfalten, was unter den Jung-Tataren begonnen hatte – die Entwicklung und Gestaltung dessen, was als nationale Identität der Krimtataren verstanden wird – nun unter Führung von Künstlern, Wissenschaftlern und ehemaligen Dissidenten. Und gerade die letztere Gruppe, die oft mit dem Einsatz ihres Lebens für die Rückkehr gekämpft hatte, war eine neue Komponente in diesem `Nation Building Revivel`, unter den Jung-Tataren ein Jahrhundert zurück gab es keine Aktivisten, die gezwungen waren, sich Bildung geheim und in Straflagern anzueignen.

Die Heimkehrer Ende der 1980er Jahre mussten, wie oben beschrieben, von Null wieder anfangen, die Grundlagen für kulturelle Arbeit zu schaffen. Außer Begabung, überlieferten kulturellen Werten und dem Willen, etwas zu tun, gab es Anfang der 90er Jahre nichts, worauf sie hätten zurückgreifen können – keine Notenblattsammlungen, keine Bücher, keine Audio-Archive.

---

213 Identität als terminus technicus meint *Gleichheit*, ist heute aber mit einer viel breiteren Semantik belegt. Wittgenstein schrieb dazu: "Beiläufig gesprochen: Von zwei Dingen zu sagen, sie seien identisch, ist ein Unsinn, und von Einem zu sagen, es sei identisch mit sich selbst, sagt gar nichts." (*Tractatus logicus-philosophicus* 5503) Dabei ist mir durchaus bewusst, wie ambivalent das Verhältnis zu und die Begrifflichkeit von Identität im Kontext von Nationalität, Kultur und Ethnizität ist. Die Metapher von krimtatarischer Identität meint hier die Summe aus kollektivem Gedächtnis, Sprache und gruppenspezifischer Kultur. (s.a.: Williams 2001, S. 412–419; Kırımlı 1996, S. 213–222).

Nicht nur krimtatarische professionelle Musiker, verdiente Künstler Usbekistans und der Ukraine aus den Bereichen Klassik und Folklore prägen das Bild der krimtatarischen Kultur, auch zahlreiche Laienkünstler, Semiprofessionelle und Autodidakten aus den Genres Neoklassik, Jazz, Schlager, HipHop und Pop beleben die facettenreiche Szene auf der Krim.

Ich skizziere hier, mit welchen Bildern, Stimmungen, Begriffen und Symbolen diese verschiedenen Künstler trotz katastrophaler ökonomischer Lage eine agile, quirlige Szene am Laufen halten und was sie dabei eint. Was macht krimtatarische Musik aus, gibt es einen krimtatarischen Stil? Wie nehmen krimtatarische Künstler am Prozess der Repatriierung und des Aufbaus der kulturellen Landschaft auf der Krim teil? Welche Rolle spielen dabei Schulen, Theater und Universitäten? Diesen Fragen konnte ich anhand von Audio- und Videomaterial sowie Feldforschungen auf der Krim 1998–2006 nachgehen.

"Wo man singt, da lass Dich ruhig nieder, böse Menschen haben keine Lieder." Wer kennt ihn nicht, diesen alten Spruch. Und wer weiß nicht, dass dieser Umstand schon lange ad absurdum geführt wurde. Musik als integrierender Faktor, als Klammer und Stütze des Zusammenhalts funktioniert eben nicht nur bei emanzipatorischen Bewegungen, sondern auch im negativen Sinne. Man denke nur an die Pervertierung obigen Sprüchleins durch die Musik des Faschismus, sei es unter alten oder Neonazis. Eine große Rolle kam bei diesem Funktionieren von Musik als Mittel zur Massenmanipulation auch dem Nationalismus zu. Nationalismus hat seither vor allem bei vielen Deutschen eine eindeutig negative Konnotation. Bei anderen Völkern ist der Begriff Nationalismus aufgrund ihrer anderen Geschichte semantisch ähnlich besetzt, wird aber in der Gesellschaft anders gewertet.

Ich versuche hier darzustellen, wie die Musik der Krimtataren und deren Nationalismus integrierend wirken. Beide dienen als Stütze bei der Entwicklung der krimtatarischen Nationalbewegung und der Revitalisierung der krimtatarischen Kultur als Ausdruck einer wieder öffentlich lebbaren krimtatarischen Identität. Die Haltung des Autoren zum krimtatarischen Nationalismus ist da durchaus ambivalent, doch es soll hier keine Wertung von Nationalismus vorgenommen werden. Damit haben sich schon andere Fachleute ausführlich beschäftigt, und es ist auch nicht Gegenstand dieser Betrachtung der krimtatarischen Musik als Faktor im Bildungswesen.[214] Was ist also heute als krimtatarische Kultur wahrnehmbar und wie funktioniert dieser neue alte Farbtupfer im Kulturmosaik der Krim?

Nach der Rückkehr aus der Deportation standen krimtatarische Künstler, Intellektuelle und Wissenschaftler vor dem gleichen Problem wie die Arbeiter, Handwerker und Bauern des Volkes der Krimtataren: Es musste bei Null angefangen werden, die Infrastruktur und Grundlage für das eigene Wirken zu schaffen.

Während dies bei den letztgenannten Berufsgruppen schon schwierig genug war[215], schien dies Problem anfangs für die krimtatarischen Künstler unlösbar, war doch ihr öffentliches Wirken eng damit verknüpft, ob die krimtatarische Bevölkerung willens und vor allem in der Lage war, in ökonomisch sehr schwierigen Zeiten Geld für Theater, Musik, Kultur im Allgemeinen auszugeben.

Ich kann hier nicht im Detail darauf eingehen, wie die Tataren es binnen 15 Jahren geschafft haben, auf der Krim einer der bestimmenden kulturellen Faktoren zu werden. Bemerkenswert ist allerdings der Umstand, dass jedes dritte Konzert im Ukrainischen Theater Simferopol, dem größten Haus am Platze, bis zur Annexion 2014 von tatarischen Künstlern bestritten wurde, und diese Veranstaltungen meist ausverkauft waren! Bei einem Bevölkerungsanteil von offiziell 12,6 Prozent[216] stellen die Krimtataren bereits über 25 Prozent der Studenten an den Universitäten der Krim und der Anteil der tatarischen StudentInnen an der Fakultät für Musik der KDMPU[217] liegt sogar bei über 70%. Dadurch und durch mannigfaltige Aktivitäten von Absolventen dieser Fakultät im krimtatarischen Nationaltheater und diversen professionellen Ensembles sowie deren Ausstrahlung von dort auf viele Laienensembles, Ju-

---

214 S. a.: Gellner, E., 1999; Nairn, T., 1978; Blaschke, J., 1985; Hobsbawm, E., 1971.

215 Die Arbeitslosenrate lag schon vor 1998, dem Jahr der großen Rubelkrise, unter der krimtatarischen Bevölkerung bei offiziell 49,6 % (s. Abrudko/Markovič, S. 11).

216 Nach der letzten Veröffentlichung der Obersten Statistischen Behörde der Ukraine lebten am 1. 1. 1999 253 100 Krimtataren auf dem Gebiet der Autonomen Republik Krim (s. a. homepage der Nationalen Tavrida Universität: http://www.ccssu.crimea.ua/crimea/etno/harmfund/index.htm#strykty r [15. 9. 2004]). Noch einmal soviel leben noch in Zentralasien. Nach einer Zählung des Meclis 2005 sind allerdings schon fast 500.000 Krimataren zurück auf der Krim!

217 s.: Yakubov/Veliyev/Selimov S.9.

gendgruppen und Nationale Schulen der Tataren gab und gibt es einen enormen Entwicklungsschub in der krimtatarischen Musik jeden Genres von Folk über Klassik bis Punk[218].

Doch was macht krimtatarische Musik aus, gibt es so etwas wie einen nationalen Konsens, was als krimtatarische Musik gelten kann? Auf diese Frage fand ich keine abschließend befriedigende Antwort, ist doch unter den Tataren selbst umstritten, was noch als originär krimtatarisch gelten kann und was nicht.

Ich konnte während meiner Aufenthalte auf der Krim diverse Konzerte und privat Menschen besuchen, die in der Musikbranche bzw. Kulturszene engagiert sind, war auf Hochzeitsfeiern, Gala-Abenden, Record-release-partys, in Redaktionen von Funk und Fernsehen und in den relevanten Fakultäten.

Allgemeiner Konsens war zwischen Musikern und Publikum, dass krimtatarische Musik zur Zeit nicht unbedingt in krimtatarischer Sprache gesungen werden *müsse*. Dies hätte viele der Jüngeren, von Russifizierung stärker geprägten KrimtatarInnen, eher abgehalten, eben diese Konzerte zu besuchen. Ein anderer Faktor ist der, dass in der Verbannung oft die Sprache der Titularnation des ehemaligen "Gastlandes" besser erlernt wurde als das bis in die siebziger Jahre offiziell nicht existente Krimtatarisch. So kommt es, dass etwa aus einem krimtatarischen Ensemble auf der Krim heute alle Mitglieder fließend russisch sprechen, dazu einige als zweite "Muttersprache" kirgisisch, usbekisch oder tadschikisch, aber eben nicht zwingend krimtatarisch. Die offizielle lingua franca der neuen alten Heimat dagegen, das Ukrainische, sprechen die im letzten Jahrzehnt auf der Krim ausgebildeten Intellektuellen fließend, jedoch nicht die Generation über 25/30. So ist ein krimtatarischer Gala-Abend, auf dem ukrainisch, russisch, usbekisch *und* krimtatarisch gesungen wird, keine Ausnahme, sondern eher die Regel. Selbst bei Präsentationen neuer CDs der beiden wohl bekanntesten krimtatarischen Sänger Server

---

218 Krimtatarischen Ethno-Punk oder Ethnic Punk Rock nennen die Musiker der Band *Shatur Gudur* (Шатур-Ґудур) ihren Stil. Videos sind auf der krimtatarischen Folkmusic-Plattform (КрымскоТатарская музыка и культура) zu finden unter: https://www.youtube.com/playlist?list=PLSyXmbZWiBGrl6MLuRfXsDKwfCAj7QaYa (22.6.2016).

Qaqura und Edip Asanov[219] war dies der Fall. Dabei war interessant, dass der junge (krimtatarische) Conférencier ukrainisch (nicht russisch!) durch das Programm führte und die tatarischen Ansagen von den Künstlern selbst übernommen wurden[220]. Interessant deshalb, weil Ukrainisch auf der Krim selbst fast nicht gesprochen wird. Die Ukrainer auf der Krim, die lediglich 24,4 Prozent der Bevölkerung stellen, sprechen zum großen Teil russisch wie die Mehrheitheitsbevölkerung (58,5 Prozent) der Krim, die Russen[221]. Der Gebrauch des Ukrainischen auf großen Veranstaltungen ist eher als politischer Akt zu verstehen. Denn das Gros der politischen tatarischen Elite stand dem ukrainisch nationalistischen Lager um den ehemaligen Präsidenten der Ukraine, Viktor Yuschtschenko, und seiner Sammlungsbewegung *Unsere Ukraine*[222] nahe. Auch Mustafa Cemilev, Präsident des krimtatarischen Meclis[223], war Abgeordneter von *Unsere Ukraine* in der Hohen Rada, dem ukrainischen Parlament in Kiew.

Was also ist die Klammer, was ist das Gemeinsame, das die Krimtataren und da vor allem auch die Jugend in Scharen zu Konzerten strömen lässt, ob nun zu Klassikkonzerten, zeitgenössischen Musicalaufführungen, Folkloreabenden, Popkonzerten, Jazz oder in diverse kleine Aufnahmestudios? Wenn man deutsche Verhältnisse voraussetzen würde, käme man zu der Vermutung, dass im Genre Schlager[224] am ehesten Ausdrücke mit krimta-

---

219 Seit einigen Jahren nennt er sich nun Edip Bahçesaraylı nach der alten tatarischen Hauptstadt Bahçesaray.

220 Präsentation des neuen Galaprogramms von Server Qaqura und dem Ensemble *Qırım* am 30.5.2004 im Ukrainischen Musiktheater ; Galaprogramm *Šelale* [Wasserfall] am 27.5.2004 im Ukrainischen Musiktheater; Präsentation der CD *Çalğıcı* von Edip Asanov im Kulturhaus der Gewerkschaften am 17.6.2004.

221 S. : E. Chubarov 2003, S. 191.

222 *Наша Україна* war ein Parteienbündnis, vor allem in Zeiten der sogenannten Óran-genen Revolution', u.a. vertreten: die Partei Solidarität, Heimatpartei Ukraine, RAZOM und der Meclis des Krimtatarischen Volkes. Im Parlament, der Hohen Rada, arbeitete das Bündnis mit dem "Block Julia Timoschenko" und der "Sozialistischen Partei" zusammen.

223 Meclis bedeutet Versammlung, Rat. Der krimtatarische Meclis ist die von vielen örtlichen krimtatarischen Räten gewählte Vertretung in Aqmescit/Simferopol. Einen offiziellen Status als nationale Volksvertretung der Tataren wurde ihm seitens der ukrainischen Staatsmacht bis zur Annexion staatlicherseits verwehrt.

224 Mir ist klar, dass die Kategorie Schlager eine von mir aus dem Deutschen übernommene, dem Krimtatarischen aufoktroyierte ist. Doch ist der Habitus der Vortragenden,

tarisch-nationalistischem Habitus zu finden seien, parallel zu mancher Deutschtümelei in deutschen volkstümlichen Schlagern. Doch die Begleitgruppen auf der Krim sind multiethnisch besetzt und die Programme, CDs und Tapes werden multilingual produziert.[225] Ich meine hier die Folklore/Schlagerprogramme, die in der Hauptstadt Simferopol, aber auch in der Provinz als Gastspiele sehr erfolgreich sind. Deren Erfolg führte zu eingangs erwähnten Entwicklungen, dass das Krimtatarische Nationaltheater für derartige Programme zu klein geworden ist und das ukrainische Musiktheater dank diesem Umstand auf eine bessere Auslastung bauen kann.

Die Antwort auf die Frage nach der einenden Klammer war meist so einleuchtend wie einfach: Die Vergangenheit und die Zukunft. Die Vergangenheit, das heißt jahrhundertealte kulturelle Tradition und Kultur, also der Rückgriff auf bekannte Melodien und Volksweisen. Aber in welchen Dimensionen manifestiert sich gemeinsame jüngere Vergangenheit, gemeinsame Geschichte? Vor allem in der traumatischen Erfahrung von Verbannung, vom Leben in der Fremde und dem unbeugsamen Willen zur Rückkehr auf die Krim. Und hier finden sich auch die Schnittpunkte zwischen Genres wie Hip-Hop, Folklore oder Klassik. Der Inhalt und die repräsentative Form krimtatarischer Musik reflektieren diese gemeinsame Erfahrung und schaffen so ein Wir-Gefühl quer durch Altersgruppen und Musikgeschmäcker.

Kurz eingehen möchte ich auf einige Topoi, die in allen Genres wiederkehren. Diese Begriffe, Symbole und Wendungen/Bilder beziehen sich auf Volksweisen oder neu geschaffene Volkslieder im originären Tenor. Sie beziehen sich auf die gemeinsame Geschichte von Verbannung und Rückkehr, die auch russifizierten oder der krimtatarischen Nationalbewegung[226] gleichgültig gegenüberstehenden Menschen geläufig sind.

---

der Inhalt vieler Texte sowie die Form (Strophe, Refrain, Strophe) und die Melodien der Lieder dieser Richtung von Musik durchaus dem deutschen Schlager ähnlich.

225 Als Bsp.: Auf der CD Best von der Gruppe Yeşil Ada sind neben krimtatarischen auch bulgarische (Болгарская народная), usbekische (Бухоро), russische (Помидор, Цыганочка) und kaukasische Stücke (Лязги) zu finden. Auf *Той-мой*-CD von Guneş die usbekischen Titel Айтмасам und Согъындым.

226 Mit krimtatarischer Nationalbewegung meine ich hier die OKND unter Führung von Mustafa Cemilev. Diese Bewegung ist die größte kt. Organisation auf der Krim. Marginale Gruppen wie die KSSKN, ehemals NDKT, gab und gibt es seit der russischen Annexion 2014 verstärkt. Sie spielten bis dahin eine Nebenrolle auf der politischen

3.4.1.1.1. Unverzichtbare Topoi: Millet, Vatan, Sürgün

In allen Bereichen krimtatarischer Musik, die sich nach der Rückkehr aus der Verbannung entwickelt haben, tauchen immer wieder stereotype Symbole, Begriffe und Bilder auf. Sie bilden einen Kontext, einen Kanon, in dem sich krimtatarische Musik artikuliert. Zuallererst betrifft das Lexeme wie *vatan*, *millet*, und *sürgün* in all ihren Facetten.

- *Vatan* – Das Vaterland / die Heimat.[227] Das Vaterland und die Krim werden synonym oder gekoppelt verwendet. (Qırım Tatar adası [krimtatarische Insel]; yeşil ada [grüne Insel][228], tatlı yurt[229][süße Heimat]). Zum Semantikwechsel des Terminus *Vatan* im krimtatarischen Kontext schrieb ausführlich B.G. Williams: "The communal memory of the Crimean ASSR and the Tatars´unique position in this autonomous republic was to remeain with them during the long years of exile in the Soviet republics of other peoples, such as the Uzbeks, and key to an understanding the Tatars´ half century long struggle to return to their Crimean vatan" und "A Crimean Tatar explained the importance of the Crimea in nationalistic terms, saying: "Most children say `mama` or `papa` as their first words. Our children said `Kırım`, the word for Crimea"[230].
- *Millet* – Das Volk, die Nation. Auch der Begriff millet (milletim-mein Volk) wird meist gekoppelt mit dem Ethnonym qırımtatar verwendet. In

---

Bühne, werden nun hofiert, unterstützt und instrumentlisiert von der Aksjonow-Administration der Krim.

227 Hierfür gibt es fast auf jeder CD und in jedem Musikprogramm Beispiele, wie etwa die Stücke: *Vatanımsın guzel' Qırım* [Du {bist} mein Vaterland schöne Krim] der Gruppe Destan auf CD *Ай чалашым*; Titel 3 – Vatanım [Meine Heimat] – auf CD *Çal kemane* von Uryane; Titel Guzel Qırım auf *Kuneş nuru* von Emine, Гимн Крыма [Hymne auf die Krim] auf *Селям Алейкум* [2] von Edip Asanov.

228 *Yeşil Ada* ist *das* Synonym für die Krim schlechthin. *Yeşil Ada* - auch eine Band aus Karasubazar (ru./ukr.: Belogorsk) um Bandleader Enver Abibullaev (Vocation/Bassgitarre) spielen neben krimtatarischen Stücken auch krimbulgarische, usbekische und russische "Folk-Evergreens". Weitere Gruppenmitglieder: Tair Xaibullaev (Trompete), Elenur Mamutov (Klarinette), Lenur Ibraimov (Klavier, Vocation), Seytumer Ibraimov (Drums). S.a.: Williams 2001, S. 413/414.

229 "...candan tatlı yurtıma...[von Herzen hin zu meiner süßen Heimat]" aus *Bağımnı Qırım* (Musik: Server Qaqura, Text: Reşıd Memiş).

230 Siehe Williams 2016 das Kapitel "Vatan: The Construction of the Crimean Fatherland", S. 33–56.

dem Kontext ebenfalls gern verwendet tatarlıq[231] [Tatarischsein/Tatarentum].

- *Sürgün* - Die Verbannung/Deportation wird immer wieder – sowohl in russischen Texten von Krimtataren als auch in krimtatarischen Texten – thematisiert, sei es als sürgün, deportatsia oder gurbetlik.[232]

Weitere Schlagwörter, vor allem aus dem Bereich Volksliedgut, Chanson und dem, was man hierzulande Schlager nennen würde, sind: milliy ruh[233] [nationale Bewegung], adalet[234] [Gerechtigkeit], des Weiteren avdet [Heimkehr][235], Wiedergeburt des Volkes u. v.a.m.

Neben diesen Grundbegriffen krimtatarischer nationaler Identität und Geschichtsaufarbeitung sind es vor allem toponymische Lexeme, die sehr gern sowohl als Name von Musikproduktionsfirmen, Studios, Ensembles aus allen Sparten, als Titel von Musiksendungen, CDs, Musikstücken oder Galaprogrammen in Anspruch genommen werden. Auch die Namen, Motive und Embleme der Produktionsfirmen, Konzertagenturen, der CD-Cover und Konzertplakate sprechen eine dem krimtatarischen Publikum verständliche, wenn auch manchmal orientalisierend überhöhte Symbolsprache. Wenn etwa das bekannte Trio Destan vor der Silhouette von Jerusalem posiert, ist dies wohl weniger der strikten Religiösität der Krimtataren zugedacht als der Signalwirkung, dass es sich trotz der fehlenden krimtatarischen, folkloristischen Attribute (Kalpak, Kostüme o. ä.) um ein muslimisches, ergo krimtatarisches Ensemble handelt. Als weitere Beispiele seien genannt DJ Bebeks Debüt-Album "Deportacia" aus dem Bereich HipHop/House (Auf dem Cover: Schienenstrang in der Steppe...), Enver Izmailovs Jazz-Album "Minaret", Samplertitel wie Bachtschisaray, Vostotşnye Noçi oder Abbildungen des nationalen Sym-

---

231 Höre z. B. "Milletim" von CD Edip Asanov; s.a. "...Tatarlığım, tatarlığım, dünyalar aydın!..[Mein Tatarentum, mein Tatarentum die Welten erhelle]." aus *Taqdir* (Musik Server Qaqura, Text Ablâziz Veliyev). H.a.: Titel 7 (Milletim Qırım) auf Server Qaqura von Server Qaqura.

232 So z. B.: Titel *Депортация* von DJ Bebek, Album *Deportacia,* Simferopol: West, 2004. S.a.: Williams 2001, S. 213/214.

233 "...Horluq çekken halqımıznıñ milliy ruhun kotermekçün..." aus *Adalet Marşı* (Musik: Server Qaqura, Text: Riza Fazıl/Şevket Ğani).

234 ibid.

235 Возвращение [Rückkehr]. Titel 5 auf *Deportacia*, DJ Bebek; Titel 5 auf *Той-мой*-CD von Guneş.

bols der Krimtataren, des Tamga.[236] Auch bei gemischt ukrainisch, russisch, usbekisch, krimtatarischen Galaprogrammen weist die Verwendung von entsprechenden Symbolika auf den Anspruch der Produkte hin, als krimtatarische Werke zu gelten. Symptomatisch ist die Verwendung von Bildern und Symbolen der südlichen Krim, wie Architekturdenkmalen, Bergen oder Wasserfällen, die nicht unbedingt einen explizit krimtatarischen Hintergrund haben müssen, wie das Cover von Nesrin Sipahi[237] zeigt (siehe Anhang). Diese Produktion ist in Istanbul entstanden und zeigt die Südansicht des in orientalisierender Bauweise geschaffenen Palastes in Alupka, eines Palastes des Grafen Michael Woronzow, der weder tatarischer Herkunft war, noch diesem Volk positiv gegenüber stand. Auch hier war wohl einzig die orientalisierende Architektur des Südportales ausschlaggebend für die Übernahme auf das Cover.

Oft verwendete Symbole und Bilder in krimtatarischen, zeitgenössischen Liedern sind Toponyme von Bergen, Landschaften und Städten wie zum Beispiel Ayu(v) dağ [Bärenberg][238], Çatır dağ / Çatırtav [Zeltberg], Ay petri [Heiliger Petrus][239], Degirmenci [Müller][240], Taragtaş [Kammfelsen][241], Aq

---

236 S. z. B. Cover von Nesrin Sipahi und Notenbuch von S. Qaqura (beide im Anhang, S. 157) oder Reklamewandkalender des Krimensembles. Zu den nationalen Zeichen / Stammessymbolen s.a.: Akçokraklı 1996.

237 S. Abb. S. 157. Der ehemalige Statthalter des Zaren im Kaukasus, Woronzow, ließ nach seiner Ernennung zum Generalgouverneur des Gebietes Novorossisk, das damals von Donau bis Don reichte, in Alupka seine Sommerresidenz bauen. Baumeister waren Engländer und Deutsche, Architekten die Briten Edward Blore und William Gunt.

238 Markanter Berg, der zwischen Aluschta und Yalta aus dem Schwarzen Meer ragt. Titel 1 auf CD *Çal kemane* von Uryane. Name der Gruppe 1 auf Video *Peşraf*;

239 H.: Titel 6 Seite B auf *Server Qaqura* von Server Qaqura, 1998.

240 Дегирменджи Titel 11 auf Kassette *Багъчасарай* der Gruppe "Багъчасарай", Titel 1 auf *Aq Qaya* von Aq Qaya.

241 Aus den Dörfern Kuçik Taragtaş und Böyüq Taragtaş (ru.: Дачное) unterhalb der Taragtaş-Bergkette bei Sudaq im Südosten der Krim kommen etliche Veteranen der krimtatarischen Nationalbewegung, Dissidenten der ersten Stunde (unter anderen der ehemalige Präsident des krimtatarischen Meclis Mustafa Cemilev). Deshalb steht auch das Attribut *taragtaşlı [der/die aus Taragtaş stammende]* für unbeugsam/widerständig/hartgesotten. Titel 4 auf CD *Çal kemane* von Uryane.

Qaya [Weißer Fels][242], Kuçuk ozen [Kleiner Bach][243], Qara deñiz [Schwarzes Meer][244], Can Ay [Neumond im Sinne von Mondschön / dem Monde gleich][245], Aqmescit [Weiße Moschee][246], Uçan suv [Fliegendes Wasser], Solxat[247], Baxçisaray [Gartenschloss][248], Eşil ada[249], Eki çeşme [Zwei Brunnen][250], Qarasubazar[251] oder Yalta.[252] All diese Toponyme haben eine spezifische krimtatarische Geschichte, einen Hintergrund, der durch mündliche Überlieferung sowie Literatur im Bewusstsein der Menschen gehalten wird. Das umtriebige Agieren von Verlagshäusern und Autoren auf der Krim und in

---

242 Aq Qaya ist der Name der Band aus Qarasubazar um Trompeter Osman Yakubov. Weitere Bandmitglieder: Lenur Nuriyev (Klarinette), Alim Xalilov (Piano), Asan Ametov (Gitarre), Ruslan Devlet (Vocation/Bassgitarre), Ajder Memetov (Drums).

243 S. Qaqura, Server: *Ватаным Къырым,* S. 35; Titel 1 auf *Deportacia*, DJ Bebek.

244 Qara deñiz. Titel 10 des Albums *Ай чалашым,* Gruppe Destan, Titel 2 des Albums *Noğay Beyiti* von Dilyaver Osmanov; Kara Deniz – Titel des Albums von Enver Ismailov aus dem Jahre 1991 (Co-Produktion mit Burhan Öçal, Schweiz / Türkei); Titel 10 auf Video *Peşraf* und auch Name des Aufnahmestudios von *Peşraf.* Titel Selam saña Qara Deñiz auf *Селям Алейкум* [2] von Edip Asanov.

245 Джан-Ай. Titel 6 des Albums *Noğay Beyiti* von Dilyaver Osmanov.

246 Aqmescit/Akmescit [Weiße Moschee] ist der tatarische Name Simferopols, der Hauptstadt der Krim. Titel 5 der CD *Çal kemane* von Uryane. Der Text des Liedes stammt von Şakir Selim, Dichter, Herausgeber des ältesten krimtatarischen Literaturmagazins *Yıldız.* Das Lied wurde in das legendäre Theaterstück *Aqmescit yiğitleri* [Die jungen Männer/Helden von Simferopol] des Krimtatarischen Nationaltheaters eingebaut und erntete Beifallsstürme bei jeder Aufführung. H. a. Titel 11. auf Selyam Alejkum von Edip Asanov.

247 Dies ist der alte vortatarische Name von Eski Qırım / Старый Крым. Das erste krimtatarische Kammermusik-Quartett nach der Rückkehr auf die Krim trug diesen Namen. Es spielte neben europäischen und lateinamerikanischen Stücken vor allem Kompositionen des Krimtataren Dž. Karikov (verdienter Künstler Usbekistans).

248 Bachtschisaray/Bahçesaray heißt die alte krimtatarische Hauptstadt der Krim, wo der Khan residierte, und so hieß eine der ersten Gruppen, die in den 90er Jahren Kassetten produzierten. Besetzung: Seytmustafa Abibulayev (Synthesizer), Eldar Memetov (Bassgitarre), Ruslan Qadırov (Gitarre), Ablyaz Ibaddayev (Trompete), Enver Malayev (Trombon), Nebi Ametov (Vocation, Tenor-Saxofon), Anatoliy Dimitraš (Alt-Saxofon), Mustafa Osmanov (Tuba, Vocation), Elvira Memetova (Vocation), Irina Perikova (Vocation).

249 S. Fn. 11 und 14.

250 Titel 2 auf *Deportacia*, DJ Bebek.

251 *Qarasubazar* heißt die Begleitband von Eskender ‚Usta' Abdulqadır Oğlu. (Usta kt.: Meister).

252 H. Titel 7 auf A-Seite von *Minaret*, Enver Izmailov sowie Titel 1 B-Seite auf *Селям Алейкум* [2] von Edip Asanov. B-Seite.

der Verbannung war bis 2014 dafür ein festes Fundament. Deshalb verwendete die krimtatarische Intelligenz viel Mühe auf Veröffentlichung und Produktion von Literatur zu Geschichte und Kultur des eigenen Volkes und da vor allem auch der Kinderliteratur.

Von großer Bedeutung ist neben den genannten Symbolen, Bildern und Toponymen auch die Nationalhymne der Krimtataren. Dieses Stück *Ant etkenmen [Ich schwöre]*[253] kennt jede KrimtatarIn. Geschrieben wurde der Text von Numan Çelebi Cihan, dem ersten – und einzigen – Präsidenten der unabhängigen Republik Krim, die ab dem 27. 11. 1917 bestand[254]. Es erhebt durch seinen geschichtlichen Hintergrund und dadurch, dass es bei staatlichen Empfängen, Feiertagen u. s. w. gesungen wird, Anspruch auf den Stellenwert als Hymne der ganzen und vor allem *tatarischen* Krim(republik). Es soll nicht nur die tatarische Seite der Krim repräsentieren, sondern soll auch den Anspruch untermauern, die Tataren als autochthones Volk anzuerkennen.

3.4.1.1.2. Die islamische Komponente

Wie oben behandelt, ist der Islam im Bereich der Publikationen eine wichtige Größe und auch in der Musik, der Alltagskultur und damit auch an den Schulen und Universitäten ist die Religion ein wichtiges Moment der Selbstidentifikation. Wenn auch Religion im Alltag der Krimtataren heute nur eine Nebenrolle zu spielen scheint, ist der Islam dennoch ein wichtiger Teil der kulturellen Identität geblieben. Wie bei den anderen Völkern muslimischen kulturellen Hintergrundes in Zentralasien, dem Kaukasus und der Wolga-Ural-Region erlebt der Islam auch auf der Krim seit dem Zusammenbruch der Sowjetunion eine Renaissance. Jedoch ist hier eine Besonderheit zu konstatieren. Während in allen genannten Bereichen der muslimischen sowjetischen Welt die religiöse Infrastruktur zumindest als Torso erhalten blieb, Medressen, Moscheen, Türbe und Schulen (Mekteb) also zumindest als Bausubstanz beste-

253 Unter anderem Titel 6 auf Kassette *Багъчасарай* der Gruppe "Багъчасарай", zum Text s.a.: *Bizim Kırım* Nr. 1, 2003, S.1.

254 Numan Çelebi Cihan (*1885) wurde nach Eroberung der Krim durch die Bolschewiki erst in Aqyar/Sewastopol arrestiert und schließlich am 23. 2. 1918 hingerichtet, sein Leichnam ins Schwarze Meer geworfen. Er war nicht nur Politiker, sondern auch Dichter. Viele seiner Werke wurden vertont und sind präsent in der kt. Nationalbewegung bis heute. Bekanntestes Gedicht: Savlıqman Kal Tatarlıq [Lebewohl Tatarentum]. S.a.: Fisher 1978, S. 115/116.

hen blieben und teilweise als Kulturdenkmäler oder auch zweckentfremdet genutzt wurden, war die Lage auf der Krim weitaus schwieriger. Nach der Rückkehr aus der Deportation ab Ende der 1980er Jahre konnten die Krimtataren nur auf Rudimente der einstigen islamischen Infrastruktur zurückgreifen. Durch die Sowjetmacht wurden von den ehemals um die 1.500 Moscheen bis auf rund 50 alle anderen abgerissen. Diese restlichen 50 Gebäude wurden zum größten Teil als Lager oder Turnhalle genutzt. Seit dem Anfang der 90er Jahre wurden erst 65 Moscheen wieder neu gebaut, 44 alte wieder hergerichtet und 148 Gebetsräume geschaffen. Eine Ausbildung der Imame fand wie unter 4.1.3. beschrieben bis 2014 in Donezk und Kiew oder im Ausland statt. Als höher gehende Schule besteht für Muslime der Krim lediglich ein muslimisches Gymnasium in Maiskoye, in der Nähe von Cankoy. Diese desolate Situation und der Kampf um deren Verbesserung geht einher mit den alltäglichen Repatriierungsbestrebungen der Krimtataren und ist damit Teil der Integrationsbemühungen der Krimtataren seit Anfang der 1990er Jahre. Das islamische Element ist so auch in der Entwicklung von Musik und Kultur im Allgemeinen eine wichtige Komponente, auf die immer auch bei der Selbstinszenierung krimtatarischer Ethnizität zurückgegriffen wird. Musik und Religion gehörten bei jeder Großveranstaltung der Tataren bis zur zweiten Annexion dazu, sei es etwa an religiösen Feiertagen oder dem 18. Mai (s.Fn.2). Auf CD- und Kassetteninletts, auf Ankündigungsplakaten und Firmenlogos wird eindeutig auf den Islam Bezug genommen. Beispiele dafür sind oben erwähnte CD der Gruppe Destan, das Inlett der *Çalğıcı*-CD Edip Asanovs (Foto 1), die Cover der *Minarett*-Kassette und der CD *Kara Deniz* von Enver Izmailov (Foto 2) oder Titel wie "Aşıq oldım Mecnun kibi" von Server Qaqura[255], "Bağçesaray aralıkları"[256] von Edip Asanov und viele andere mehr.

3.4.1.1.3. Institutionelle Anbindung und Rückwirkung in die Gesellschaft

Institutionell angebunden sind viele Künstler an staatliche, aber in noch größerem Maße an nichtstaatliche Organisationen. Es ist ein Netzwerk entstanden, in dem krimtatarische Künstler, eingebettet in unterschiedlichste Organi-

---

255 Ашыкъ олдым Меджнун киби [Ein Liebender wurde ich, Medschnun gleich] nimmt Bezug auf die orientalische Liebeslegende von Leyla und Medschnun, die wohl Gemeingut aller islamischen Völker des Orients ist.

256 Der Titel wird eingeleitet durch die Rezitation einer Koransure.

sationen, als Akteure operieren und als Mittler fungieren. Durch redundante Beziehungen zu Freunden und Verwandten sowie polyzentrische Verbindungen in Netzwerken von NGOs und staatlichen Organisationen schaffen es diese Musiker immer besser, trotz der prekären ökonomischen Situation, ihre Produkte (Kassetten, CDs, Galaprogramme, Gastspiele) zu arrangieren und auch immer besser zu präsentieren. So gab es etwa in den Jahren 1998/99 lediglich um die zehn Musikproduktionen auf Kassette im Bereich Folklore, aber keine einzige CD erschien. Im Jahr 2003/04 erschienen dagegen schon über 15 CD-Produktionen, und die Anzahl der neu erschienenen Kassetten sind kaum noch zu überschauen. Aber nicht nur ein quantitativer Sprung, sondern auch ein qualitativer hat stattgefunden. Waren um die Jahre 1999/2000 herum die Cover schwarzweiß, im besten Falle Farbkopien, sind es seit Mitte der 2000er fast ausschließlich qualitativ hochwertige Vierfarbdrucke auf Hochglanzpapier, die von westeuropäischem Design kaum noch zu unterscheiden sind. Trotz alledem haben noch längst nicht alle beliebten Künstler, die genug Potential für einige Alben hätten, die Möglichkeit gehabt, auch eines aufzunehmen. Künstler wie Rustem Memedov, Ayder İzedinov, Ziya Maksudov, Enver Şerfedinov oder İbrahim İpekçiyev haben bis 2005 nicht eine einzige CD aufnehmen können…

Akteure im kulturellen Netzwerk

Die Akteure des erwähnten Netzwerkes näher zu beschreiben, würde den Rahmen dieser Arbeit sprengen. Sie seien aber hier kurz genannt:

A) National

Als staatliche Förderer und Mittler treten in Erscheinung die KDMPU mit ihren zahlreichen Initiativen[257], aber auch die Nationale Tavrida Universität mit ihren Lehrstühlen für krimtatarische Literatur und Sprache[258]. Großes Gewicht kommt dem Krimtatarischen Nationaltheater zu als Wirkungsstätte derjeni-

257 Hier sind zu erwähnen das Universitäts-Jazz-Ensemble (die einzige tatarische Jazzband auf der Halbinsel überhaupt), das universitätseigene Kammermusikquartett, das krimtatarische Folkloreensemble "Uçan suv" der KDMPU, Uni-geförderte SolistInnen aus den Bereichen Pop und Klassik u. v. a. m. Allein in der Kafedra für krimtatarische und türkische Philologie arbeiten DozentInnen, die in etlichen Bereichen gleichzeitig aktiv sind (siehe Kap. 7.1.).

258 Der Lehrstuhl für krimtatarische Literatur wurde infolge der Annexion 2015 aufgelöst, siehe Fn. 53.

gen, die an den Schulen und Universitäten am besten abschließen und als Alumni weiter für die Institute tätig sind. Des Weiteren fördern Musik und Kultur direkt oder indirekt die Nationalen Schulen der Krimtataren[259], die Musikschule Simferopol und andere Konservatorien. Politische Knoten in diesem Netzwerk sind auf Drängen der nationalen Minderheiten eingerichtete Institutionen auf verschiedenen Ebenen der Administration[260]. Hier arbeiteten bis 2014 etwa die "Ständige Mission bei der Hohen Rada der Autonomen Republik Krim für Kultur, interethnische Verständigung und Probleme ehemals deportierter Bürger"[261], der "Interethnische Rat beim Ministerrat der Autonomen Republik Krim"[262], das "Republikanische Komitee für Angelegenheiten der Nationalitäten und [ehemals] deportierten Bürger"[263], Republikanischer Fond für interethnische Verständigung[264] und der "Fond" – Krimtatarischer Kulturfond der Autonomen Republik Krim[265]. Aber auch kleinere private Organisationen, wie die Mustafa-Cemilev-Stiftung[266], die Stiftung "Wiedergeburt der

259 Jede der 16 nationalen krimtatarischen Schulen der Krim hatte 2005 eine eigene Schülerzeitschrift, in denen selbst kreierte Gedichte und Lieder publiziert, sowie traditionelle Musik vorgestellt wird.

260 Angebunden waren diese Institutionen auf der Ebene des Landes Ukraine bis zur Annexion 2014 (danach teils mit neuer russischer Registrierung bzw. aufgelöst), andere waren auf der Ebene der autonomen Republik Krim und lokalen Administrationen wie Magistrat und Gemeinderat angebunden.

261 Das ist auf russisch Постоянная комиссия Верховной Рады Автономной Республики Крым по культуре, межнациональным отношениям и проблемам депортированных граждан.

262 Ru.: Межнациональный Совет при Совете министров Автономной Республики Крым.

263 Ru.: Республиканский комитет по делам национальностей и депортированных граждан; Vorsitzender: Server Ibragimovitch Saliev. Dies Komitee gibt die Wochenzeitung *Янъы дюнья* heraus (darin u.a. Anzeigen für Konzerte, Berichte über Konzerte und Entwicklungen in der nationalen Musik etc.).

264 Ru.: Крымский Республиканский Фонд Межнационального Согласия, gibt in Zuzsammenarbeit mit den Vertretungen der Minderheiten nationale Zeitschriften und als Organ des Fonds die Zeitschrift *Межнационально Согласие* [Interethnische Verständigung] heraus; Vorsitzender ist der Kasache Mels Chamitovitch Taijanov.

265 Ru.: Крымскотатарский Фонд культуры Автономной Республики Крым.

266 Mustafa Cemilev, auch Qırımoğlu [Sohn der Krim] genannt, ist legendärer Dissident der OKND und heute Präsident des krimtatarischen Nationalparlaments *Meclis*. Durch seinen unermüdlichen friedlichen Kampf für die Rückkehr seines Volkes auf die Krim, für den er allein sechs Mal im Gefängnis und in GULAGs inhaftiert war, bekam er aus dem Ausland Menschenrechtspreise verliehen. Das damit verbundene Geld investier-

Krim", die "Kulturstiftung der Krimtataren", die "Wohltätige Republikanische Stiftung Krim 2000" und viele andere mehr trugen zur Entwicklung der tatarischen Kultur auf der Krim bei. Nach etlichen nicht erteilten Registrierungen nach russländischer Gesetzgebung, nach `Nationalisierung` (Konfiskation), Haussuchungen, Verhaftungen und Betätigungsverboten existiert nach 2014 nur noch ein Bruchteil dieser privaten Initiativen.

B) International

Internationale Hilfe für Kulturprojekte kam bis 2014 neben staatlichen Organisationen wie der türkischen TİKA[267] von einer Vielzahl von ausländischen NGOs, so von UNOPS (UN Office for Project Services), OHCHR-UNOG, dem Goethe-Institut, der International Renaissance-Foundation (Sub-branche der Soros-Foundation), der Eurasia Foundation[268] oder den Diasporavereinen der Krimtataren der Türkei, Amerikas und Westeuropas. Sämtliche Unterstützung aus dem Ausland brach mit der Annexion 2014 ab und steht unter dem Generallverdacht der "ausländischen Agententätigkeit"[269].

So unterschiedlich die Organisationen und Institutionen auch sein mögen, sie halfen mit – unabhängig von ihrer Intention – die krimtatarischen Künstler und ihr Schaffen zu unterstützen. In manchen Bereichen ist daraus ein regelrechter Kreislauf entstanden, der schlussendlich zum Ergebnis hat, dass die krimtatarische Musik und durch sie und mit ihr die krimtatarische

te er in seine Mustafa-Cemilev-Stiftung, die krimtatarische StipendiatInnen förderte, bis 2014.

267 Die TİKA finanzierte seit ende der 90er Jahre türkische HochschuldozentInnen, die auf der Krim unterrichteten, förderte Studierende durch Stipendien und investierte beträchtliche Summen in Kultur und Bildung, aber natürlich auch in Wirtschaftsbeziehungen dort. Das jüngste millionenschwere Projekt, ein Zentrum für multiethnische Kultur der Krim, einem Kultur- und Bildungskomplex in Simferopol mit Konzerthalle, Internaten, Übungsräumen u. s. w. konnte nach der Annexion 2014 nicht weiter verfolgt werden.

268 Dahinter stand als Finanzier allerdings die USAID (US Agency for International Development).

269 Zur Gesetzgebung bzgl. NRO als "Auslandsagenten" siehe: *Zivilgesellschaft, "Ausländische Agenten" sowie Ausländische Gelder für russische NGOs* unter URL: http://www.bpb.de/internationales/europa/russland/155726/meinungsumfragen-zivilgesellschaft-auslaendische-agenten-sowie-auslaendische-gelder-fuer-russische-ngos (22.5.2015); s.a.: Spalinger, Regula: *Drei Jahre NGO-Agentengesetz - eine Bestandsaufnahme.* In: *Ökumenisches Forum für Glauben, Religion und Gesellschaft in Ost und West.* Zürich: Institut G2W, Nr. 4-5/2015, S. 44–45.

Identität der zurückgekehrten Krimbewohner gestärkt wird. Diesen Kreislauf kann man gut illustrieren am Beispiel vom Krimtatarischen Nationaltheater[270] und dessen Verhältnis zur Musik-Fakultät der KDMPU. Ein großer Teil des jungen Theaterensembles studierte an dieser Fakultät. Diese professionellen Musiker, Sänger und Schauspieler, darunter verdiente Künstler der Krim und der Ukraine[271], geben ihr Wissen außeruniversitär und auch regulär im Rahmen des Lehrbetriebs an die nächste Generation weiter. Nicht zufällig sind etwa auch die Gründungsmitglieder des krimtatarischen Jugendverbandes "Qardaşlıq" Absolventen der KDMPU, und die Gründungs-Matinee fand nicht von ungefähr im Krimtatarischen Nationaltheater statt. Mit Unterstützung des Theaters und der Universitäten hatte der erst im Mai 2004 ins Leben gerufene Verband "Qardaşlıq" schon zwei Jahre später Abteilungen und Zirkel für krimtatarische Folklore, Mode und Schauspiel ins Leben gerufen [272], die seit 2014 nicht mehr existieren bzw. in der Festlandukraine neu initiiert wurden.

Ein zweites Beispiel für die enge genreübergreifende Symbiose sind die personellen Verflechtungen im Bereich der Kultur: Es ist durchaus nicht ungewöhnlich, dass ein Dichter zugleich auch Sänger am Nationaltheater, Professor an einer Universität und Mitherausgeber einer der krimtatarischen Zeitungen ist sowie ehrenamtlich als Jurymitglied für den Dichtkunstwettbewerb der Nationalen (Krimtatarischen) Schulen oder im Vorstand einer NGO arbeitet. Diese Multiplikatoren sind wichtige Impulsgeber und Mittler zwischen Künstlern, Institutionen und Publikum, ohne deren immenses Arbeitspensum und unermüdlichen Einsatz wohl die Kulturlandschaft der tatarischen Krim

270 Das sich makabererweise im ehemaligen Theater des KGB befindet. Das ehemalige große kt. Nationaltheater aus Vorkriegszeiten wird leider weiterhin als Kino benutzt.

271 "Verdienter Künstler der Republik Krim" ist ein Titel, der aufgrund großer Verdienste im Bereich Kultur verliehen wird, in etwa gleichzusetzen dem "Nationalpreisträger" in der ehemaligen DDR. In der DDR wurde analog zum sowjetischen *Zasluženyi* die Auszeichnung "Verdienter Bergmann", "Verdienter Erfinder" usw. geschaffen, erreichte aber nie das Ansehen, zu welchem der Titel in der UdSSR gelangte. Server Qaqura, Leiter des Krim-Ensembles ist z. B. "Verdienter Künstler" der Ukraine und der Republik Tatarstan, der Leiter des Krimtatarischen Nationaltheaters ist seit April 2006 verdienter Kunstschaffender der Ukraine,

272 Neben Qardaşlıq gab es bis 2014 auf der Krim noch weitere Jugendorganisationen: z.B. das Kulturzentrum Yaşlıq in Qezlev (Evpatoriya), die Vereine *Birliq* und *Bizim Qırım* oder das *Zentrum der Krimtatarischen Jugend* in Karasubazar.

noch brach liegen würde[273]. Für das Fortbestehen des Krimtatarischen als lebendige Sprache ist eine lebendige Kulturszene neben der Wissenschaft und der Alltagssprache Voraussetzung. Sie bedingen und befruchten sich gegenseitig und schaffen so eine der Grundlagen für Identität, für Tatarisch-Sein auf der modernen Krim. Edip Asanov beschrieb die Zukunft der krimtatarischen Musik mit eindringlichen Worten: "Es braucht ein Programm für die Rettung der nationalen Kultur, als Ziel und integralem Bestandteil der Wiedergeburt der krimtatarischen Nation. Ich denke, die Idee des Rektors der KDMPU, Feyzi Yakubov sollte unterstützt werden, an der Universität ein polyethnisches kulturelles Zentrum zu installieren, mit Aufnahmestudios und einem großen Saal [...] In der Verbannung waren wir einig und in dieser Einigkeit schafften wir den Durchbruch für die Heimkehr in die Heimat. Auf der Krim muss nun jeder einzelne Krimtatare / Krimtatarin bleiben und alle zusammen ein einiges krimtatarische Volk."[274]

Den Aktivisten in Sachen krimtatarischer Musik und Kultur ist daher vor allem seit 2014 ein langer Atem und weiterhin viel Energie zu wünschen, welche sie brauchen werden, wenn auch in der nächsten Generation noch eine agile Bildungs- und Kulturlandschaft in der beschriebenen Vielfalt bestehen soll.

3.4.1.2. Audio-visuelle Medien

Im staatlichen Rundfunkprogramm der ARK "Krim-TV" wurden seit 2003 jede Woche circa sechs Stunden Nachrichten und Unterhaltungssendungen auf krimtatarisch ausgestrahlt. Abgesehen von der kurzen Sendezeit von täglich einer halben bis eineinhalben Stunden ist auch der Sendeplatz einige Male in der Woche sehr weit in den Abend hinaus geschoben: Krimtatarische Nachrichten um 23:15 dürften nicht mehr allzu viele Zuschauer finden.

---

273 Stellvertretend für viele Aktivisten befinden sich einige Kurzbiografien zur Ilustration im Anhang unter Punkt 7.1.

274 Äußerungen anlässlich des Runden Tisches zu aktuellen Problemen des nationalen Lebens auf der Krim. Teilnehmereinnen waren Edip Asanov (neben Server Qaqura *der* Star unter den Sängern), Rustem Memedov (Sänger), Djemilya Karikova (Musiktheoretikerin und Leiterin des Ensembles *Maqam*), Kazim Seferov (Leiter des Kammermusik-Quartetts *Solxat*) und Afiza Kasarayeva (ehem. *Uçansuv*, Solistin bei *Maqam*). S.: Abduraimov, Vazvi: Die nationale Musik muß unbedingt leben! In: Polu Ostrov Nr. 24, 23–29. Juni 2006, S. 1, 3/4.

Eine private Initiative war das Programm der TV-Gesellschaft "Atlant" einiger Geschäftsleute, die seit dem 26. Dezember 2005 eine Lizenz für ein zehnstündiges tägliches Programm auf krimtatarisch, ukrainisch und russisch erworben haben. Fünfzig bis sechzig Prozent der tatarischen Haushalte auf der Krim können dieses Programm empfangen.[275] Die gleiche Firma betreibt auch den Radiosender "Meydan", der seit September 2005 sendet und das erste 24-Stunden-Programm auf krimtatarisch anbietet. Radio "Meydan" hat wie der später gegründete Fernsehsender ATR und der Kinderkanal "Lale" (Tulpe, von Atlant ebenfalls ausgestrahl seit 1.4.2005) ihren Betrieb nach der Annexion 2014 einstellen müssen. ATR bzw. die Tätigkeiten der Medienholding Atlant werden setdem in der festlandukraine fortgesetzt, nicht ohne Wohlwollen und Unterstützung durch Medschlis und ukrainisch-staatliche Stellen[276].

3.4.2. Toponymie / Topographie

Williams schreibt zum Bereich Toponymie: "Most Crimean Tatars remember growing up in Central Asia with stories of the Crimean vatan and many recall having developed images and mentale ´maps`of a homeland most had never seen. All Crimean Tatar children heard stories from the Crimea of the Salgir River, legends of Çadir Dağ, tales of the Bahçesaray`s beauty and idealized narratives of such terraced Yalıboyu villages as Yalta, Uskut, Tarak Taş, Aluşta and Dere Koy."[277]

Eines der wichtigsten Projekte in diesem Kontext von Identität, Erinnerung und Rehabilitation, für das sich tatarische Wissenschaftler, Journalisten und Aktivisten der Nationalbewegung der Krim gemeinsam engagieren, ist die Rückbenennung der Dörfer und Städte, die nach der Deportation mit russisch-sowjetischen Namen versehen wurden, um auch im Bereich der Topo-

---

275 Mecimetova, M.: *Энди бутюн эвлерде къырымтатар тили янъгъырайджакъ* [Nun wird in jedem Haus die krimtatarische Sprache erfrischen] In: *Янъы дюня* Nr. 1 (814), 1. Januar 2006, S. 3.

276 Siehe "Ukraina İnformatsion siyaseti Naziri ATR telekanalınıñ inkişafını onıñ saibinen muzakere etti" (Der ukrainische Minister für Informationspolitik diskutierte mit den Eigentümern von ATR die Entwicklung des Fernsehkanals"). An dem Gespräch nahm auch der Medschlis-Vorsitzende Refat Tschubarov teil. S. online unter URL: http://mip.gov.ua/cr/news/407.html (20.6.2016).

277 S.: Williams 2001, S. 415.

nymie alles zu vernichten, was an Krimtataren erinnerte.[278] Lediglich eine Handvoll Städte- und Flurnamen blieben aus unterschiedlichen Gründen erhalten. So etwa Yalta, Bahçesaray, Saki, Uçan Su, Yayla, Ayu dağ u.a. Vor allem die im Süden gelegenen und als touristische Anziehungspunkte lange bekannten Örtlichkeiten hatten das Glück, ihre alten Namen behalten zu können.

Die große Mehrheit der entleerten Dörfer und Siedlungen jedoch wurde umbenannt, und das in einem recht grobschlächtigen und herabwürdigenden Stil. So entstanden zum Beispiel Namen wie *Tankovoye* (Panzerdorf). Viele der tatarischen Dörfer wurden schon seit Generationen von Deutschen bewohnt, nachdem die Krimtataren seit der ersten russischen Eroberung der Krim im Jahre 1783 aufgrund von Assimilierungsdruck und Repression in großen Migrationswellen die Halbinsel Richtung Dobrudscha und Türkei verließen. Die neu geworbenen deutschen Bewohner dieser wüsten Siedlungen behielten aber in den meisten Fällen die alten tatarischen Namen bei. Nachdem jedoch im August 1941 die Krimdeutschen nach Nordkasachstan deportiert worden waren, wurden auch diese tatarischen Namen durch russische ersetzt oder ganz getilgt. So wurde zum Beispiel aus Içki > Sovjetskij, aus Isljam-Terek > Kirowskoje, Kiyanlı > Ilitschewo[279], Bulganak > Kurskoje, Karabaj > Djatlowka, u.s.w. u.s.f. Und auch die Rayon-Bezeichnungen wurden in gleicher Weise geändert: Der Kreis Aluşta wurde zu Kutusovskiy[280], Bahçesaray zum Puşkinskiy, Karasu Bazar zu Partizanskiy, Qolay zu Vasilievskiy usw.[281]

Die Kampagne der Krimtataren für eine krimtatarische (Rück-)Benennung ihrer alten Siedlungen wird wissenschaftlich begleitet und untermauert. Daran beteiligt sind Wissenschaftler der tatarischen Fakultäten, aber auch externe Wissenschaftlerinnen sowie Journalisten aller fünf krimta-

278 Analog verfuhr man mit den Städten und Dörfern der anderen deportierten Völker. Dies betraf schlussendlich alle Siedlungen der Tschetscheno-Inguschischen ASSR, die ASSR Krim, Balkarien (Teil der Kabardino-Balkarischen ASSR), Kalmükische ASSR, Wolgadeutsche ASSR, Karaçayische Autonome Region und die Region Akhalsi'khe / Ahıska Georgiens, insgesamt eine entvölkerte Fläche der zweifachen Größe Österreichs.

279 Hier Stand der Vatersname des Führers der Revolution von 1917, Wladimir Iljitsch Uljanow (Lenin) Pate.

280 Kutusov war ein russischer General der von den Osmanen verwundet wurde.

281 S.: Williams 2001, S. 404. Vasilievski war ein Sowjet-General im II. Weltkrieg.

tarischen Wochenzeitungen[282] und diverser Internetportale. Doch nicht nur Krimtataren fordern eine Bennennung nach historischem Vorbild. Es gibt auch Orte, für die von ihren ukrainischen oder russischen Bewohnern die alten krimtatarischen Namen eingefordert werden. Und auch in der liberalen ukrainischen und russischen Presse wird über diesen Abschnitt der Geschichte, über Etymologie der Ortsnamen und Zwangsrussifizierung berichtet und diskutiert.[283]

Als erste gaben junge Wissenschaftlerinnen von der KDMPU, die im Jugendverband *Qardashlıq* organisiert sind, eine Krim-Landkarte mit tatarischer Toponymie heraus. Auch die örtlichen tatarischen Wochenblätter veröffentlichen immer wieder Listen mit russischen und tatarischen Siedlungsnamen.[284] Sie informieren über örtliche und regionale Geschichte und rufen auf, sich wieder der tatarischen Namen zu bedienen sowie die eigene Stadtgeschichte zu schreiben.[285]

All diese Anstrengungen haben bis 2014 jedoch noch nicht allzu viel bewirken können, zweisprachige Ortsschilder oder Rückbenennungen sind nach wie vor rar. Schon vor 2014 war die Annahme, daß aufgrund der immer noch herrschenden Antipathie von Seiten der russischen Mehrheitsgesellschaft und ihrer Vertreter in Bürokratie und Administration ein zäher Prozess durchlaufen werden müsste. Dieser Prozess ist jedoch – bedingt durch weitaus größere Probleme in anderen Bereichen – vorerst beendet. Wirft man einen Blick auf den Ortstafelstreit im von Slowenen bewohnten Teil Österreichs und zieht in Betracht, dass der dortige verbissene Kampf um minimale Zugeständnisse in einer mitteleuropäischen Demokratie stattfindet, war in der jungen und schwachen Demokratie der Ukraine ein längerer Prozess der Umbenennung zu erwarten, unter den Okkupationsbedingungen des russi-

---

282 Avdet, Qırım sedası, Yañı dunya, Polu ostrov und Qırım.

283 S.a.: *Liebe und kenne Deinen Heimatkreis. Çurbaş.* In: *Krımskiye Izvestiya* Nr. 92 (3078), 22. Mai 2004, S. 7.

284 Liste "Прежние названия сел гезлевской окрестности" [Ehemalige Bezeichnungen der Siedlungen im Gebiet um Gezlev]. In: in "Gezlev" Nr. 2/2005, S. 3 (*Gezlev. Gezlev cemiyetiniñ haberleri.* [Gezlev. Nachrichten der Gezlever Gesellschaft] – Evpatoriya / Gezlev, Tel.: 8-097-94-91-0-96, e-mail: sedenref@hotmail.com, Chefredakteur: Enver Seyt-Cemilov).

285 S.: "Gezlev" Nr. 7 2005. Artikel von Nuri Devlet "История средневекого "укрытого дома" [Die Geschichte des mittelalterlichen "Schutzhauses"].

schen Regimes nicht einmal dieses. Um- oder Rückbenennung ist dabei jedoch etwas irreführend: Kein Krimtatare möchte die Streichung der slawischen Ortsnamen, die ja für einige Generationen von Russen und Ukrainern die für sie gebräuchlichen sind. Es sollten nur die krimtatarischen Namen *auch* auf den Ortseingangsschildern stehen und im offiziellen Schriftverkehr benutzt werden dürfen. Dort, wo ukrainische Ortsnamen bezeugt sind, gibt es ja schon zweisprachige, also russische und ukrainische Ortstafeln, obwohl in etlichen dieser Siedlungen keine Ukrainer wohnen.

Lediglich die neu gegründeten krimtatarischen Siedlungen, die entstanden, weil die ehemals tatarischen Dörfer heute von Slawen[286] bewohnt werden, tragen ausschließlich krimtatarische Namen, gleiches gilt für die Stadtviertel von Simferopol, Evpatoria u.s.w., die von tatarischen Rückkehrern in den letzten 15 Jahren errichtet wurden, wie etwa *Ak Meçet* in Simferopol[287] oder *İsmail Bey* in Gezlev (Evpatoriya).

286 Die meißten dieser ehemals krimtatarischen Dörfer, sowie auch die griechischen, bulgarischen und deutschen Siedlungen, wurden von russischen Menschen in Besitz genommen, entsprechend der ethnischen Zusammensetzung der Krimbevölkerung, einige von Ukrainern und auch Belorussen, die nach dem II. Weltkrieg angeworben wurden, wohnen heute dort.

287 Das Mahalle (Stadtviertel) Aq Meçet ist nicht zu verwechseln mit dem tatarischen Namen Simferopols Aqmesçit. Aq Meçet ist eine hybride Bildung aus krimtatarisch "hell" (aq) und russisch Moschee (Meçet). Mesçit dagegen bedeutet auf krimtatarisch Große Moschee/Freitagsmoschee.

„Samostroi“, selbstgebaute Hütten auf besetztem Land, 2004. Foto: Hotopp-Riecke

Landbesetzungen sind indes bei weitem nicht nur ein Phänomen bei den Krimataren, sondern stellen auf der Krim ein generelles Poblem dar. Auch mittellose Slawen oder Geschäftsleute, die sich über das Gesetz hinwegsetzen, bebauen illegal Land, das ihnen nicht gehört.[288] Nur ist der moralisch-historische Hintergrund bei tatarischen Landbesetzungen qualitativ ein anderer: Moralisch berechtigte Ansprüche auf Rückübertragung ehemaligen Eigentums werden zugunsten interethnischen Friedens zurückgestellt und stattdessen diese Landbesetzungen durchgeführt. Landbesetzungen der Krimtataren finden auch nur dort statt, wo sie eine historische Anwesenheit nachweisen können. Wenn diese Parzellen, wie häufig an der Südküste, bereits mit Wohnhäusern, Clubs oder Sanatorien bebaut sind, errichtet man einige hundert Meter weiter die Samostroii genannten Behelfshütten ohne Strom, Gas und Wasser aus meist illegal abgebauten Kalksteinblöcken.[289]

---

288 Nach Aussagen des Genralstaatsanwaltes der Krim, V. Şemçuk, machen die krimtatarischen Besetzungen nur einen Anteil von 35 % der betroffenen Ländereien aus. S.: *Янъы дюня* Nr. 17 (830), 29. April 2006, S. 2.

289 Самострой (rus.) = Eigenbau. Diese Eigenbauten stehen meist auf 'illegal' besetzten Grundstücken, Samozaxvat genannt (Самозахват = Selbsterobertes). S.a: Williams 2001, S. XVIII.

3.4.3. Verlage, Museen, Bibliotheken

A) Verlage

Die Verlagslandschaft der Krimtataren war auch 15 Jahre nach der großen Rückkehrbewegung noch im Aufbau befindlich. Verlage, die sich ausschließlich mit Literatur *zu* Krimtataren und *auf* krimtatarisch beschäftigen, waren auch anfang des 21. Jahrhunderts immer noch überschaubar. Neben den von staatlich-ukrainischenen Geldern abhängigen Schulbuch- und Lehrmittelverlagen arbeiteten bis zur zweiten Annexion lediglich die privaten Verlage "Ocaq" [Der Herd], "Tavriya" und "Dolya" mit ökonomischem Erfolg. Zum wirtschaftlichen Überleben trug bei allen Firmen ein breites Spektrum von Publikationen bei. Von Kinderbüchern über Belletristik bis zu wissenschaftlicher Literatur reichte das Verlagsprogramm. Autoren sind zum großen Teil auch die Mitgtlieder des Lehrkörpers der drei tatarischen Fakultäten von KDMPU und TNU. Hätten jedoch nicht Stiftungen wie die Renaissance-Foundation oder staatliche Programme für ehemals deportierte Völker die Publikationen co-finanzieren, wären auch diese Anfänge tatarischen Verlagswesens gefährdet gewesen.

Jede Verlagsanstalt weist bei allen gemeinsamen Schwierigkeiten auch ein eigenes Profil aus. Der Dolya-Verlag von Valeriy Basırov verlegt mit Vorliebe ukrainisch-krimtatarische oder – ergänzt mit russisch – dreisprachige Belletristik, Kinderbücher und Übersetzungen aus westeuropäischen Sprachen. Dort erschien bis 2014 auch die Zeitschrift der Gesellschaft "Maarifçi" *Tasil* und die Kinderzeitung *Yıldızcıq* [Sternchen] als Beilage der Literaturzeitschrift *Yıldız*.[290] Seit Bestehen des Verlages 1988 kamen 930 Publikationen heraus, davon 2005 allein 65 Werke.

Im Ocaq-Verlag erschienen unter anderem die zwei Bände "Deportation. Wie es war.", in denen Biografien und persönliche Erinnerungen von Zeitzeugen gesammelt wurden und deren Präsentationen jeweils im Krimtatarischen Nationaltheater zelebriert werden. Auch das nächste Projekt beschäftigte sich mit der Aufarbeitung der Vergangenheit: *Zuchthäuser und Lager in der UdSSR* von Reşat Cemilev sollte noch in 2006 erscheinen. Seyran Useyinov, Dozent an der KDMPU, veröffentlichte sein *Großes Russisch-*

---

290 Auch auf deustch wird publiziert: (Gemeinschaftsprojekt mit der jüdischen Gemeinde Delmenhorst): Rado Sveta: *Der Schneider und der Mond*, 2003, 23 S.

Krimtatarisches Wörterbuch und Remzi Devletov ein Werk namens *Wörterbuch für die Berufsausbildung*. Die Zeitschrift *Ocaq*, ein Projekt des Meclis, wurde ebenfalls hier herausgegeben, aber schon nach einigen Nummern eingestellt.

Urine Edemova, die umtriebige Direktorin der Abteilung krimtatarische Literatur und Kunst des Tavria-Verlages, hat ein besonderes Augenmerk auf krimtatrische Klassiker und Lyrik gelegt. Von 2004 bis 2006 erschienen Werke von Cafer Seyidahmet, Abdullah Latifzade, Ablyakim Hilmi, Osman Aqçoqraqlı, Abdurahman Qadrizade, ein Band des Yıldız-Herausgebers Şakir Selim und viele weitere Editionen. Im Kinderbuchbereich kamen die Erzählbände "Çoqraçıq", "Tılsımlı yüzük" und "Qırımtatar efsaneleri" heraus. Alle Verlage bemühen sich, ein ausgewogenes Verhältnis zwischen Latinza und Kyrilliza – natürlich ausgerichtet am Lesevermögen und -bedürfnis der Käufer – anzubieten. Es überwiegt also noch bei weitem der Anteil an Kyrilliza.

B) Museen

Das staatliche Museum für krimtatarische Kunst existierte lediglich als Sammlung in nicht öffentlich zugänglichen Depots, die vom Standard her eher als Besenkammern zu bezeichnen waren. Das Gebäude des Museums ist nur noch eine Ruine, ist jedoch nach wie vor die juristisch fixierte offizielle Adresse (ul. Tschechova 17). Es sollte seit den 90er Jahren wieder aufgebaut werden, geschehen ist bis heute nichts.[291] So ist es zu der paradoxen Situation gekommen, dass im Museum Europäischer Kulturen in Berlin-Dahlem mehr an materieller Kultur der Krimtataren zu sehen ist als im Museum auf der Krim selbst. Das Museum für krimtatarische Kunst ist aus der 1992 gegründeten Nationalgalerie für krimtatarische Kunst hervorgegangen[292].

Außer dem erwähnten Museum für krimtatarische Kunst gibt es seit 2009 das privat geführte Nationalmuseum für krimtatarische Geschichte "La Richesse" unter Guliver Altın[293] sowie bereits seit 1990 entstandene Teilaus-

---

291 S.: Kurshutov 2006.

292 Initiatoren waren unter anderem der spätere Vize-Kulturminister der AR Krim, Ismet Zaatov und weitere AktivistInnen, die dafür die NGO "Fonds krimtatarischer Kultur" gegründet hatten («Крымскотатарский фонд культуры»).

293 Das Museum "La Richesse" stand nach der Annexion 2014 im Mittelpunkt von Intrigen und Querelen zwischen FSB, neuer Krimadministration und krimtatarischer Nationalbewegung. Nachdem Guliver Altın in der neu gegründeten Anti-Medschlis-

stellungen zu materieller Kultur, Kunst und Architektur in einigen anderen Museen der Halbinsel. Dies sind das staatliche Museum für Geschichte und Literatur in Jalta (Ethnographische Exposition zu Tataren der Südküste), die Sammlung des "Kalos Limes" Nationalpark für republikanische Geschichte und Archäologie in Tschernomorskoye, das Heimatkunde-Museum in Feodosia, die Nationale Gemäldegalerie "Ivan Aivazovsky" in Feodosia, das Ethnographische Museum in Simferopol, das Museum für historische Heimatkunde in Saki (Kara Töbe), die Festungen von Yeni-Kale (Kerç) und Sudak, das Ismail-Gasprinski-Museum und das Kunstmuseum in Bachtschisaray mit dem Khans-Palast-Komplex sowie das Republikanische Museum für krimtatarische Kunst in Simferopol[294]. Zu letzterem gehören als Filialen das Ahmet-Khan-Sultan-Museum in Alupka und das Museum für Islamische Kunst in Jalta.[295] Um für die bestehenden und noch zu erarbeitenden Expositionen krimtatarischer Geschichte und Kultur genügend Experten aus den eigenen Reihen gewinnen zu können, bildet die KDMPU in Zusammenarbeit mit verschiedenen Museen Studierende in verschiedenen relevanten Disziplinen aus. Nach und nach wurden und werden so krimtatarische Fachleute für Archäologie, Kunst und Folklore an die Sammlungen herangelassen. Studierende können an den Museen auch Praktika absolvieren. Entscheidende Ereignisse für die Motivation, sich um diese Fachrichtungen zu bemühen, waren etwa die Eröffnung des Ismail-Gasprinski-Museums und die Übergabe des Khan-Palast-Museums in krimtatarische Hände und die damit einhergehende publizistische Tätigkeit.

Plattform "Qırım Birligi" aktiv wurde und eine Filiale des Mardshany-Institutes für tatarische Geschichte der Akademie der Wissenschaften der Republik Tatarstan im Museumsgebäude installiert wurde, ist das Haus vorerst vor Schließung gesichert. S.: http://www.crimeanmuseum.org/ru/ (krimtatarische und englische Seiten offline, lediglich russisch anklickbar, 20.6.2016). vgl.: Guliver's Travels: Preserving History in Putin's Crimea. In: The Atlantic, online unter URL: http://www.theatlantic.com/international/archive/2014/04/guliver-s-travels-preserving-history-in-putin-s-crimea/360640/ (20.6.2014).

294 S.: *The Museums of the Crimea. Фотопутеводитель.* [Fotoreiseführer] Simferopol: SVIT, 2003, 104 S.

295 Ahmet Khan Sultan, ein Pilot der Luftwaffe der Roten Armee, war der einzige Vertreter 'kleiner' Völker, der im II. Weltkrieg zwei Mal den Titel "Held der Sowjetunion" verliehen bekam. Seine Familie wurde wie der Rest seines Volkes 1944 komplett deportiert.

C) Die Bibliotheken

In den öffentlichen Bibliotheken der Halbinsel sind von zehn Millionen Büchern nur 58.000 Exemplare in der Sprache der Krimtataren abgefasst – das entspricht 0,2 Prozent. In den geschlossenen Siedlungsgebieten der Krimtataren existieren nicht mehr als zehn Bibliotheken.

Die Bibliotheken der Universitäten sind mit krimtatarischer Literatur immer noch recht dürftig ausgestattet. Weder Primärliteratur auf krimtatarisch noch Sekundärliteratur über den Bereich Krimtataren sind in ausreichendem Maße im Fundus. Deshalb ist die gleich nach der ersten großen Rückkehrerwelle neu geschaffene Krimtatarische Nationalbibliothek "Ismail Gasprinski"[296] für tatarische Studierende eine unersetzliche Quelle für Unterricht und Forschung. Aufgebaut wurde die Bibliothek mit Unterstützung des Staatlichen Nationalitätenkomitees der Regierung in Kiew, der Soros-Foundation (Open Society Institute/Forced Migration Project), der Botschaft der USA in Kiew und des Projektes "Wiederaufbau der krimtatarischen Bibliotheken" unter Leitung von Mehmet Tütüncü von der SOTA-Stiftung der Niederlande.[297] Als Filiale des städtischen Zentralen Bibliothekssystems Simferopol wurde die Bibliothek 1990 am 24. September eröffnet. Aufgrund eines Erlasses vom 16. Dezember 1995 nahm die Bibliothek als Filiale der Staatlichen Republikanischen Bibliotheken unter dem Namen "Republikanische Krimtatarische Bibliothek namens Ismail Gasprinski" ihre Arbeit auf. Im Mai 1999 waren die Rekonstruktionsarbeiten am Gebäude der Bibliothek abgeschlossen. Seitdem können ein Lesesaal und ein Internet-Zentrum benutzt werden[298]. Die Redaktion der Zeitung *Polu Ostrov* hatte über Jahre ihre erste Redaktion in der Bibliothek untergebracht. Als Abteilungen der Bibliothek arbeiten das Museum für krimtatarische Kunst und das Zentrum für nationale Bibliografie.

---

296 Ismail Gasprinski oder Gaspralı, 1851- 1914 (Sein Vater wurde in Gaspra koyu geboren). Zu Leben und Werk von Gasprinski s.: Fisher 1978, S.100–104.

297 Der Krimtatare Mehmet Tütüncü ist Leiter des *Research Centre for Turkestan and Azerbaijan* (SOTA) in Haarlem / Niederlande. Getragen wird das Zentrum von der "Foundation for the research of Turkestan, Azerbaijan, Crimea, Caucasus and Siberia". Er war auch Vertreter der Zeitschrift *Ufuk Ötesi* in den Niederlanden (s.a. S. 64/65).

298 Kurşutov 2004.

In den Bestand der Nationalbibliothek sind nun nach und nach Bestände aufgenommen worden, die bisher Teil der Bibliotheken in Taschkent, Sankt Petersburg und Moskau waren.[299] Auch Nachlässe und Sammlungen von Literaten und Wissenschaftlern, wie B. Gafarov und E. Şemyazade, komplettieren den Fundus, darunter Zeichnungen, Handschriften, Dokumente und Sonderausgaben von historischen Werken. Im Bestand sind neben den 30.000 Monografien über und von Krimtataren in allen relevanten Sprachen auch die kompletten Jahrgänge der Zeitschriften *Emel* (1930–1998), *Kırım* (1957–1961), *Lenin Bayrağı* (1957–1990) und *Yıldız* (1976–2006) sowie diverser Zeitschriften der krimtatarischen Disapora.

Die Bibliothek tritt auch als Mitveranstalter des *Tuvğan-Til*-Wettbewerbes auf, stellt Platz für Ausstellungen zur Verfügung, veranstaltet methodologisch-wissenschaftliche Schulungen für Mitarbeiter aller krimtatarischen Büchereien und betreibt einen Bibliotheksservice für Orte, wo Krimtataren kompakt siedeln. Es werden auch methodologische sowie bibliographische Handbücher und eigene Kalender herausgegeben. Dies sind keine Wandkalender etwa zu Werbezwecken, sondern kleine Broschüren, die verteilt auf das ganze Jahr besondere Jubiläen ankündigen und eine kleine Bibliografie zum entsprechenden Tag abdrucken[300]. So werden bedeutende Schriftsteller und Publizisten der krimtatarischen Vergangenheit geehrt und gleichzeitig dazu ermuntert, sich mit dem Geehrten wissenschaftlich auseinander zu setzen.[301] Im Jahr 1999 zum Beispiel wurden den Schriftstellern Seyt Abdulla Ozenbaşlı, Yusuf Bolat, Noman Çelebicihan, dem Komponisten Yağya Şerfedin einerseits sowie auch Festen wie Oraza-Bayram, Navrez, Xıdırlez, Kurban-Bayram andererseits Artikel gewidmet. Diese Kalender erfüllen also die Funktion eines normativen Jahreswegweisers für das kollektive Gedächtnis und die Identifikation mit islamischer Tradition.

299 Aus Moskau wurden von Mai bis November 1998 1600 Bände aus den Jahren 1900 bis 1941 übergeben, aus Taschkent kamen 1998 von der Alişir Navoi Staatsbibliothek 300 Bände aus den Deportationsjahren 1960–1990.

300 Jeweils aktuell unter: http://gasprinskylibrary.ru/ru/kalendar (22.6.2016).

301 Kurşutov/Yağya/Ablyakimova 1998.

4. Resümé

In Bezug auf die Fragestellung, warum es gerade die Krimtataren als relativ kleine autochtone Community geschafft haben, bis 2014 ein – wenn auch immer noch unzureichendes – nationales Bildungssystem zu installieren, kann diese Arbeit als Werkstattbericht, als Zeitdokument helfen, zu verstehen, welche Faktoren hier eine Rolle spielen. Dazu, wie es gelang allen politisch-ökonomischen Widrigkeiten zum Trotz dieses neue krimtatarische Bildungssystem in die slawophone Mehrheitsgesellschaft der Ukraine zu integrieren, kann abschließend folgendes Fazit gezogen werden:

A) Die traumatische gemeinsame Erfahrung von *Kara Gün* und *Sürgün* spielt eine wesentliche Rolle bei der Festigung nationaler Identität der Krimtataren. Auch die Resistenz gegenüber slawophonem Assimilationsdruck rührt aus dieser gemeinsamen Erfahrung her. Stalins \`Säuberungen´ unter der krimtatarischen Intelligenz in den 30er Jahren war singulär, kein anderes Volk der UdSSR wurde mehr zur Ader gelassen.[302] Die kollektive Erinnerung an den Großen Terror, an Deportation und Exil bildeten die Basis für die nationale Bewegung der Krimtataren, angefangen bei der Massenbewegung der Initiativgruppen bis zur Rückkehr auf die Krim. Auch bei der Errichtung nationaler Bildungseinrichtungen ist der Motor die gemeinsame Erfahrung von Exil und Assimilationsdruck sowie die Gewissheit, ohne Rückgriff auf diese kollektive Erinnerung keine gemeinsamen normativen Bildungseinrichtungen und -inhalte installieren zu können. Nur durch ständige Reproduktion von kollektivem Gedächtnis ist die Entwicklung der krimtatarischen Bildungslandschaft als nationalem Projekt möglich gewesen.[303] Motor dieser Perpetiierung nationaler Selbstkonstruktion waren und sind vor allem die Familien und hier insbesondere die Frauen: Durch Weitergabe von Sprache und Traditionen sicherten sie die Aufrechterhaltung nationaler Identität auch in der Diaspora. Nicht zu vernachlässigen ist dabei die zuerst abweisende Haltung der Mehrheitsbevölkerung Mittelasiens gegenüber den Krimtataren und die repressive Politik, die jedem Krimtataren täglich in Erinnerung rief, was die Behörden

302 S.: Fisher 1978, S. 149.
303 S.a.: Williams 2001, S. 412.

eigentlich auslöschen wollten: Hier wurde das krimtatarische Volk als Ethnie bestraft – nicht einzelne Individuen.[304]

B) Der Umstand, dass für die Tataren der Krim nie, auch nicht nachdem durch Glasnost und Perestroika die Möglichkeit gegeben war, eine Exillösung in Frage kam, hängt eng mit deren Selbstsicht zusammen. Eine Zukunft etwa in der Türkei hätte Assimilierung an die türkische Mehrheitsgesellschaft bedeutet, wie dies bei Generationen von krimtatarischen Auswanderern bereits geschehen ist. Tatarischsein als Teil der Türk-Identität und eingebettet in eine übergeordnete islamische und staatsbürgerlich-ukrainische Identität versprach mehr für das Überleben einer eigenständigen kulturellen Identität als die Auswanderung in ein anderes Exilland.[305]

C) Die absolute und definitive Gewaltlosigkeit des Kampfes der krimtatarischen Nationalbewegung wird zu Recht als etwas Besonderes herausgestellt. Nur durch strikte Gewaltlosigkeit konnten ´tschetschenische Zustände` verhindert werden: Weder terrorisierte der ukrainische Staat die Krimtataren, wie etwa der russische Nachbar die Tschetschenen, noch kämpften Krimtataren bewaffnet für ihre Ziele. So konnte die Implementierung krimtatarischer Bildungseinrichtungen – bei allen Unzulänglichkeiten – in die Strukturen der Autonomen Republik Krim gelingen.

Die Faktoren A, B und C machten einen Neuanfang auf der Krim jenseits sozialer Disparitäten und politischer Differenzen der AktivistInnen – die es sehr wohl gibt – möglich. Die Gabe, improvisieren zu können, wo etwa Unterricht unmöglich erscheint; vermitteln zu können, wo Konfrontation unausweichlich scheint; politische Gegensätze der anderen für sich nutzbar machen zu können, gepaart mit der Einsicht, dass jedwede Verbesserung der sozialen und ökonomischen Situation nur Sinn macht, wenn auch die Sprache und damit die nationale Identität erhalten bleibt, ermöglichte die be-

304 Ein oft übersehener Grund für die abweisende Haltung der Mittelasiaten war wohl auch, dass die Krimtataren bereits einen langen Prozess von Russifizierung oder zumindest Anpassung durchlaufen hatten: Sie waren mehr 'europäisiert' und national entwickelt als irgendeine andere Ethnie islamischen Glaubens in der UdSSR. Eine Folgeerscheinung der Repression war ebenfalls die hohe Endogamie-Quote von 91% unter den Krimtataren. S.: Williams 2001, S.416–418.

305 Auch der Umsiedlung in eine krimtatarische "Mubarek Republik" innerhalb Usbekistans, einem zu gründenden Sonderrayon um die Stadt Mubarek herum, widerstanden die Krimtataren kollektiv mit gewaltlosem Widerstand. S.: Williams 2001, S. 430–433.

schriebene atemberaubende Entwicklung des tatarischen Kultur- und Bildungswesens auf der Krim.

Für das Gewinnen der Mehrheit der krimtatarischen Jugend für eine Zukunft mit und in der krimtatarischen Sprache wurde bis zur Annexion 2014 der Übergang zur Latiniza als einer der Kristallisationspunkte angesehen, der besser kommuniziert werden muss. Die Darstellung des Übergangs zum Latein-Krimtatarischen als Modernisierungsprojekt mit Bezugnahme auf historische nationale Geschichte in der aktuellen Debatte auf der Krim hätte Jugendliche mehr an das Projekt "Muttersprache" binden können, was nun nach russischer Gesetzgebung als Möglichkeit entfällt. Anfänge auf diesem Weg waren dabei gemacht und erste Erfolge erzielt worden (Radio Meydan, Tañ, Günsel). Die Schaffung von Arbeitsmöglichkeiten, die nur *mit* krimtatarischer Sprache möglich sind, sollten die Attraktivität der Muttersprache erhöhen. Eine Implementierung des Themas Muttersprache in den Diskurs über Zukunftschancen und Aussicht auf ökonomische Sicherheit und sozialen Aufstieg hätte hier unterstützend wirken können. Das Beherrschen des Krimtatarischen nicht nur als Ergänzung zur kulturellen Vielfalt Europas, sondern als – auch ökonomische – Chance auf dem Weg nach EU-Europa wurde im Bildungsdiskurs auf der Krim zwar angerissen jedoch unterschätzt[306]. Latiniza kann dabei Modernität bedeuten und verknüpft die Anbindung an Westeuropa mit möglicher sozio-ökonomischer Prosperität. Wenn bei den enormen Anstrengungen im Kultur- und Bildungsbereich auch die Implikation dieses Argumentes in den Diskurs über die Zukunft des krimtatarischen Volkes hätte gelingen können, wäre ein Schritt getan weg von allein sich auf historische kollektive Erfahrungen berufende Argumentation hin zu einer zukunftsorientierten Argumentation für das Krimtatarische als erste oder zweite Muttersprache. Der massive Exodus von krimtatarischen Intellektuellen nach der Annexion 2014 in die Festlandukraine kann hier zweierlei bewirken: Einerseits die Einschränkung, den Abbruch derlei Bemühungen auf der Krim selbst, andererseits ein Innovationsschub in der Diaspora. Für letzteres spricht die Einrichtung von krimtatarischen Galerien, Lehrstühlen, Redaktionen und politischen Ämtern auf dem Festland seit 2014.

306 "Heute hoffen die Krimtataren auf Hilfe aus dem Westen. Der Name ihrer Utopie – Europa." S.: *Polu Ostrov* Nr. 24, 23–29 Juni 2006; s.a.: *Die Zeit* Hamburg, 16. Juni 2006.

Sich auf ihre gewaltlose Tradition von Widerstand berufend, war eine Anbindung an EU-Europa und damit eine Emanzipation von nationalen wie intranationalen Abhängigkeiten in der Ukraine, aber auch der Türkei bis zur Annexion möglich, was durch verschiedenste Initiativen bereits geschah[307], durch manche Beziehungen zu EU-skeptischen, chauvinistischen Akteuren jedoch kontakariert wurde (Kap. 3.1.4.). Ein größeres Augenmerk auf europäische Kontakte zwecks Konsolidierung der erreichten krimtatarischen Bildungsstandards hätte jedoch keine Vernachlässigung der tatarisch-türkischen Beziehungen bedeuten müssen. Auf familiärer Ebene bestehen selbstredend hier wie auch in die Dobrudscha traditionell die engsten Beziehungen.[308]Komparative Analysen und der Erfahrungsaustausch mit bildungspolitischen AktivistInnen westeuropäischer autochthoner Minderheiten wie z.B. der Sorben in Deutschland könnten hier ebenfalls hilfreich sein[309]. Wie sich genau dieses Beziehungsgeflecht nach 2014 weiter gestalten wird, nachdem tausende Krimtataren in die Festlandukraine nicht jeodch in die Türkei oder die Dobrudscha geflüchtet sind, wird sich zeigen. Eines ist jedoch bei der jungen Generation bereits ablesbar: Diese Krimtataren sind – weitestgehend in einem ukrainisch-europäisch ausgerichteten bildungspolitischen Umfeld sozialisiert – nicht bereit eine erneute russische Deutungshoheit über ihre Geschichte, ihre Sprache, ihre Kultur zu akzeptieren.

---

307 Dabei wichtig sind die Mitarbeit des Meclis bei der FUEN, UNPO und NGO-Schul-Projekte, wie unter Kap. 3.1.1. beschrieben.

308 Mental ist die Türkei als Migrationsland Nr. 1 für viele Krimtataren ein "Brudervaterland". Mustafa Cemilev schrieb z.B. 1978 an seinen Cousin Fikret Yurter: "Bende çocukluk çağımdan kalan bir lisyal var edi, Türkiye'ni varıp görmeye ümit lağlardım, çünki bu ülke bana benim Vatanımın devamı" [In mir blieb seit den Zeiten meiner Kindheit ein Wunsch: Die Türkei zu sehen, hegte ich die Hoffnung, weil dieses Land die Verlängerung meines Vaterlandes ist], s.: Allworth 1988, S. 283.

309 Plattformen für einen solchen Austausch waren bereits gegeben, wurden aber nur unzureichend genutzt. Domowina und Meclis sind z. B. Mitglied der Föderalistischen Union Europäischer Volksgruppen (www.fuen.org), der größten und ältesten NGO europäischer Minderheiten, die sich explizit dem Schutz von 'kleineren' Sprachen und Kulturen in Europa verschrieben hat; Beispielhaft seien hier auch die gemeinsamen Aktivitäten der Stiftung IDEE und des Meclis genannt: Lütfi Osmanov organisierte wiederholt Arbeits-Treffen zwischen polnischen und krimtatarischen Lehrern auf der Krim; es wurden methodologisch-praktische Konferenzen organisiert und gemeinsame Sommerkurse besucht. Solche Aktivitäten brachen mit der Annexion ab.

Ist die Ausdifferenzierung von ideologischer, politischer, religiöser und sozio-ökonomischer Stratifikation in einer ethnischen Gemeinschaft eine normale Entwicklung, wenn sie sich unter demokratischen Bedingungen Staaten transformieren, so wäre aber doch eine Einigung aller krimtatarischen Kräfte auch aus der Diaspora zumindest auf dem Gebiet der Bildungpolitik förderlich für die Weiterentwicklung und dringend notwendige Konsolidierung des bisher Erreichten gerade auch nach der Annexion. Dringend benötigte Ressourcen – Finanz-, Human- und Sozialkapital – die für gemeinsame Bildungsprojekte genutzt werden könnten, werden seit Jahren bei internen Rivalitäten und durch eine Verweigerung von Generationswechseln in den Elitezirkeln der Krimtataren aufgerieben. Auch dieses Problem wurde eigentlich schon von vielen Seiten erkannt: Anlässlich des 62. Jahrestages der Deportation schrieb Celal Içten[310]: "Liebe Landsleute, vom Vaterland erneut Besitz ergreifen heißt nicht allein nur auf der Krim zu leben. Eigentümer des Vaterlandes zu sein, fängt vorher an, bei Einheit und Zusammenhalt. Danach wird es weitergehen, eingeschlossen unsere Muttersprache, unsere Religion, unsere Sitten und Gebräuche. Bitte lasst uns nicht die Einheit und Gemeinsamkeit zerstören! Bitte lasst uns unsere Sprache, unsere Religion, unsere Sitten und Traditionen eng und fest umschließen!"[311] Bleibt zu hoffen, dass dieser Wille zur Einheit nicht ungehört bleibt und sich zumindest partiell auf Feldern wie der Bildungspolitik niederschlägt.

Mustafa Cemilev sagte 1992 gegenüber der polnischen Journalistin Urszula Doroszewska bezüglich der Zukunft der Krimtataren: "Wir können optimistisch sein in diesen schwierigen Zeiten, haben wir doch viel bedrückendere Perioden in der Vergangenheit überlebt. Unser Optimismus ist jedoch nicht uneingeschränkt – wir sehen keiner leichten Zukunft entgegen. Wir sind uns der enormen Hindernisse bei der Restauration unserer Rechte bewusst, sind aber gewappnet, Ereignissen mit Würde zu begegnen." [312] Die

---

310 S.a: Williams 2001, S. 460.

311 Ansprache auf der Kundgebung zum 62. Jahrestag der Deportation in Aqmescit am 18. Mai 2006. C. İçten ist der Vorsitzende der Istanbuler Abteilung des Kultur- und Solidaritäts-Vereines der Krimtürken der Türkei. S.: İçten, Celal: *Baş yazı* In: *Bahçesaray* Nr. 39, Mai/Juni 2006, S.3.

312 Doroszewska 1992, S. 58.

Schwierigkeiten hatten sich von damals bis ins 21. Jahrhundert gewandelt, sind jedoch mit der Annexion immens drückender geworden.

Ich teilte bis 2014 grundsätzlich diesen Optimismus, zu keiner Zeit nach den großen Migrationswellen um 1860 lebten mehr Krimtataren auf ihrer *Yeşil Ada* als vor der zweiten russischen Annexion. Und: Noch nie seit jener Zeit wurde die Krim von einer den nationalen Minderheiten gegenüber liberaleren Administration geführt als seit der Unabhängigkeit der Ukraine, wo der Aufbau zivilgesellschaftlicher Strukturen für die autochthone Bevölkerung der Krim bessere Bedingungen schaffte, als es bis dahin möglich war.[313] Jedoch bedeutete die Laissez-faire-Politik seitens der Administration in Kiew zweierlei: Einerseits ein liberales Klima für die Entwicklung der krimtatarischen Strukturen, wenn auch mit lediglich minimaler finanzieller Unterstützung. Andererseits erfuhren nicht nur die Krimtataren, sondern die Krimbevölkerung insgesamt eine Vernachlässigung durch Kiew bezüglich Infrastrukturentwicklung in Ökonomie, Bildungswesen, Tourismus oder Landwirtschaft, was nicht unwesentlich zur Abwendung russischsprachiger Menschen der Krim von Kiew und zur Empfänglichkeit für russische Propaganda als Teil der hybriden Kriegsführung gegen die Ukraine beitrug.

Ich hoffe aber aufgezeigt haben zu können, dass die Zukunft der krimtatarischen Sprache nicht nur durch enormen Kraftaufwand der AktivistInnen der Nationalbewegung, sondern auch von der sozio-ökonomischen Verfasstheit und deren politisch gewollter Zukunftssicherheit der breiten Masse der Sprecher des Krimtatarischen abhängig sein wird. Interessierten im deutschsprachigen Raum sollte diese Arbeit eine Hilfe sein, zum besseren Verständnis der aktuellen Probleme beim Aufbau des krimtatarischen Bildungswesens beizutragen als auch die rigorose Ablehnung der russländischen Annexion durch über 90% der krimtatarischen Bevölkerung besser nachvollziehen zu können.

Eine Studie zur aktuellen Misere des krimtatarischen Bildungswesens bedingt durch Publikations-, Organisations- und Kooperationsverbote unter Besatzungsbedingungen kann dieser Einblick in eine spannende Aufbauphase rund um die Jahrtausendwende nicht ersetzen oder vorwegnehmen. Je-

---

313 S.a.: Williams 2001, S. 460. S.a.: Kacametova, Safire: *Çok medeniyetli cemiyetke tasil' vastası ile…* [Bildung in der multikulturellen Gesellschaft mittels…] In: *Tasil* Nr. 2, 2002, S. 13–17.

doch möchte dieses Buch Aufforderung sein, eine Bestandsaufnahme bezüglich der aktuellen Bedingungen im krimtatarischen Bildungswesen vorzunehmen und gemeinsam mit den krimtatarischen Kolleginnen und Kollegen vor Ort zu eruieren, wie darauf zu reagieren möglich wäre. Bis dahin seien als Informationshilfen hier explizit empfohlen die rezent aktuellen Online-Veröffentlichungen meiner Kollegin Sarah Reinke, Osteuropa-Expertin der Gesellschaft für bedrohte Völker[314], auf die Fachtexte und Dokumente der Plattformen "Academic Network for Crimean Tatar Studies"[315] und "Deutsch-Krimtatarischer Dialog"[316] sowie auf die ukrainischen, krimtatarischen und russischen Seiten im Internet. Letzteren – hier die Zeischrift Avdet (Heimkehr) – ist die abschließende Graphik entnommen, die verdeutlicht, was bisher an katastrophalen Verlusten auch im krimtatarischen Bildungsbereich zu verzeichnen ist: Die Zeitschriften Tasil (Bildung) sowie Maarif İşleri (Pädagogisches Arbeiten) mussten ihr Erscheinen einstellen, die AVDET und andere Publikationen wurden mit Gerichtsprozessen überzogen, die krimtatarischen Fernseh- und Radiosender ATR, Meydan und Lale wurden geschlossen, der Medschlis des krimtatarischen Volkes verboten und aufgelöst, damit einhergehend sämtliche Stipendien- und Bildungsprogramme des Medschlis eingestellt. Sämtliche Zugänge zu internationalen Fortbildungsprogrammen, zu

---

314 GfbV: Menschenrechts-Report Nr. 80, *Zwei Jahre Annexion der Krim. Krimtatarische und ukrainische Identität verdrängt.* Unter URL: https://www.gfbv.de/fileadmin/redaktion/Reporte_Memoranden/2016/MR-Report-80_2-Jahre-Annexion-der-Krim.pdf (12.5.2016); desweiteren der GfbV-Krim-Blog und die Krimtatarendatenbank der GfbV unter: https://www.gfbv.de/de/informieren/laender-regionen-und-voelker/voelker/krimtataren/ (13.5.2016).

315 Unter URL: http://krimtataren.eu/ Die Webseite wird vom Institute für Caucasica-, Tatarica- und Turkestan-Studien (ICATAT, Magdeburg/Berlin) betreut und ist entstanden aus einem internationalen Workshop an der Universität Wien(Tagungsbericht: Krimtataren in Geschichte und Gegenwart, 29.01.2015 – 30.01.2015 Wien, in: H-Soz-Kult, 11.06.2015, unter: <http://www.hsozkult.de/conferencereport/id/tagungsberichte-6018> (13.5.2016). Fachtexte zu Geschichte und aktueller Lage der Krimtataren, die auf der Tagung im Januar 2015 vorgetragen wurden, erscheinen in der nächsten Ausgabe der Österreichischen Zeitschrift für Geschichte, online unter URL: https://www.univie.ac.at/Wirtschaftsgeschichte/oezg/ (13.5.2016).

316 Unter URL: https://qirimdialog.wordpress.com/ (12.5.2016). Eine Initiative des ICATAT in Kooperation mit der Gesellschaft für OSTEUROPA-FÖRDERUNG und krimtatarischen Akademikern und Menschenrechtlern sowie der Gesellschaft für bedrohte Völker e.V.

Stipendien- und akademischen Austauschprogrammen sind für Bürger der Krim blockiert und eine Politik der russischen Nationalisierung gibt nun Inhalte von Geschichtsunterricht und –studium vor.

Umso dringender bedarf es der Solidarität und Stellungnahme von internationalen Wissenschaftlern für ein Überleben der krimtatarischen Bildungslandschaft trotz der immer restriktiveren Unterdrückungsmechanismen der Putin-Administration.

Nächste Seite:
Zur Verdeutlichung der bereits eingetretenen Verluste für die Krimtataren seit der Annexion Frühjahr 2014: Keine internationalen Flug-, Bahn- und Schiffsverbindungen, Einschränkung von internationalem Banken-/ Valuta-Service / kein KreditkartenService und Google-Services, Abschaltung krimtatarischer Sender, keine internationalen Konferenzen, keine ukrainische Presse und Abschaffung der ukrainischen Gymnasialstufe, Einschränkung der Mobilfunknetze, Einstellung der Bildungs- und Pädagogik-Periosdika u.a.

Quelle: Avdet vom 7.1.2016 unter http://m.avdet.org/node/16084 (13.5.2016).

5. Anhang

5.1. Kurzbiografien

5.1.1. Mustafa Cemilev (Mustafa Abdülcemil Qırımoğlu)

Qırımoğlu – Sohn der Krim – dies ist sein Ehrenname seit 1991, verliehen von der Ratsversammlung Qurultay des krimtatarischen Volkes. Am 13. November 1943 wurde er auf der Krim geboren und maßgeblich durch seinen friedlichen Kampf konnten er und hunderttausende Krimtataren dorthin zurückkehren. Cemilev (in Deutschland ist die deutsche Schreibweise Dschemilev üblich) ist 1962 Mitbegründer der in der Sowjetunion damals illegalen *Qırım Tatar Gençleri Millî Teşkilatı* [Nationale Union der Krimtatarischen Jugendlichen].

Wegen dieser Aktivitäten für die Erhaltung der Identität und die Rückkehr der Krimtataren wurde er zwischen 1966 und 1986 sechs Mal inhaftiert. Er führte den längsten Hungerstreik in der Geschichte des Kampfes für Menschenrechte durch – 303 Tage. Im Jahr 1968 war er mit Andrey Sacharow Gründer der "Initiativgruppe zur Verteidigung der Menschenrechte in der UdSSR".

Erst nach jahrzehntelangem Kampf begann in den 1990er Jahren die Rückkehr in die Heimat. Maßgeblich zum Erfolg der Rückkehrbewegung trug der Dissident Mustafa Dschemilev Qırımoğlu bei. Bis 1994 kehrten über eine viertel Million Menschen auf die Halbinsel zurück. Unter ihnen waren auch Mustafa Dschemilev und seine Familie.

Präsident des Nationalrates Meclis ist von Beginn an Mustafa Qırımoğlu Dschemilev. Er ist von 1998 bis heute (2016) ebenfalls Abgeordneter auf Listen unterschiedlicher ukrainischer Parteien in der Hohen Rada – dem Parlament in Kiew. Für seinen gewaltlosen Kampf für Menschenrechte wurde er mit dem "F. Nansen-Preis" (1998)[317] und dem Victor-Gollancz-Preis (2004)[318]

317 Mit dem für diesen Preis dotierten Geld finanzierte M. Cemilev den Bau des ersten krimtatarischen Kindergartens in Bahçesaray. Der laufende Betrieb wurde über Diaspora-Gemeinden in der Türkei abgesichert (Per anno 2148 US$). S.: Yüksel, İsmet: *Bahçesaray Han Çayırı Mahallesi'nde Çocuk Yuvasi açıldı!* [Im Viertel Han Çayır von Bahçesaray eröffnete ein Kindergarten!] In: *Kırım Bülteni* Nr. 47 (Okt.-Dez. 2002), S. 3.

geehrt. Er lebte bis 2014 mit seiner Familie in Bahçesaray, der alten Hauptstadt der Khane[319]. Seitdem ist er – wie rund ein dutzend weiterer Medschlis-Kollegen – durch ein fünfjähriges Einreiseverbot der neuen Machthaber gezwungen in Kiew ohne seine Familie zu leben.

5.1.2. Ismail Asanovitch Kerimov

Geboren am Ort der Verbannung seiner Eltern, im Sowchos "Bulungur I"[320] in der Nähe der usbekischen Stadt Samarkand am 3. Oktober 1955, beendete er die Grundschule 1972.[321] Zur Zeit der Feldforschung für dieses Buch 2003/4 war er der jüngste Professor auf der Krim, Mitherausgeber von Yıldız, Günsel und weiteren Medien sowie Leiter des NIZ (Nationales Forschungszentrum für die Geschichte, Kultur, Sprache und Literatur der Krimtataren) und des Forschungszentrums für Handschriften an der KIPU. Seit der Gründung der Außenstelle des Institutes für Geschichte der Akademie der Wissenschaften der Republik Tatarstan in Bahçesaray ist er auch Mitglied des Kollegiums dort.

5.1.3. Yunus Qandım (Юнус Уразович Кандымов)

Am 4. September 1959 wurde Yunus Qandım im Sowchos "Akkurgan" im Gebiet Taschkent geboren. Er besuchte ab 1976 das Staatliche Pädagogische Institut "Nizami" und erlangte dort 1981 an der Abteilung für krimtatarische Sprache und Literatur sein Diplom. 1981 bis 89 arbeitete er in der Redaktion von «Lenin bayrağı» als Redakteur und Abteilungsleiter. 1989 übersiedelte er auf die Krim und arbeitete dort als Redakteur der Zeitung *Dostluq* [Freundschaft]. Nach der Redaktionsarbeit bei *Yañı Dünya* 1990–93 arbeitete

---

318 Dieser Menschenrechts-Preis wird von der Gesellschaft für bedrohte Völker International vergeben. Victor Gollancz war ein jüdischer Schriftsteller und setzte sich für die britisch-deutsche Versöhnung sowie gegen Deportationen ein.

319 Ausführliche Biografien siehe: Czerwonnaja 200 und Jemilev, Mustafa In: *Encyclopedia of Nationalism. Leaders, Movements, Concepts*. Boston: Academic Press, Vol. 2, S. 253/254. S.a.: Cemilev 2003, Alexeyeva 1988, Çapraz 1995.

320 Sowchos – russisch für Совхос von **сов**етское **хоз**яйство = Sowjet-Wirtschaft. Sowchose waren Landwirtschafts-(Groß-)betriebe in Staatsbesitz mit angestellten Lohnarbeitern. Häufig wurden Sowchosen auch in naturräumlich benachteiligten Gebieten errichtet,in denen das Ernterisiko recht hoch war. Dort wurden auch vornehmlich Deportierte angesiedelt, die in den ersten Jahren nach der Deportation direkt am Arbeitsplatz untergebracht wurden.

321 Ausführliche Biografie in *Янъы дюнья* [Yañı Dunya/Neue Welt] vom 8.10.2005 von Kubedin Salyadinov " "; s.a.: *Янъы дюнья* Nr. 1 (814), 1. Januar 2006, S. 8.

er als Leiter der Krimtatarischen Kulturstiftung (Qırımtatar medeniyet vaqufi) bis 1996. Von 1996 bis 2001 war er erneut als Abteilungsleiter bei die *Yañı Dünya* tätig. Die letzten Jahre war er Dozent für krimtatarische Literatur an der KDMPU und Leiter der Abteilung Öffentlichkeitsarbeit/Druckwesen des Presse- und Kulturzentrums Zentrums Simferopol. Er sprach neben ukrainisch, russisch, usbekisch und krimtatarisch auch belorussisch, karakalpakisch, turkmenisch, aserbaidschanisch und Türkei-türkisch.

Er übersetzte neben internationaler Belletristik Werke der ukrainischen Nationalliteratur ins Krimtatarische (Taras Şevçenko, Lesa Ukrainka) Die Romane "Olar da insan edi", "Qorqunç yillar", "Yurtuni gayip etken adam" und "Anama mektüpler" von Cingiz Dağçı übersetzte er aus dem Türkischen. Über ein prägendes Treffen mit diesem im Londoner Exil lebenden Schriftsteller schrieb er eines seiner letzten Bücher. Dem "Klub der jungen Dichter - *Ilham*" stand er als Leiter vor und er arbeitete als Textautor für Edip Asanov und Uryane Kenjikaeva. Er war Mitherausgeber der Literaturzeitschrift *Yıldız* und Mitorganisator Krimweiter nationaler krimtatarischer Schülermusik- und Gedichtswettbewerbe. Y. Qandim war seit 1989 Mitglied des Schriftstellerverbandes der UdSSR, seit 1993 des Schrifsteller- und Journalistenverbandes der Ukraine. Im Jahr 2000 erhielt er den Titel "Verdienter Künstler der Ukraine". Aus seinem Nachruf: "Onıñ aydın simasi iç bir vaqıt qalblerimizden silinmez. Elvida, qalemdeş dostumız! Yatqan yeriñ puf olsun, Allaniñ rahmetinde ol." [Seine intellektuelle Persönlichkeit wird aus unseren Herzen nicht zu löschen sein. Lebewohl Sei in der Gnade Gottes]. Yunus Qandım starb 45jährig am 20. März 2005.[322]

5.1.4. Server Qaqura

Der Komponist, Sänger und Musiker Server Şayıpoğlu Qaqura wurde 1960 im Dorf Baytoq des Bezirkes Andižan in der Usbekischen SSR geboren.[323] Von Kindheit an interessierte ihn Musik, weshalb er die musikalische Grundschule und eine Musik-Internats-Schule besuchte. 1984 beendete er das Musik-Konservatorium in Taschkent. Er arbeitete dann bis zu seiner Übersied-

322 S.: *Qırım*, März 2005; *Nauçnıy bülleten* Nr. 1 (6), 2004 S. 10–11; *Avdet* Nr. 9 (385), 24.3.2006, S. 4.

323 Alle Angaben aus Qaqura 1998.

lung auf die Krim 1987 als Lehrer für begabte SchülerInnen in einer Musikinternatsschule.

In der neuen alten Heimat arbeitete er mit dem Ensemble "Tavriya", mit dem selbst gegründeten Ensemble "Fidanlar" und an der Musikschule Simferopol. Heute ist er professioneller Sänger, Komponist und Musiker sowie Musikdirektor des staatlichen Folklore-Ensembles "Qırım" und Leiter des Kinder-Ensembles "Teselli". Er schreibt für Kinder-Musicals und Bühnenstücke sowie für seine eigene Band Musikstücke und ist oft in der GUS und der Türkei auf Tournee. Er produzierte bisher fünf Alben und ist verdienter Künstler Tatarstans und der Ukraine (s.a. Kap. 3.4.1.1.3.B u. Kap. 5.5.6.).

5.2. Dokumente

Dokument aus Tayrov 2005, S. 132/133. Übersetzung aus dem Russischen (Hotopp-Riecke):

Ohne Veröffentlichung als Print

ERLASS

des Obersten Sowjets der UdSSR

Über die organische Aufhebung des Spezialsiedlungssystems der Krimtataren, Balkaren, Türken – Bürger der UdSSR, Kurden, Khemşilen und Mitglieder ihrer Familien, die in der Periode des Großen Vaterländischen Krieges umgesiedelt wurden.

Da in Anbetracht der wesentlichen rechtlichen Situation für die Spezialsiedlungen der Krimtataren, Balkaren, Türken – Bürger der UdSSR, Kurden, Khemşilen und Mitglieder ihrer Familien, die in den Jahren 1943–44 aus dem Nordkaukasus, aus der Grusinischen SSR und der Krim umgesiedelt wurden, späterhin keine Notwendigkeit mehr besteht, ordnet das Präsidium des Obersten Sowjets der UdSSR an:

Aufzuheben ist das Spezialsiedlungssystem der Krimtataren, Balkaren, Türken – Bürger der UdSSR, Kurden, Khemşilen, und ihrer Familien, die während der Periode des Großen Vaterländischen Krieges in Spezialsiedlungen umgesiedelt wurden sowie die Entlassung dieser Spezialsiedler aus der administrativen Zuständigkeit des Ministeriums des Inneren der UdSSR.

Es wird angewiesen, dass die von der Aufhebung der Spezialsiedlungen betroffenen Menschen, die im ersten Teil des Erlasses angeführt wurden, nicht während der Aussiedlung konfisziertes Eigentum und Vermögen für die Rückkehr erhalten können und sie nicht das Recht erhalten können, an die Orte zurückzukehren, aus denen sie ausgesiedelt wurden.

Der Vorsitzende des Präsidiums des Obersten Sowjets der Union der SSR
K. Voroşilov
Der Sekretär des Präsidiums des Obersten Sowjets der Union der SSR
N. Pegov

5.3. Abbreviaturen

ARK – Autonome Republik Krim.

KGB – Geheimdienst der früheren Sowjetunion.

RF – Rußländische Föderation (hierbei halte ich mich an die Definition von Halbach, 1988: "...rußländisch [...] mag befremdlich erscheinen, entspricht aber der korrekten Übersetzung des offiziellen Staatsnamens Russlands, der "Rußländische Föderation" (Rossiskaja Federatsija) lautet. Die in der Vergangenheit kaum beachtete Unterscheidung zwischen "russisch" (russkij) und "rußländisch (rossijskij) wird für das Verständnis Russlands in Zukunft zur Voraussetzung. Während "russkij" das ethnische Russland – den Bereich des Russentums – bezeichnet, steht "rossijskij" für den rußländischen Staat, in dem neben den Russen zahlreiche andere Völker leben."

NDKT – Национальное движение крымских татар, Nationale Bewegung der Krimtataren.

KSSKN – Координационный Совет общественно-политических Сил Крымскотатарского Народа, Koordinierender Rat der gesellschaftlich-politischen Kräfte des Krimtatarischen Volkes (Nachfolgeorganisation der NDKT).

OKND – Организация Крымско Татарского Национального Движение, Organisation der Krimtatarischen Nationalbewegung.

5.4. Quellen

5.4.1. Publizierte Quellen: Monografien und Aufsätze:

Ağuiçenoğlu, Hüseyin: *Genese der türkischen und kurdischen Nationalismen im Vergleich. Vom islamisch-osmanischen Universalismus zum nationalen Konflikt* . Münster: LIT, 1997.

Aiwazof, Hasan Sabri: *Neden bu hāle qaldyq.* [Warum blieben wir in diesem Zustand] (Reprint) Alupka: Qaspi, 1304 [h. d.i. 1886].

Akçokraklı, Osman: *Kırım'da Tatar tamgaları.* [Tatarische Zeichen auf der Krim] Ankara : Kırım Dergisi, 1996.

Aliyeva, Leniye Ablyazovna: *Язма ишлер.* [Schreibarbeiten] Simferopol: Krımuçpedgiz, 1996.

Allworth, Edward (Hrsg.): *Tatars of the Crimea – their struggle for survival.* Durham/London: Duke University Press 1988.

Aslan, Fikret / Bozay, Kemal: *Graue Wölfe heulen wieder. Türkische Faschisten und ihre Vernetzung in der BRD.* Münster: Unrast, 1997.

Bade, Klaus J.: *Die Epoche der Weltkriege: Flucht, Vertreibung, Zwangsarbeit* in: ders.: *Europa in Bewegung. Migration vom späten 18. Jahrhundert bis zur Gegenwart* München: C. H. Beck, 2000, S. 232–300.

Bekirov, Cafer: *Къырымтатар бала эдебиятынынъ хрестоматиясы* [Chrestomatie krimtatarischer Kinderliteratur] Simferopol: Qırımdevoquvpednešir, 1998, 352 S.

Bekirova, Gulnara: *Крымскотатарская проблема в СССР* Simferopol: Ocaq, 2004.

Bekirova, Gulnara: *Крым и Крымские татары в XIX – XX веках: Сборникстатей* Moskau: o.A., 2005, 293 S.

Bezaziyev, Lentun Romanovič: *Исповедь депортировнного* Simferopol: Tavrida, 2002, 120 S.

Bogomolov, Alexander / Danylov, Serge: *Is There Political Islam in Ukraine?* In: The *review of international affairs*, London: Frank Cass, Vol 2, No. 4 (Sommer 2003), S. 89–106.

Borgmann, Rafael: *Krimtataren auf dem Weg in die Heimat.* In: *Pogrom-Zeitschrift für bedrohte Völker* Bozen: GfbV, März/April 1991, Nr. 158, S. 40–43.

Bredies, Ingmar (Hrsg.): *Zur Anatomie der Orangen Revolution in der Ukraine. Wechsel des Elitenregimes oder Triumph des Parlamentarismus?* Stuttgart, 2005.

Bugay, Nikolay Fedoroviç: *The deportation of peoples in the Soviet Union.* New York: Noca Science, 1996.

Bugay, Nikolay Fedoroviç: *Депортация народов Крыма.* [Die Deportation der Völker der Krim] Moskau: Insan, 2002.

Çapraz, Kemal: *Sürgünde Yeşeren Vatan – Kırım.* [In der Verbannung grünendes Vaterland – Die Krim] Istanbul: Turan yayıncılık, 1995.

Cemilev, Mustafa: *Национально освободительное движение крымских татар – A history of the Crimean Tatar National Liberation Movement: A socio-political perspective* Simferopol: Ocaq, 2003.

Crimean Independent Center of Political Researchers and Journalists / Association of Crimean free Journalists (Hrsg.): *Кримськотатарське питання—magazine about problems of the Crimean Tatars peoples in Ukraine* Simferopol: Yara, 2001, Nr. 1 (17).

Çoban-zade, Bekir: *Къырымтатар илмий сарфы.* [Krimtatarische wissenschaftliche Formenlehre] Simferopol: Dolya, 2003.

Conquest, Robert: *Stalins Völkermord. Wolgadeutsche Krimtataren Kaukasier.* Wien: Europa, 1974.

Czerwonnaja, Swietlana M.: *Крымскотатарское Национальное Движение (том 3 1991 – 1993).* [Die Krimtatarische Nationale Bewegung] Moskau: ЦИМО (центр по изучению межнациональных отношении), 1996.

Czerwonnaja, Swietlana M.: *Die Bürgerrechtsbewegung der Krimtataren in den neunziger Jahren* In: *Osteuropa – Zeitschrift für Gegenwartsfragen des Ostens.* Februar 1999, Heft 2.

Czerwonnaja, Swietlana M.: *The Problem of the Repatriation of the Meskhet-Turks. Bericht der Fact-Finding Mission der FUEV (Föderative Union Europäischer Volksgruppen). Delegation nach Georgien.* November 1998.

Czerwonnaja, Swietlana M. / Kellner-Heinkele, Barbara: *Die Welt der Turkvölker zwischen der Krim und dem Nordkaukasus.* Berlin: Das Arabische Buch, 2000.

Diederich, Alex: *Wir wollen unsere Toten in der Heimat begraben* In: Pogrom – Zeitschrift für bedrohte Völker Bozen: GfbV, 1984, Nr. 98, S. 58–60.

Doroszewska, Urszula: *Crimea: Whose country?* In: *Uncaptive Minds. A journal of information and opinion on Eastern Europe.* Warschau: Institute for Democracy in Eastern Europe (IDEE), Vol. V, No. 3 (21), Fall 1992, S. 39–50.

Doroszewska, Urszula: *Reclaiming a homeland. Interview with Mustafa Dzhemilev* In: *Uncaptive Minds. A journal of information and opinion on Eastern Europe.* Warschau: Institute for Democracy in Eastern Europe (IDEE), Vol. V, No. 3 (21), Fall 1992, S. 51–58.

Emirova, A. M.: *Земаневий къырымтатар тили курсунынъ программасы* [Krimtatarisches Sprachkurs-Programm für Fortgeschrittene] Simferopol: Dolya, 2004, 20 S.

Feindt-Riggers, Nils / Steinbach, Udo: *Islamische Organisationen in Deutschland. Eine aktuelle Bestandsaufnahme und Analyse*. Hamburg: Deutsches Orient-Institut, 1997.

Fisher, Alan: *Between Russians, Ottomans and Turks : Crimea and Crimean Tatars*. Istanbul : Isis Press, 1998.

Fisher, Alan: *The Crimean Tatars*. Stanford (California): Hoover Institution Press, 1978.

Fritzsche, K. Peter: *Bürger im Streß – eine Erklärung der Xenophobie*. In: *Verantwortung in einer unübersichtlichen Welt. Aufgaben wertorientierter politischer Bildung*. Bonn: Bundeszentrale für politische Bildung, 1995, Schriftenreihe Bd. 331, S. 165–182.

Gržibovskaya, G.N (Red.): *Крымское Ханство*. (Übersetzung der deutschen Ausgabe von 1784 von N.L. Ernst und S.L.Belyavski) Simferopol: Tavria, 1990, (Bibliothek der Bücher über die Krim TUNMANN).

Guboglo, Michail N. / Czerwonnaja, Swietlana M. : *Krymskotatarskoe natsional'noe dviženye*. Moskva : UOP Inst. ·Etnologii i Antropologii RAN, 1992.

Halbach, Uwe: *Aktuelle Entwicklungen in der nationalen Bewegung der Krimtataren*. In: *Berichte des Bundesinstitutes für ostwissenschaftliche und internationale Studien*, 11, 1988.

Halilova, Lentara / Cemileva, Lilâ (Red.): *Qırımnıñ sadıq qızları – Верные дочери Крыма*. [Die wahren Töchter der Krim] Simferopol: Ocaq, 2004.

Horbatsch, Anna-Halja: *Auf dem Weg in die Unabhägigkeit*. In: Pogrom – Zeitschrift für bedrohte Völker Bozen: GfbV, Januar/Februar 1992, Nr. 163, S. 49–52.

Hostler, Charles Warren: *Türken und Sowjets – Die historische Lage und die politische Bedeutung der Türken und der Türkvölker in der heutigen Welt*. Frankfurt a.M./Berlin: Alfred Metzner, 1960.

Hotopp-Riecke, Mieste: *Unutma tek Qırımtatarsın sen – Die Musik der Krimtataren als Mittel zur Selbstbehauptung und Entwicklung der nationalen Identität nach der Rückkehr aus der Deportation*.In: Kharrisov, Ildar/Stepputat, Kendra (Hrsg.): *Musik im Orient – Orient in der Musik. Musik-*

ethnologische Beiträge zum Deutschen Orientalistentag. 2004 Halle/Saale: Orientwissenschaftliches Zentrum der Martin-Luther-Universität, Orientwissenschaftliche Hefte - 18/2005, S. 99–120.

Hotopp-Riecke, Mieste: *Adalet - Gerechtigkeit - Dadmendî. Gerechtigkeit aus der Perspektive ehemals deportierter Völker.* In: Heinrich-Böll-Stiftung (Hrsg.): *DISKUS. Zeitschrift der StipendiatInnen der Heinrich-Böll-Stiftung.* Berlin, Nr. 14, 2004, S. 57–64.

Hotopp-Riecke, Mieste: *Vertrieben, ausgegrenzt, vergessen. Die Odyssee der Krimtataren.* In: *Bedrohte Völker / pogrom* Bozen (Italien): Gesellschaft für bedrohte Völker, Nr. 232, S. 3–6.

Hotopp-Riecke, Mieste: *Zwischen Auflösung, Konsolidierung und Anerkennung: Die Karaimen / Karäer im 21. Jahrhundert.* In: *Europa Ethnica*, Wien: Facultas, Nr. 3/4, 2011, S. 97–105.

Jankowski, Henryk: *Gramatyka Języka Krymskotatarskiego*. Poznan: Wydawnictwo Naukowe UAM, Seria Językoznawstwo Nr. 15, 1992.

Jankowski, Henryk: *A Historical-Etymological Dictionary of Pre-Russian Habitation Names of the Crimea*, Leiden-Boston: Brill, 2006.

Kaçalin, Mustafa S.: *Kitap tanıtma: Mária Ivanics: A Krimi Kánság a tizenöt éves háborúban.* [Buchvorstellung: Mária Ivanics: Das Krim-Khanat in 15-jährigem Krieg] In: *Belleten*. Istanbul: Türk Tarih Kurumu, Cilt LXIII, Aralık 1999, Sayı 238, S. 935–946.

Kappeler, Andreas: *Russland als Vielvölkerreich. Entstehung, Geschichte, Zerfall.* München: Beck, 2001, darin: *Krimtataren*, S.47–50.

Karahan, Özgür: *Kırım.net sanal terör tehdidi altında.* [Kırım.net unter virtueller Terrorgefahr] In: *Bahçesaray* Nr. 39, Mai/Juni 2006, S. 12/13.

Kellner-Heinkele, Barbara: *Aus den Aufzeichnungen des Said Giray Sultan – Eine zeitgenössische Quelle zur Geschichte des Chanats der Krim um die Mitte des 18. Jahrhunderts.* Freiburg im Breisgau: Klaus Schwarz, Islamkundliche Untersuchungen Bd. 28, 1975.

Kerimova, Svetlana / Zaatov, Ismet / Veliyev, Ablyaziz: *Къырымтатар миллий театри – tarix saifeleri.* [Krimtatarisches Nationaltheater – Historische Seiten] Simferopol: Krimnavčpedderžvidad, 2003.

Kerimov, İsmail (Ismail Asanoğlu Kerim): *Gasprinskijnin' "džanly" tarihi 1883 – 1914. Kırımtatar tili, ėdebijatı ve medeniyetinden maljumat destegi*

[Gasprinskis `lebendige` Geschichte – Ausgewählte Artikel zu krimtatarischer Sprache, Literatur und Kultur], Aqmescit : Tarpan, 1999.

Kırımal, Edige: *Der Volksmord in der Krim.* In: *Sowjetstudien.* München: Institut zur Erforschung der UdSSR, Nr. 1, 1956, S. 107–119.

Kırımal, Edige: *The Crimean Tatars.* In: *Studies on the Soviet Union.* München: Institut zur Erforschung der UdSSR, Vol. 10, Nr. 1, 1970, S. 70–97.

Kırımal, Edige: *The Crimean Turks.* In: Deker, Nikolai / Lebed, Andrey (Hrsg.): *Genocide in the USSR. Studies in Group Destruction.* New York, 1958, S. 20–29.

Kırımlı, Hakan: *Soviet Educational and Cultural Policies toward the Crimean Tatars in Exile (1944–1987).* In: *Central Asian Survey*, Vol. 8, No. 1, 1989, S. 69–88.

Kırımlı, Hakan: *National movements and national identity among the Crimean Tatars. (1905 – 1916).* Leiden: Brill, Schriftenreihe *The Ottoman Empire and its Heritage* Vol. 7, 1996.

Klein, Denise (Hrsg.): *The Crimean Khanate between East and West (15th-18th century).* Wiesbaden : Harrassowitz, 2012.

Kokieva, Ayşe / Salyadinov, Kubedin Useinoviç / Medžmedinova, Gulizar Abibullaevna / Xalaxadi, Amet Mametoviç: *Къырымтатар эдебияты. 8 сыныф* [Krimtatarische Literatur. Klasse 8] Simferopol: Qırımdevoquvpednešir, 2002.

Köşoğlu, Nevzat (Hrsg.): *Kırım Türk-Tatar edebiyatı - Başlangıcından günümüze kadar Türkiye dışındaki Türk edebiyatları antolojisi (T. C. Kültür Bakanlığı yayınları ; 2337: Türk dünyası edebiyatı dizisi; 32)* Ankara: Kültür Bakanlığı, 1999.

Krikun, Efim Vasilyeviç: *Памятники крымскотатарской архитектуры (XIII – XX вв.).* Simferopol: Krımučpedgiz, 1998.

Kudusov, Ernst: *История формирования крымскотатарской нации.* [Geschichte der Formierung des krimtatarischen Nation] 1996, (Nachdruck von Aufsätzen aus dem Magazin *Qasevet*, Nr. 24 & 25), 1995.

Kurşutov, Niyaver/Yağya, N./Ablyakimova, E. (Red.): *Kalendar´ znamenatel´nıx i pamyatnıx dat krımskotatarskogo naroda na 1999 god.* [Kalender denkwürdiger und erinnerungswürdiger Daten des krimtatarischen Volkes für das Jahr 1999] Simferopol: Republikanische krimtatarische Bibliothek, 1998.

Kurtiyev, Refat (Hrsg.): *Депортация крымских татар 18 мая 1944 года. Как это было.* [Die Deportation der Krimtataren am 18. Mai 1944. Wie es war.] Simferopol: Ocaq, 2005.

Lebedeva, Emiliya Isakovna: *Svad'bı.* [Hochzeiten] Simferopol: Meždunarodnıy Institut Krimskix Karaimov, 2003.

Lemercier-Quelquejay, Chantal: *The Tatars of the Crimea: A Retrospective Summery.* In: *Central Asian Review* Vol.16, No. 1, 1986, S. 15–25.

Maksimenko, Mariya (Red.): *Депортовані кримські татари, болгари, вірмени, греки, німці: Статистичні матеріали.* [Die Deportation der Krimtataren, Bulgaren, Armenier, Griechen, Deutschen: Statistische Materialien (1989–1999)] Kiew: Абрис [Abriss], 2000.

Malinowsky, J.A. (Hrsg.)**:** *Die deutschen katholischen Kolonien am Schwarzen Meere.* Stuttgart: Ausland und Heimat, 1927.

Malışeva, Nina Vasilevna / Voloşçuk, Nina Mikolayevna: *Крым. Соцветие национальных культур – традиции, обычаи, праздники, обряди* Simferopol: Bisnes-Inform, 2003, (Bd. I & II).

Maraş, İbrahim: *Türk dünyasında dinî yenileşme* [Die religiöse Erneuerung in der türkischen Welt] Istanbul: Ötüken, 2002.

Memetov, Ayder Memetoviç: *Къырымтатар тили – Юкъары сыныф талебелери ичюн.* [Krimtatarische Sprache für Oberschüler] Simferopol: Qırımdevoquvpedneşir, 1997.

Nahajlo, Bohdan / Sheehy, Ann: *The Crimean Tatars, Volga Germans and Meskhetians: Soviet Treatment of Some National Minorities.* Minority Rights Group, Report Nr. 6 (2. Aufl.).

Nowikow, Nikolai: *Wieviele Völker der UdSSR wurden deportiert?* In: Pogrom – Zeitschrift für bedrohte Völker Bozen: GfbV, Mai/Juni 1992, Nr. 165, S. 35–39.

Platen, Maximilian von: *Spannungen auf der Krim nehmen zu* In: Pogrom – Zeitschrift für bedrohte Völker Bozen: GfbV, Januar-März 1999, Nr. 202.

Platen, Maximilian von: *"Der Staat setzt uns auf die Straße" Krimtataren protestieren gegen das ukrainische Wahlgesetz* In: Pogrom – Zeitschrift für bedrohte Völker Bozen: GfbV, März/April 1998, Nr. 199, S. 13/14.

Pohl, J. Otto: *Stalin`s Ethnic Cleansing of the Crimean Tatars and their Struggle for Rehabilitation, 1944–1985.* In: Hunczak, Taras (Hrsg.): *The*

Ukrainian Quarterly. New York: Ukrainian Congress Committee of America, Spring-Summer 2004, Vol. LX, No. 1–2, S. 33–56.

Polyakov, Vladimir: *Историческая эволюция городской топонимии Симферополя.* [Historische Evolution der städtischen Toponymie Simferopols] Simferopol: SONAT, 2001.

Sasse, Gwendolyn: *Die Krim - regionale Autonomie in der Ukraine Berichte des Bundesinstituts für Ostwissenschaftliche und Internationale Studien 31.* Köln: Bundesinst. für Ostwiss. und Internat. Studien, 1998.

Sasse, Gwendolyn: *Die Rückkehrbewegung der Krimtataren. Voraussetzungen, Gremien und aktuelle Entwicklungen.* In: *Osteuropa*, Nr. 4, 1995, S. 338–348.

Settarova, Milyara Seytveliyevna/Settarova, Sanie Seytveliyevna: *Ana tili. [Schulbuch für die 2. Klasse]˙* Simferopol: Qırımdevoquvpednešir, 2002.

Simon, Gerhard: *Die nationale Bewegung der Krimtataren.* Berichte des Bundesinstituts für Ostwissenschaftliche und Internationale Studien, Nr.31, 1975.

Tairov, Server: *Трагическая судьба моего народа.* [Das tragische Schicksal meines Volkes] Simferopol: Ocaq, 2005.

Tarxan, Ilyas: *Krımskaya avtonomnaya sovetskaya sotsialistiçeskaya respublika.* In: *Sovetskoe stroitel´stvo. Žurnal Tsentralnogo Ispolnitel´nogo Komiteta Soyuza SSR.* Nr. 10 (63), Oktober 1931, S. 95–107.

Turkay, Osman: *The Tragedy of the Crimean Tartars.* In: *Index on Censorship*, Vol. 3, No. 1, 1974, S. 67–70.

Uehling, Greta Lynn: *Having a homeland: Recalling the Deportation, Exile and Repatriation of the Crimean Tatars to their Historic Homeland.* (Ph.. dissertation), University of Michigan, 2000.

Vardys, V. Stanley: *The Case of the Crimean Tatars.* In: *The Russian Review.* Vol. 30, No. 2, 1971, S. 101–110.

Veliyev, Ablyaziz: *Faşizm maxbüsleri – vesikalar, resimler, xatırlavlar.* [Belege des Faschismus – Dokumente, Bilder, Erinnerungen] Simferopol: Dolya.

Vjatkin, Anatolij Rudol'fovich: *Krımskie tatarıy: problemy repatriacii* Moskau: Institut vostokovedenya RAN, 1997.

Vossen, Rüdiger: *Deutsche, Krim-Tataren, Meschier.* In: *Sowjetunion. Völker der Sowjetunion vor und nach der Revolution.* Hamburg: Hamburgisches

Museum für Völkerkunde, Wegweiser zur Völkerkunde, Heft 23, 1980, S. 33–37.

Wellgraf, Stefan: *Die Millionengaben. Oligarchen und Fußball in der Ukraine.* In: *Osteuropa*, Berlin: DGO / Wissenschaftsverlag, Nr. 5, Mai 2006, S.39–58.

Williams, Brian Glynn: *The Crimean Tatars. The Diaspora Experience and the Forging of a Nation.* Leiden/Köln: Brill, 2001.

Williams, Brian Glynn: *Mustafa Jemilev* In: Alexander Motyl (Hrsg.): *Encyclopedia of Nationalism*, Vol. 2, Boston: Academic Press, 2000, S. 253/254.

Williams, Brian Glyn: *The Hidden Ethnic Cleansing of Muslims in the Soviet Union: The Exile and Repatriation of the Crimean Tatars.* In: *Journal of Contemporary History*, London/Thousand Oaks (CA)/New Delhi: SAGE, 2002, Vol 37(3), 323–347.

Williams, Brian Glynn: *The Crimean Tatars. From Soviet Genocide to Putin´s Conquest. Oxford: Oxford University Press, 2016.*

Xrapunov, Igor Nikolaeviç / Gerzen, Aleksandr Germanoviç: *От киммерийцев до крымчаков – Народы Крыма с древнейших времен до конца XVIII в.* [Von den Kimmerern zu den Krimçaken – Die Völker der Krim von alten Zeiten bis zum Ende des 18. Jh.] Simferopol: Tavria-Plus, 2004.

Yakubov, Feyzi / Veliyev, Ablyaziz / Selimov, Şakir (Red.)**:** *Эйилик хатырасы* [Denkmal des Guten] Simferopol: Krimnavçpedderžvidav, 2004.

Yunusova, Lilya Sadykovna: *Крымскотатарская литература – Сборник про изведений фольклора и литературы VIII – XX. вв.* Simferopol: Dolya, 2002.

Zülch, Tilman: *Krimtataren und Meschier. Massenbewegung für Rückkehr.* In: *Pogrom – Zeitschrift für bedrohte Völker.* Bozen (Italien): GfbV, Nr. 26 (Report Nr. 13) 1975, S. 7–32.

5.4.2. Bibliographien

Kerimov, Ismail: *Trenlik:·edebij bibliografik očerk.* Taschkent: Ghafur Gulam adına edebiyat ve San´at Nesriyatı, 1988.

Rahim, Ali: *Materialy dlya bibliografii po krımskim i litovskim tataram.* Kazan, um 1929.

Ursu, D.P.: *Bibliografiçeskiy slovar Deyateli krımskotatarskoi kulturıy (1921–1944)* Simferopol: 1999.

5.4.3. Wörterbücher und Enzyklopädien

Bosworth, C. E./Donzel, E. van (Hrsg.): *The Encyclopaedia of Islam, New Edition* (EI²) Leiden/New York: Brill.

Kırımlı, Hakan: *Kırım hanlığı (1441–1783)* In: *İslâm Ansiklopedisi* Ankara: Türkiye Diyanet Vakfı, Cilt 25, S. 450–465.

Ludwig, Klemens: *Bedrohte Völker. Ein Lexikon nationaler und religiöser Minderheiten* München: C.H. Beck, 1985, S. 106–110.

Мірээв, В. А. / Усеїнов, С(ейран). **М**(еметович).: *Українсько - кримсько-татрський словник / Ukraince – qırımtatarca luğat.* Simferopol / Aqmescit: Dolya, 2002.

Muzafarov, Refik: *Крымскотатарская Энциклопедия.* [Krimtatarische Enzyklopädie] Simferopol: Vatan, Bd. 1 (А-К) 1993.; Bd. 2 (Л-Я) 1995.

Усеинов, Сейран Меметович: *Крымскотатрско- Русский словарь.* Ternopol`: Dialog, 1994.

Усеїнов, Сейран Меметович / Гаркавець, Олександр Миколайович: *Великий кримськотатрсько-російсько-український словник (третє, доопрацьоване й доповнене видання із включенням української частини)* [Büyük Qırımtatarca-Rusça-Ukraynca Luğat (çilt I: а-икона)] Simferopol: SONAT, 2002.

Veliyev, Ablyaziz: *Русско – крымскотатарский разговорник* [Russisch-Krimtatarischer Sprachführer] Taschkent: Gasprinski Assoziation, 1991.

Veliyev, Ablyaziz: *Къырымтатарджа сёйлешемиз – Русча украинндже къырымтатарджа сёйлешюв китабы.* [Laßt uns krimtatarisch sprechen – Russisch ukrainisch krimtatarischer Gesprächsleitfaden] Simferopol: Krimnavčpedderžvidav, 2001.

5.4.4. Unveröffentlichte Quellen

Bieder, Norbert: *Die sprach- und ethnopolitische Situation auf der Halbinsel Krim im Rahmen des russisch-ukrainisch-krimtatarischen Sprachkontaktes.* Wien: Univ., Dipl.-Arb., 1999.

Delavy, Nicole: *Die Geschichte der Krimtataren bis 1996. Ihre Deportation, ihr Kampf und ihre Rückkehr.* unveröffentlichte Lizentiatsarbeit, Universität Zürich, Mai 1998.

Jankowski, Henryk: *Kenntnisse krimtatarischer Dialekte unter krimtatarischen Studenten.* Unveröffentlichtes Manuskript eines Vortrages auf dem Symposium "Kontinuität und Wandel auf der Krim im 20./21. Jahrhundert", Konferenzband in Planung 2016.

Koren, Tatjana Ingrid Martha: *Der krimtatarisch-russische Sprachkontakt auf der Halbinsel Krim.* Dipl.-Arb., Univ. Wien, 1998.

Yakubov, Feyzi: *Spravka o Krymskom gosudarstvennom inženerno-pedagogičeskom universitete.* 2006. [Handbuch über die staatliche ingenieurpädagogische Universität der Krim].

5.4.5. Internetressourcen

"Die Grauen Wölfe in Deutschland" In: *Demokratiegefährdende Phänomene in Kreuzberg und Möglichkeiten der Intervention – ein Problemaufriss.* Berlin: Zentrum Demokratische Kultur Projektbereich "Community Coaching" Unter URL: http://www.xs4all.nl/~afa/comite/artikel/artikel108.html [9.12.2015].

Hirsch, Helga: *Kollektive Erinnerung im Wandel* In: *Aus Politik und Zeitgeschichte* Berlin: Bundeszentrale für politische Bildung, 29.9.2003. Unter URL: http://www.bpb.de/themen/6QLFUQ,0,0,Kollektive_Erinnerung_im_Wandel.html [25.2.2016].

Hotopp-Riecke, Mieste: *Vertrieben, ausgegrenzt, vergessen. Die Odyssee der Krimtataren.* In: Bedrohte Völker, Bern: Gesellschaft für bedrohte Völker International, Nr. 232, S. 3–6. Unter URL: https://www.gfbv.de/de/news/1944-deportiert-2005-heimatlos-und-diskriminiert-607/ [12.11.2015].

IDG / Institut für Diaspora- und Genozidforschung: *Die Moderne – ein Jahrhundert geprägt von Völkermord und Vertreibung* In: *idw* Bochum: Ruhr-Universität, 09.02.1998, Nr. 35. Unter URL: http://www.uni-protokolle.de/nachrichten/id/41563/ [3.3.2015].

Kurshutov, Temur: *60 Jahre nach der Vertreibung durch Stalin warten die Krimtataren noch immer auf ihr Recht.* In: *Eurasisches Magazin – Die Netzzeitschrift, die Europa und Asien zusammenbringt.* Unter URL: http://www.eurasischesmagazin.de/artikel/?artikelID=20060612 [6.6.2016].

Verfassungsschutz Nordrhein-Westfahlen: *Türkischer Nationalismus: `Graue Wölfe`und `Ülkücü` (Idealisten)-Bewegung.* unter URL: www.im.nrw.de/verfassungsschutz [10.10. 2014].

5.4.6. Periodika (Auswahl, aktuelle Entwicklungen s.a. Kap. 3.3.1., S. 84f.)

Авдет [Avdet/Rückkehr] – 95 00 00 Simferopol, ul. Jidkova 40/117, Tel.: (0038) 0 542 25 83 43 / 51 02 94 E-mail: avdet2003@mail.ru; erscheint 14-tägig auf russisch und krimtatarisch, ehem. Hrsg.: Presseabteilung des Nationalparlamentes des Krimtatarischen Volkes, Auflage: 10.000, Chefredakteur: Enver Ibragimow, Auflage 2016: 999 Expl.

***Голос Крыма** / Qırım Sedası* [Die Stimme der Krim] – 95 00 1 Simferopol, ul. Čexova 17, Tel.: 0038 0652 25-81-01, e-mail: seda@crimea.com, Wochenzeitung, erscheint Freitags auf russisch, Aufl.: 10750, Chefredakteur: Eldar Seytbekirov.

***Günsel** – Edebiy, ilmiy ve içtimaiy dergi* [Zeitnah - Literarisches, Wissenschaftliches und Gesellschaftsmagazin] – Bağçesaray ş., Reçnaya soq. 125 A, Tel.: (0038) 0 6554 43 400 fax: 43 407, e-mail: rcf@ttt.crimea.com, erscheint 2 -3x jährl., Herausgeber: Lütfü Osman.

ЙЫЛДЫЗ *эки айлыкъ ичтимаий-сиясий ве эдебий-бедиий журнал; Озъбекстан ССР Языджылары бирлигининъ органы* [Stern – Zweimonatiges gesellschaftspolitisches und literarisch-künstlerisches Journal; Organ des Verbandes der Schriftsteller der SSR Usbekistan], von 1980 bis 1992 Sitz der Redaktion: 700000 Taschkent, Leninprospekt 41, SSR Usbekistan;

ЙЫЛДЫЗ / *Yıldız* – seit 1992 Sitz der Redaktion Simferopol; seit Sep. 2000: 95007 Simferopol, pr. Vernardskogo, Tel.: (0038) 0 652 29-41-75, zweimonatiges Magazin für Literatur, Kunst und Gesellschaftspolitik, Chefredakteur: Şakir Selim.

***Кьырым** / QIRIM – сербест ичтимаий-сиясий джумхуриет газети* [Unabhängige gesellschaftspolitische Zeitung] – 95 00 00 Simferopol, ul. K. Libknexta 14 kv. 14, Tel.: (0038) 0 542 27 70 57, Wochenzeitung, erscheint Freitags, Auflage: 4250, Redakteur: Bekir Mamut.

***Полу Остpob** – Крымская независимая газета* [Halbinsel – Unabhängige Zeitung der Krim] – 95011 Simferopol, ul. Samokiša 8, Tel.: (0038) 0 652 51 14 03, - 51 13 92, homepage: www.poluostrov.by.ru, Wochenzeitung, erscheint Freitags, russisch, Aufl.: 6000; Herausgeber: Ayder Emirov (e-mail: ayder@ismail.crimea.ua), Redakteur: Lenur Yunusov (e-mail: lenur@ismail.crimea.ua)

Qasevet – 95103 s. Rodnikovoye, Kreis Simferopol, ul. Sumskaya 38, Tel.: (0038) 0 652 25-83-43, halbjährliche Zeitschrift für Geschichte und Ethnografie, russisch/krimtatarisch/englisch, Redakteur: Shevket Kaybulla

ТАСИЛЬ *окъув – усулиет меджмуасы* [Tahsil / Studium Lektüre-Methodik Zeitschrift] – 95022 Simferopol, Verlag ДОЛЯ [Dolya] ul. Vinogradnaya 22, Tel./fax: 00380 652 57-30-01, e-mail: vbasyrov@mail.ru, (Herausgeber: "Tahsil" - Bildungszentrum für krimtatarische Sprache der Assoziation "Maarifçi" [Aufklärer]), erscheint auf krimtatarisch Quartalsweise seit 02/2001, Chefredakteurin: Aliye Veliulayeva

Xa Xa Xa – Qırımtatar mizah dergisi [ha ha ha – Krimtatarisches Satire Magazin], 95007 Simferopol, pr. Vernardskogo, Tel.: (0038) 0 652 29-41-75, Chefredakteur: Ablyaziz Velilev.

Янъы дюнья – *умуммиллий кьырымтатар газетасы* [Yañı Dunya / Neue Welt – Krimtatarische Zeitung] - 95 000 Simferopol, ul. Gorkovo 23, Tel/Fax: (0038) 0 652 51 03 39, Wochenzeitung des Komitees für Information und des Komitees für Nationalitätenfragen beim Ministerrat der ARK, erscheint Samstags, Redakteur: N. A. Umerov

5.4.7. Diskografie[324]

Abdulqadır Oğlu, Eskender: *Kemanemni aldım elime* [Meine Kemane nahm ich in meine Hand] Simferopol: West (ohne Jahr).

Aq Qaya: *Aq Qaya* Simferopol: West (o. J.).

Asanov, Edip: *Çalğıcı* Simferopol: West, 2004.

Asanov, Edip: *Селям Алейкум* Simferopol: West (o. J.).

Багъчасарай: *Багъчасарай* Simferopol: West, 1998.

Destan: *Ай чалашым* (ohne Ort): Destan Plak (o. J.).

Destan: *Melegim* [Engel mein] Simferopol: West (o. J.).

Dj Bebek: *Deportacia* Simferopol:West, 2004.

Emine: *Kuneş nuru* [Sonnenlicht] Simferopol: West, 2004.

Erecepova, Sabriye: *Крымскотатарские народные песни* [Krimtatarische Heimatlieder] (o. O., o. J.).

Guneş / Гунеш: *Той-той* [Hochzeit Hochzeit] Simferopol: West, 2003.

324 Die Diskografie weist lediglich Produktionen aus, die für diese Arbeit durchgehört wurden. Ein Anspruch auf Vollständigkeit besteht nicht. Bei Interesse können Informationen zum krimtatarischen Programm des Labels West unter westaudio@gala.net erfragt werden.

İzmailov, Enver / Öçal, Burhan: *Kara Deniz – Black Sea* Zürich: UNIT, 1991.

İzmailov, Enver: *Yarımada / Peninsula* (o. O.) 1997.

İzmailov, Enver & Trio: *Minaret* Prag/Simferopol: Boheme/Simphocarre, 1998/99.

Kenjikaeva, Uryane / Кенжикаева, Урьянэ: *Yüregim yana / Боль сердца* [Herzeleid] Simferopol: Marakand (o.J.).

Kenjikaeva, Uryane / Кенжикаева, Урьянэ: *Çal kemane* Simferopol: Marakand (o.J.).

Osmanov, Dilyaver: *Nogay Beyiti* Simferopol: West, Mai 2004.

Qaqura, Server / Какура, Сервер: *Къырымтатар оюн авалары / Танцевальные мелодии крымских татар* [Krimtatarische Tanzmusik] Simferopol: West, 1998.

Qaqura, Server: *Азиз Анам* [Verehrte Mutter] Simferopol: West, 1998.

Qaqura, Server: *Server Qaqura* Simferopol: West, Februar 1998.

Qırım Folklor Ansambli: *Çoqraq başında* Simferopol: Ocaq, 2004.

Salaçıq / Салачыкъ: *Салачыкъ* Simferopol: West (o. J.).

Sipahi, Nesrin: *Bostorgay / Yalta* Istanbul: diskotür (o. J.).

Yeşil ada / Ешиль ада: *Best* Simferopol: West (o. J.).

Videos / DVD`s:

Asanova, Leyla / Seyt-Ametova, Elmira: *Ана тилини огренемиз. Видиеоуроки крымскотатарского языка для младших школьников.* [Wir lernen die Muttersprache. Videounterricht in krimtatarischer Sprache für junge Schüler].

Xayredinova, Zarema: *Весёлая Азбука / Шенъ Элифбе.* [Heiteres Alphabet] Bahçisaray: Köz aydın, 2004.

***Peşraf** / Пешраф. Къырымтатар халкъ йырлары ве нагъмелери* [Peşraf. Krimtatarische Lieder und Melodien] Simferopol: Studio Qara Deñiz, 2003.

The Crimean Tatars. The Descendants of Ancient Culture. Kiew: Botschaft der USA, 2001.

Original des Gedichtes von Yunus Qandım, Widmung S. 5:

Ана тилим, меним тилим
Меним чокърагъым.
Меним гулюм, меним илим,
Меним байрагъым.
Меним далым, меним сырым,
Ана тилим.
Меним козюм, меним тамрым.
Ана тилим
Шырыл-шырыл акъар сенинъ
Татлы сёзлеринъ,
Манъа къанат такъар сенинъ
Серин еллеринъ.
Меним тюшюм, меним дагъым,
Ана тилим
Меним геджем, меним багъым,
Ана тилим

5.5. Fotos / Abbildungen

CD von Enver Izmailov (zusammen mit dem türkischen Multiinstrumentalisten Burhan Öçal) „Kara Deniz“ (Schwarzes Meer, 1992), Frontcover (links) mit Kalligraphie und Cover-Inlett der CD „Çalgıcı“ von Edip Asanov (rechts) mit der Silouette Sultan-Hasan-Moschee und der al-Rifa'i-Moschee in Kairo vermutlich als Verweis auf den Islam. In den Texten der Lieder geht es thematisch um die Krim, Heimatliebe, Sehnsucht und Schmerz, nie jedoch um Kairo oder Ägypten. (siehe Kap. 3.4.1.1.1., S.108-109)

Links: Plattencover der „Bostorgay“-Single mit Ansicht des Südportals des im orientalisierenden Stilmix gebauten Woronzow-Palastes der krimtatarischstämmigen Nesrin Sipahi, geb. 29.11.1934 in Istanbul-Yeşilköy. Sie arbeitete seit 1953 beim staatlichen türkischen Rundfunk TRT, ab 1957 Plattenaufnahmen. Rechts: Cover des Notenbuchs „Meine Heimat Krim. Lieder und Melodien“ von Server Qaqura mit dem Nationalsymbol Tamga und den Schwanenflügelfelsen vor Simeis, Südküste Krim (siehe dazu Kap. 3.4.1.1.1., S. 109/110), Quelle: Archiv ICATAT.

avdet

Издается с 15 июля 1990 года

№27 (451) 9 июля 2007 года

ДЁРТ бизни къуртараджакъ

Поколение "V"

стр. 3

стр. 6

Сервер Какура: То, что я живу в Крыму – огромное счастье

Нам нужно делать больший акцент на культуру. Ведь таким музыкальным произведениям, как пешреф и агъырава хайтарма, аналогов в мире нет!

стр. 3

Автократия и демократия

стр. 5

Прокуратура проверит правомерность установки памятника Екатерине II

стр. 6

Правительницы ханского дома Гиреев

стр. 8

Das krimtatarische Monatsmagazin Bahçesaray aus der Türkei mit Server Qaqura auf dem Titel und dem Spruch „Kinder – Fest des Hauses, Zukunft der Heimat (Ausgabe 22, August 2003). Rechts: Ausgabe der Wochenzeitung AVDET, Nr. 451, Juli 2007, mit dem Aufmacher „Dört bizni qurtaracaq" (Vier werden uns sichern), einer Kampagne des Medschlis für mehr Kinder in krimtatarischen Familien (Quelle: Archiv ICATAT).

Ausstellung zu krimtatarischer Samizdat-Literatur (kyrillisch und lateinisch) in der Gasprinski-Bibliothek 2004 (Foto: Kurshutov, Archiv ICATAT).

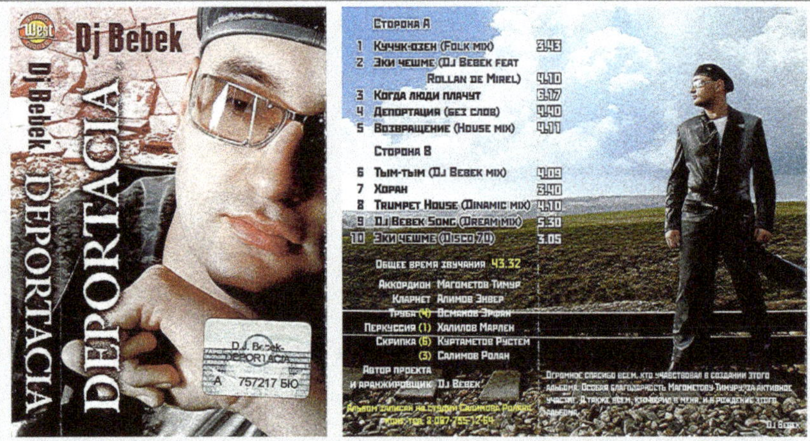

Erste Veröffentlichung von DJ Bebek (Rolan Salimov), die Audio-Kassette „Deportacia“ (2004) mit symbolhafter Abbildung von Schienen. Die Deportation 1944 wurde vor allem per Schienentransport in Viehwaggons durchgeführt. Das Mahnmal dafür steht gleich hinter dem Hauptbahnhof von Simferopol. In den Tracks werden Dance-Sounds kombiniert mit Melodien bekannter Volkslieder, z.B. *Kuçuk Ozen* (kleiner Bach) und *Eki Çeşme* (zwei Brunnen), (siehe Kap. 3.4.1.1.1., S.110), Quellen: Archiv ICATAT, vgl.: https://www.discogs.com/de/DJ-Bebek-Deportacia/release/4120292 (22.6.2016).

Coverinlett der CD „Doğan Yerim“ (Mein Geburtsort) der Gruppe Yeşil Ada (Grüne Insel), synonymer Begriff im krimtatarischen Identitätsdiskurs für die Halbinsel Krim. Yeşil Ada kommen aus Karasubazar (russ.: Belogorsk), einem der Schwerpunkte krimtatarischer Musikproduktion als auch einem geistigen Zentrum krimtatarischer Geschichte. Große Intellektuelle wie Bekir Sıtkı Çobanzade wirkten hier und die zweite krimtatarische Zeitschrift (nach dem *Terciman* aus Bahçesaray) „Vatan Hadimi“ erschien hier ab (siehe dazu Kap. 3.4.1.1.1., S. 107), Quelle: Archiv ICATAT.

Das krimtatarische Magazin „Bahçesaray“ aus Istanbul mit Ismail Gasprinskis Motto „Einheit in Sprache, Denken und Tun“ mit Aufmachern zu Treffen von Mustafa Cemilev mit zwei legendären Männern der Nationalbewegung in der Diaspora, Cengiz Dağçı (1919-2011) und Müstecib Ülküsal (1899-1996) (Quelle: Archiv ICATAT).

Werbeflyer des Krim-Muftiyats für die kostenfrei zugänglichen Medressen für Mädchen in Qalay (russ.: Azovskoje) und Jungs in Qurman (russ.: Mayskoje) 2004, bis 2014 mit paritätisch türkisch-tatarisch besetztem Lehrkörper (Quelle: Archiv ICATAT).

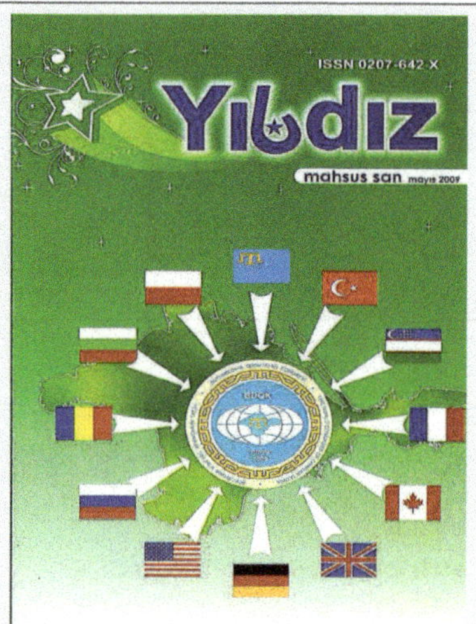

Kinder-Magazin "Yıldızçıq" (Sternchen) auf ukrainisch und krimtatarisch, erschien 10/1998-03/2003 im Dolya-Verlag, Aufl. 5.000. rechts: dienstälteste Literaturzeitschrift „Yıldız" (Stern), Sonderausgabe anlässlich der Gründung des Weltkongresses der Krimtataren 2009 in Bahçesaray, s.a.: Kap. 3.3.1.1. S. 84 f. Quelle: ICATAT Archiv.

Links: Balalar Dünyası (Welt der Kinder), Bibliografie-Beilage der Zeitschrift "Yañı Dünya" mit den darin erschienenen Gedichten des vergangenen Erscheinungsjahres, herausgegeben von der Gasprinski-National-Bibliothek. Rechts: "Bala Edebiyatı" (Kinderliteratur), Bibliografie krimtatarischer Kinderliteratur mit 1323 Titeln von 1928-2011, online lesbar unter http://de.slideshare.net/elibgaspra/2012-46318783 (s. Kap. 3.4.3. S. 127), Hrsg.: Krimt. Gasprinski-Nationalbibliothek; Quelle: Archiv ICATAT.

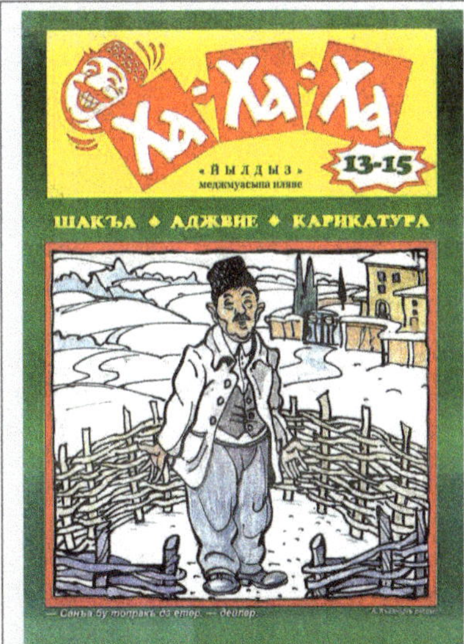

Das krimtatarische Humor- und Karikatur-Magazin „Ha ha ha“ (Ausg. 13-15 und 21), gegründet von Ismail Gasprinski 1906, Fortsetzung ab 2001 als Beilage des Literaturmagazins „Yıldız“ bis Nr. 26/27, 2006, Red. A. Veliyev (Quelle: Archiv ICATAT).

Kundgebung auf dem Leninplatz von Aqmescit (russ.: Simferopol) anlässlich des 60. Matem Günü (Trauertag) 18. Mai 2004, dem ukraineweiten Gedenktag für die Opfer der Deportation der Krimtataren mit Forderungen nach Anerkennung des Krimtatarischen als Staatssprache (Quelle: Archiv ICATAT, Foto © Kurshutov), s. Kap. 2.2., S. 16 f.

Багъчасарай мектебининъ газетасы Апрель 2004 № 1/6

Halqımıznıñ faciası

18 mayıs 1944 senesi… Er kes yuquda… Bu gece qırımtatarlarnıñ evlerine tüfekli sovet askerleri sürüp kirdiler. Halqımıznı evlerinden quvıp, ayvan taşığan vagonlarğa itep, urıp kirsettiler. O sıcaq, sasıq, kirli, vagonlarda nefes almağa çare yoq edi. Bir vagonda 10-13 qoranta. Açlıqtan, suvsızlıqtan, dayanılmaz sıcaqtan ve malariya hastalığından çoq adamlar ölgen edi. Ölgenlerni kommege ruhset bermey ediler, onın içun olarnı demiryol kenarına taşlap kete ediler.

Halqımız belgisiz sebeplerden, belgisiz yerlerge yol aldı. Halqımıznen ne olacaq? Kelecekte nasıl yaşaycaqlar?

Milletimizniñ bazıları Özbekistanğa, bazıları Qazaqstanğa, bazıları Rusiyege, bazıları Uralğa tüştiler. Anda bizim halqımıznı boynuzlı, üçkozlı, dörtqollı saya ediler. Halqımız çet yerlerde yañıdan yaşap başladılar: evler qurdılar, çalıştılar. Amma o er vaqıt öz Vatanına qaytmağa istedi ve kureşti.

Yıllar keçti…

Qırımtatarlar Qırımğa qaytmaqtalar…

Halqımız yerleşe, evler qura, öz aq-uquqlarını ğayrıdan tiklemege tırışa.

Bu aq-uquqlarından esası – devletçiligimizni tiklemektir. Halqımız buña irişmek içün birlikte olmaq kerek!

Anife Osmanova, 9-b sınıf

Bağçasaray hatıralarda

Niyare Asanova

Salaçıq, Bağçasaray

Men 1930 s. 22 martta Salaçıqta çalğıcı qorantasında doğdım. Babam Maqsud İsmailov, anam Rayme.

1944 s. Mayıs 18-de soldatlar keldi. Bir şey almağa bermediler. Tek qazan, qaşıq alıp yetiştirdim. Anam hasta edi, qardaşım kiçkeneçik edi. Köpekler avulday, mışıqlar mâvulday. Bütün Salaçıq çıqtı. Soñ gruzoviklerge yüklep, vokzalğa alıp kettiler.

Biz Begavatqa tüştik. Vagondan tüşkende özbekler bizge kontsert seyir etken kibi baqtılar, suv bile bermediler. Soñ ağam trubasını, başqaları da muzıka aletlerini çıqarıp çalıp başladılar. Em ağlaymız, em oynaymız degendayin. Bunı körgen soñ bizge aş-suv berdiler.

Begavatta 5 zemlankada yaşadıq. Krovatlar topraqtan. Bizge 6 canğa 3 töşek berdiler. Begavatta çalışqanlarğa 500, çalışmağanlarğa 300 gram ötmek bere ediler. Bizler (5-6 qız) gonçarnıy tsehte çalışa edik. Savutlar üstünde gülçikler ve başqa resimler yapa edik. Babam meni acıp, künde 3-4 kere kelip baqa edi. O 1945 s. malâriyadan öldü. Allah rahmet eylesin. Aftada ya da 10 künde bir pitc bere ediler. Tsehte çalışqanlar çay içip aşap otura ediler. Bizlerni baqıp oturğanımıznı körüp bizge de qoparıp uzata ediler. Anamnı ağamlarım çalıştırtmadılar. Ağam gruzçik (hammal) olıp çalıştı. Altın şeyin olsa, özbekler saña bir piyala maş bere eidler.

Şu Qırımdan çıqqan qazanımız içinde bularnı pişire edik. Kimerde mısırboğday botqası. Soñ Ziuya ağama ev berdiler (barakta) ve biz oña berilgen bir odağa avuştıq.

1945-49 seneleri gece saat 12-lerde çoqumıznı maşınalarğa yüklep pamuqqa çıqara ediler. Biz pamuqnı hiç körmedik. "Ne qadar baqla saçqanlar", dep şaşıp qaldıq.

Ağam bizge vızov berdi, amma komendant razılıq bermedi. Biz anamnen kene de bardıq. Bir daa sürgün ettiler. İmza çekmege ayda bir kere bara edik. Bir apayçıq qaçqan edi. Oña 12 yıl berdiler. Ama pek sağındım ağamı. Gece bir kere barğan edim, kanaldan tüşip. 2 kün oturdım.

Pamuqta çalışa edim. Meni brigadır pek çekiştirdi. Soñ ağam o brigadirge kölmek, daa bir şeyler berip, vızovqa razılıq aldırtqan edi. Begavatta bir bazada, soñ pamuq zavodında çalıştım.

…Ep Qırımnı hatırlaym. Maqsud dayımnıñ toyunu öz közümnen körgen edim. Kievni oturttılar oturğıçqa, ortağa. Er kes zevqlana. Kievni traş eteler. Kievnin tübüne yastıq qoyalar. Kim birinci alıp yetiştirse, oña aqçı bereler. "Menim avamı çalıñız" dep, mahsus davalaşıp, berberni toqtatalar. Traşnı bitirgen soñ, kievni kiyindireler, evine alıp keteler.

Babamnıñ daresi Begavatta Ziya ağamda.
Evimiz Salaçıqta tura.
Men özüm yırlamağa pek seve edim

Elif dedim, Be dedim
Annem saña ne dedim.
Aqqan suvlar merekep olsa.
Yazılmaz menim derdim.

yazıp aldı Anife Osmanova

ВАТАНДАШЛАР!
Майыс 18-де - МИТИНГ
саат 8⁰⁰ - Багъчасарай райисполкомы огюнде,
саат 13.00 - Акъмесджитте меркезий мейданда.

Тарих санфелери

1250-1442 сс. Алтын Орду эркюнында тешкиль олунгъан Къырым Улусы укюм сюрьди.
1443 с. Къырым Ханлыгъы мейдангъа кельди.
1783 с. Къырым Руске тарафындан басып алынды.
1917 с. Бириндажи Къурултай олды ве Къырым Халкъ Джумхуриети къурулды.
1944 с. майыс 18 – сюргюнлик.
1944-1946 сс. сюргюнликте халкъымызнынъ 46 % эляк олды.
1944-1956 сс. комендант режими девам этти.
1960 с. халкъымыз Ватангъа къайтып башлады.

Schulzeitung *İlham* (Eingebung); Bulğanaq (Ortsteil von Bahçesaray) Nr. 1 (6), 2004, Oben links im Titellogo die Khanspalast-Moschee von Bahçesaray. Mit Beiträgen komplett auf krimtatarisch in lateinischer und kyrillischer Schrift zu Erinnerungen an Deportation und Krieg, zur Schulgeschichte in Bahçesaray, dem Gedichtwettbewerb „Qırım – Menim Vatanım“, Reiseberichten von Klassenfahrten ins Ausland, Werbung für die neue DVD der Gruppe Destan sowie Aufruf zur Kundgebung anlässlich des Matem Günü 2014 am 18. Mai. Vgl.: Kap. 3.2.4.1., S. 78 f, Quelle: Archiv ICATAT Magdeburg.

№1(27) *Kuntuğan Mektebiniñ gazetası* Aprel 2004 s.

Сюргюнликнинъ 60 йыллыгъыны къайд этерек...

Государственный комитет обороны
Совершенно секретно
Постоновление № 5559 с.с
Кремль

11 мая 1944года

1. Всех крымских татар выселить с территории Крыма и поселить их на постоянное жительство в качестве спецпоселенцев в районах Узбекской ССР. Выселение возложить на НКВД СССР. Обязать НКВД СССР (т. Берия) выселение крымских татар закончить к 1 июля 1944 года.

2. Установить следующий порядок и условия выселения ...

Девамы 2-джи саифеде

Багъчасарай демирёл вокзалы бинасынынъ диварында мемориал тахтасы

Меракълы семинар

Апрельнинъ 17-де Тепловка мектебинде журналистик семинар олып кечти. Бу семинарда 8-10 сыныф талебелери иштирак эттилер.

Семинарнынъ ребери Ленор оджа Османов, талебелерни япыладжакъ ишлеринен таныштырды, меракълы ве идракли программаны азырлады.

Талебелер берильген вазифелерни мемнюн экен беджердилер. Семинарнынъ макъсадына: балаларны фикир этмек, макъалелерни меракълы ве догъру язмагъа огретмек вазифеси кире эди.

Биз семинардан пек мемнюн къалдыкъ ве семинар тешкилятчиларына чокъ тешеккюрлер бильдиремиз.

Зера Бекирова

"Сюнгю олып сапландым"

Саф къальбимни лекелеи ифтиранынъ къарасы.
Элли секиз сене кечти, къыркъ дёрттен сонъ арасы!
Ич тюзельмей юрек имде сюргюн икнинъ ярасы,
Корьгенлерим, чеккенлерим акъсызлыкъынынъ белясы.
Къара ишке "ап-акъ" - деген къальби чюрюк мельун бар,
Ишкъальджиге юрту дегиль, ярыдюнья ери тар.
Баскъынджыда ич олмагъан темир юрек намус – ар!
Ич аджынмагъан, озь анасы агъласа да, чекиш зар.
Гъурбет ильде баллыкъынынъ не экенин бельмедим,
Юртсыз эдим, ишанълепмедим, ойнамадым – кульмедим.
Ана тильде окъув – язув, мектеп – тесиль корьмедим,
Бу алыма раим экен инсан затыи сезмедим...
Яш юрегим талышса да, юртума ел танмадым,
Огуз бир йыл гъурбет ильде акъ – укъукъсыз, къатландым.
Анайымдан – Акъ фатиха, ана – юрткъа атландым,
Ишгъаль джиннинъ козьлерине сюнгю олып сапландым...

HATIRLAYIQ...

"NUR" газетамызнынъ эвельки журналисти Эльвира Велиляеванен таныш этеджекмиз.(3 саифе)

КОЮМИЗНИНЪ ПРОБЛЕМАЛАРЫ

Бизим коюмизде газ, сув, телефон, бала багъчасы екъ. 4-6 яшындаки балалар азырланув труппагъа барып, сонъ мектепке келелер. Сув эки йылдан берли ярамай кете, кимерде токътатыла. Бунынъ ичюн Акъмесджит районынынъ башлыкълары бизге ярдым этмеге кереклер.

Нияз Алиева

Schulzeitung „NUR“ (Licht) der nationalen Schule in Kuntuğan, Kreis Aqmescit, Nr. 1 (27), April 2004, mit Motto „Bilgi, o bir nurdir“ – Wissen, es ist ein Licht. Mit Beiträgen zum 60. Jahrestag der Deportation (Sürgün), mit Bekanntmachungen von Jounalistikseminaren, Traueranzeigen, Humorecke und Interview mit Server Qaqura „Ağır ve yaxşı küñlerde yırnen yaşayım“ (In schweren und guten Tagen lebe ich mit Liedern), Vgl.: Kap. 3.2.4.1., S. 78 f, Quelle: Archiv ICATAT Magdeburg.

Rechts: "Qasevet" (Heimweh, s.a.: Kap. 3.3.1.2. S. 85 f.) auf russisch mit Artikeln zu tatarischer Geschichte von N. Seyit-Yakhya und G. Abdulla. Links: Kalgay-Magazin der Diaspora in Bursa, Türkei, Nr. 54. Auf dem Titel Ablyaziz Veliyev, Kalgay-Bibliografie von Mehmet Ali Yolcu online unter URL: http://ilmiyqirim.blogspot.de/2014/10/kalgay-dergisinin-kirim-turkleri.html, s.a.: S. 64/65f. Quelle: ICATAT Archiv.

Lieu de mémoire vor der KDMPU: Das Denkmal der Dankbarkeit, gewidmet dem usbekischen und ukrainischen Volk für Solidarität bei der Aufnahme des krimtatarischen Volkes nach Deportation und Rückkehr, Aufnahmen und Verabschiedungen von Studierenden sowie sämtliche Feiertage und Konferenzauftakte werden hier begangen; s.a. Kap. 3.1.1., S. 33, Quelle: Archiv ICATAT / Foto © Kurshutov.

авдет

В номере:

Борьба за возвращение на Родину объединила и лидеров, и массы

Международная конференция «Крымскотатарское национальное и правозащитное движение: истоки и эволюция»

«Основная часть моей сознательной жизни связана с правозащитным и национальным движением»

Выступление Мустафы Джемилева на юбилейном вечере

Die Medschlis-Zeitung AVDET (Heimkehr) deckte von Juli 1990 bis zum Verbot des Medschlis 2016 auch die Bereiche Bildung und Wissenschaft ab, hier Leitartikel „Der Kampf um die Rückkehr in die Heimat vereinte die Führung als auch die Massen" zu internationaler Konferenz „Krimtatarische nationale Bürgerechtsbewegung: Quellen und Entwicklung" an der KDMPU Dezember 2003, s.a.: S. 33 (Quelle: Archiv ICATAT).

авдет

№ 22-23 (328-329) 25 декабря 2003 года

8

Язык творчества интернационален, если на нем говорят талантливо

В архивах Швеции бережно хранятся уникальные материалы о Крымском ханстве

Защищена докторская диссертация по этнопедагогике крымских татар

AVDET, mit Artikeln auf Russisch zu Forschungsreise von Prof. Kerimov (s.a. Kap. 5.1.2., S. 138) nach Schweden, zu krimtat. Ethnopädagogik (Dissertation von Muedin Khayruddinov) und den Tagen der krimtatarischen Kultur in Kiew 16.-22.12.2003. Beide Abb. Ausgabe Nr. 22–23 (328/329), 25.12.2003, S. 1 u. 4 (Quelle: Archiv ICATAT).

SOVIET AND POST-SOVIET POLITICS AND SOCIETY

Edited by Dr. Andreas Umland

ISSN 1614-3515

1 *Андреас Умланд (ред.)*
Воплощение Европейской конвенции по правам человека в России
Философские, юридические и эмпирические исследования
ISBN 3-89821-387-0

2 *Christian Wipperfürth*
Russland – ein vertrauenswürdiger Partner?
Grundlagen, Hintergründe und Praxis gegenwärtiger russischer Außenpolitik
Mit einem Vorwort von Heinz Timmermann
ISBN 3-89821-401-X

3 *Manja Hussner*
Die Übernahme internationalen Rechts in die russische und deutsche Rechtsordnung
Eine vergleichende Analyse zur Völkerrechtsfreundlichkeit der Verfassungen der Russländischen Föderation und der Bundesrepublik Deutschland
Mit einem Vorwort von Rainer Arnold
ISBN 3-89821-438-9

4 *Matthew Tejada*
Bulgaria's Democratic Consolidation and the Kozloduy Nuclear Power Plant (KNPP)
The Unattainability of Closure
With a foreword by Richard J. Crampton
ISBN 3-89821-439-7

5 *Марк Григорьевич Меерович*
Квадратные метры, определяющие сознание
Государственная жилищная политика в СССР. 1921 – 1941 гг
ISBN 3-89821-474-5

6 *Andrei P. Tsygankov, Pavel A.Tsygankov (Eds.)*
New Directions in Russian International Studies
ISBN 3-89821-422-2

7 *Марк Григорьевич Меерович*
Как власть народ к труду приучала
Жилище в СССР – средство управления людьми. 1917 – 1941 гг.
С предисловием Елены Осокиной
ISBN 3-89821-495-8

8 *David J. Galbreath*
Nation-Building and Minority Politics in Post-Socialist States
Interests, Influence and Identities in Estonia and Latvia
With a foreword by David J. Smith
ISBN 3-89821-467-2

9 *Алексей Юрьевич Безугольный*
Народы Кавказа в Вооруженных силах СССР в годы Великой Отечественной войны 1941-1945 гг.
С предисловием Николая Бугая
ISBN 3-89821-475-3

10 *Вячеслав Лихачев и Владимир Прибыловский (ред.)*
Русское Национальное Единство, 1990-2000. В 2-х томах
ISBN 3-89821-523-7

11 *Николай Бугай (ред.)*
Народы стран Балтии в условиях сталинизма (1940-е – 1950-е годы)
Документированная история
ISBN 3-89821-525-3

12 *Ingmar Bredies (Hrsg.)*
Zur Anatomie der Orange Revolution in der Ukraine
Wechsel des Elitenregimes oder Triumph des Parlamentarismus?
ISBN 3-89821-524-5

13 *Anastasia V. Mitrofanova*
The Politicization of Russian Orthodoxy
Actors and Ideas
With a foreword by William C. Gay
ISBN 3-89821-481-8

14 *Nathan D. Larson*
Alexander Solzhenitsyn and the Russo-Jewish Question
ISBN 3-89821-483-4

15 *Guido Houben*
Kulturpolitik und Ethnizität
Staatliche Kunstförderung im Russland der neunziger Jahre
Mit einem Vorwort von Gert Weisskirchen
ISBN 3-89821-542-3

16 *Leonid Luks*
Der russische „Sonderweg"?
Aufsätze zur neuesten Geschichte Russlands im europäischen Kontext
ISBN 3-89821-496-6

17 *Евгений Мороз*
История «Мёртвой воды» – от страшной сказки к большой политике
Политическое неоязычество в постсоветской России
ISBN 3-89821-551-2

18 *Александр Верховский и Галина Кожевникова (ред.)*
Этническая и религиозная интолерантность в российских СМИ
Результаты мониторинга 2001-2004 гг.
ISBN 3-89821-569-5

19 *Christian Ganzer*
Sowjetisches Erbe und ukrainische Nation
Das Museum der Geschichte des Zaporoger Kosakentums auf der Insel Chortycja
Mit einem Vorwort von Frank Golczewski
ISBN 3-89821-504-0

20 *Эльза-Баир Гучинова*
Помнить нельзя забыть
Антропология депортационной травмы калмыков
С предисловием Кэролайн Хамфри
ISBN 3-89821-506-7

21 *Юлия Лидерман*
Мотивы «проверки» и «испытания» в постсоветской культуре
Советское прошлое в российском кинематографе 1990-х годов
С предисловием Евгения Марголита
ISBN 3-89821-511-3

22 *Tanya Lokshina, Ray Thomas, Mary Mayer (Eds.)*
The Imposition of a Fake Political Settlement in the Northern Caucasus
The 2003 Chechen Presidential Election
ISBN 3-89821-436-2

23 *Timothy McCajor Hall, Rosie Read (Eds.)*
Changes in the Heart of Europe
Recent Ethnographies of Czechs, Slovaks, Roma, and Sorbs
With an afterword by Zdeněk Salzmann
ISBN 3-89821-606-3

24 *Christian Autengruber*
Die politischen Parteien in Bulgarien und Rumänien
Eine vergleichende Analyse seit Beginn der 90er Jahre
Mit einem Vorwort von Dorothée de Nève
ISBN 3-89821-476-1

25 *Annette Freyberg-Inan with Radu Cristescu*
The Ghosts in Our Classrooms, or: John Dewey Meets Ceauşescu
The Promise and the Failures of Civic Education in Romania
ISBN 3-89821-416-8

26 *John B. Dunlop*
The 2002 Dubrovka and 2004 Beslan Hostage Crises
A Critique of Russian Counter-Terrorism
With a foreword by Donald N. Jensen
ISBN 3-89821-608-X

27 *Peter Koller*
Das touristische Potenzial von Kam''janec'–Podil's'kyj
Eine fremdenverkehrsgeographische Untersuchung der Zukunftsperspektiven und Maßnahmenplanung zur Destinationsentwicklung des „ukrainischen Rothenburg"
Mit einem Vorwort von Kristiane Klemm
ISBN 3-89821-640-3

28 *Françoise Daucé, Elisabeth Sieca-Kozlowski (Eds.)*
Dedovshchina in the Post-Soviet Military
Hazing of Russian Army Conscripts in a Comparative Perspective
With a foreword by Dale Herspring
ISBN 3-89821-616-0

29 *Florian Strasser*
Zivilgesellschaftliche Einflüsse auf die Orange Revolution
Die gewaltlose Massenbewegung und die ukrainische Wahlkrise 2004
Mit einem Vorwort von Egbert Jahn
ISBN 3-89821-648-9

30 *Rebecca S. Katz*
The Georgian Regime Crisis of 2003-2004
A Case Study in Post-Soviet Media Representation of Politics, Crime and Corruption
ISBN 3-89821-413-3

31 *Vladimir Kantor*
Willkür oder Freiheit
Beiträge zur russischen Geschichtsphilosophie
Ediert von Dagmar Herrmann sowie mit einem Vorwort versehen von Leonid Luks
ISBN 3-89821-589-X

32 *Laura A. Victoir*
The Russian Land Estate Today
A Case Study of Cultural Politics in Post-Soviet Russia
With a foreword by Priscilla Roosevelt
ISBN 3-89821-426-5

33 *Ivan Katchanovski*
Cleft Countries
Regional Political Divisions and Cultures in Post-Soviet Ukraine and Moldova
With a foreword by Francis Fukuyama
ISBN 3-89821-558-X

34 *Florian Mühlfried*
Postsowjetische Feiern
Das Georgische Bankett im Wandel
Mit einem Vorwort von Kevin Tuite
ISBN 3-89821-601-2

35 *Roger Griffin, Werner Loh, Andreas Umland (Eds.)*
Fascism Past and Present, West and East
An International Debate on Concepts and Cases in the Comparative Study of the Extreme Right
With an afterword by Walter Laqueur
ISBN 3-89821-674-8

36 *Sebastian Schlegel*
Der „Weiße Archipel“
Sowjetische Atomstädte 1945-1991
Mit einem Geleitwort von Thomas Bohn
ISBN 3-89821-679-9

37 *Vyacheslav Likhachev*
Political Anti-Semitism in Post-Soviet Russia
Actors and Ideas in 1991-2003
Edited and translated from Russian by Eugene Veklerov
ISBN 3-89821-529-6

38 *Josette Baer (Ed.)*
Preparing Liberty in Central Europe
Political Texts from the Spring of Nations 1848 to the Spring of Prague 1968
With a foreword by Zdeněk V. David
ISBN 3-89821-546-6

39 *Михаил Лукьянов*
Российский консерватизм и реформа, 1907-1914
С предисловием Марка Д. Стейнберга
ISBN 3-89821-503-2

40 *Nicola Melloni*
Market Without Economy
The 1998 Russian Financial Crisis
With a foreword by Eiji Furukawa
ISBN 3-89821-407-9

41 *Dmitrij Chmelnizki*
Die Architektur Stalins
Bd. 1: Studien zu Ideologie und Stil
Bd. 2: Bilddokumentation
Mit einem Vorwort von Bruno Flierl
ISBN 3-89821-515-6

42 *Katja Yafimava*
Post-Soviet Russian-Belarussian Relationships
The Role of Gas Transit Pipelines
With a foreword by Jonathan P. Stern
ISBN 3-89821-655-1

43 *Boris Chavkin*
Verflechtungen der deutschen und russischen Zeitgeschichte
Aufsätze und Archivfunde zu den Beziehungen Deutschlands und der Sowjetunion von 1917 bis 1991
Ediert von Markus Edlinger sowie mit einem Vorwort versehen von Leonid Luks
ISBN 3-89821-756-6

44 *Anastasija Grynenko in Zusammenarbeit mit Claudia Dathe*
Die Terminologie des Gerichtswesens der Ukraine und Deutschlands im Vergleich
Eine übersetzungswissenschaftliche Analyse juristischer Fachbegriffe im Deutschen, Ukrainischen und Russischen
Mit einem Vorwort von Ulrich Hartmann
ISBN 3-89821-691-8

45 *Anton Burkov*
The Impact of the European Convention on Human Rights on Russian Law
Legislation and Application in 1996-2006
With a foreword by Françoise Hampson
ISBN 978-3-89821-639-5

46 *Stina Torjesen, Indra Overland (Eds.)*
International Election Observers in Post-Soviet Azerbaijan
Geopolitical Pawns or Agents of Change?
ISBN 978-3-89821-743-9

47 *Taras Kuzio*
Ukraine – Crimea – Russia
Triangle of Conflict
ISBN 978-3-89821-761-3

48 *Claudia Šabić*
"Ich erinnere mich nicht, aber L'viv!"
Zur Funktion kultureller Faktoren für die Institutionalisierung und Entwicklung einer ukrainischen Region
Mit einem Vorwort von Melanie Tatur
ISBN 978-3-89821-752-1

49 *Marlies Bilz*
Tatarstan in der Transformation
Nationaler Diskurs und Politische Praxis 1988-1994
Mit einem Vorwort von Frank Golczewski
ISBN 978-3-89821-722-4

50 *Марлен Ларюэль (ред.)*
Современные интерпретации русского национализма
ISBN 978-3-89821-795-8

51 *Sonja Schüler*
Die ethnische Dimension der Armut
Roma im postsozialistischen Rumänien
Mit einem Vorwort von Anton Sterbling
ISBN 978-3-89821-776-7

52 *Галина Кожевникова*
Радикальный национализм в России и противодействие ему
Сборник докладов Центра «Сова» за 2004-2007 гг.
С предисловием Александра Верховского
ISBN 978-3-89821-721-7

53 *Галина Кожевникова и Владимир Прибыловский*
Российская власть в биографиях I
Высшие должностные лица РФ в 2004 г.
ISBN 978-3-89821-796-5

54 *Галина Кожевникова и Владимир Прибыловский*
Российская власть в биографиях II
Члены Правительства РФ в 2004 г.
ISBN 978-3-89821-797-2

55 *Галина Кожевникова и Владимир Прибыловский*
Российская власть в биографиях III
Руководители федеральных служб и агентств РФ в 2004 г.
ISBN 978-3-89821-798-9

56 *Ileana Petroniu*
Privatisierung in Transformationsökonomien
Determinanten der Restrukturierungs-Bereitschaft am Beispiel Polens, Rumäniens und der Ukraine
Mit einem Vorwort von Rainer W. Schäfer
ISBN 978-3-89821-790-3

57 *Christian Wipperfürth*
Russland und seine GUS-Nachbarn
Hintergründe, aktuelle Entwicklungen und Konflikte in einer ressourcenreichen Region
ISBN 978-3-89821-801-6

58 *Togzhan Kassenova*
From Antagonism to Partnership
The Uneasy Path of the U.S.-Russian Cooperative Threat Reduction
With a foreword by Christoph Bluth
ISBN 978-3-89821-707-1

59 *Alexander Höllwerth*
Das sakrale eurasische Imperium des Aleksandr Dugin
Eine Diskursanalyse zum postsowjetischen russischen Rechtsextremismus
Mit einem Vorwort von Dirk Uffelmann
ISBN 978-3-89821-813-9

60 *Олег Рябов*
«Россия-Матушка»
Национализм, гендер и война в России XX века
С предисловием Елены Гощило
ISBN 978-3-89821-487-2

61 *Ivan Maistrenko*
Borot'bism
A Chapter in the History of the Ukrainian Revolution
With a new introduction by Chris Ford
Translated by George S. N. Luckyj with the assistance of Ivan L. Rudnytsky
ISBN 978-3-89821-697-5

62 *Maryna Romanets*
Anamorphosic Texts and Reconfigured Visions
Improvised Traditions in Contemporary Ukrainian and Irish Literature
ISBN 978-3-89821-576-3

63 *Paul D'Anieri and Taras Kuzio (Eds.)*
Aspects of the Orange Revolution I
Democratization and Elections in Post-Communist Ukraine
ISBN 978-3-89821-698-2

64 *Bohdan Harasymiw in collaboration with Oleh S. Ilnytzkyj (Eds.)*
Aspects of the Orange Revolution II
Information and Manipulation Strategies in the 2004 Ukrainian Presidential Elections
ISBN 978-3-89821-699-9

65 *Ingmar Bredies, Andreas Umland and Valentin Yakushik (Eds.)*
Aspects of the Orange Revolution III
The Context and Dynamics of the 2004 Ukrainian Presidential Elections
ISBN 978-3-89821-803-0

66 *Ingmar Bredies, Andreas Umland and Valentin Yakushik (Eds.)*
Aspects of the Orange Revolution IV
Foreign Assistance and Civic Action in the 2004 Ukrainian Presidential Elections
ISBN 978-3-89821-808-5

67 *Ingmar Bredies, Andreas Umland and Valentin Yakushik (Eds.)*
Aspects of the Orange Revolution V
Institutional Observation Reports on the 2004 Ukrainian Presidential Elections
ISBN 978-3-89821-809-2

68 *Taras Kuzio (Ed.)*
Aspects of the Orange Revolution VI
Post-Communist Democratic Revolutions in Comparative Perspective
ISBN 978-3-89821-820-7

69 *Tim Bohse*
Autoritarismus statt Selbstverwaltung
Die Transformation der kommunalen Politik in der Stadt Kaliningrad 1990-2005
Mit einem Geleitwort von Stefan Troebst
ISBN 978-3-89821-782-8

70 *David Rupp*
Die Rußländische Föderation und die russischsprachige Minderheit in Lettland
Eine Fallstudie zur Anwaltspolitik Moskaus gegenüber den russophonen Minderheiten im „Nahen Ausland" von 1991 bis 2002
Mit einem Vorwort von Helmut Wagner
ISBN 978-3-89821-778-1

71 *Taras Kuzio*
Theoretical and Comparative Perspectives on Nationalism
New Directions in Cross-Cultural and Post-Communist Studies
With a foreword by Paul Robert Magocsi
ISBN 978-3-89821-815-3

72 *Christine Teichmann*
Die Hochschultransformation im heutigen Osteuropa
Kontinuität und Wandel bei der Entwicklung des postkommunistischen Universitätswesens
Mit einem Vorwort von Oskar Anweiler
ISBN 978-3-89821-842-9

73 *Julia Kusznir*
Der politische Einfluss von Wirtschaftseliten in russischen Regionen
Eine Analyse am Beispiel der Erdöl- und Erdgasindustrie, 1992-2005
Mit einem Vorwort von Wolfgang Eichwede
ISBN 978-3-89821-821-4

74 *Alena Vysotskaya*
Russland, Belarus und die EU-Osterweiterung
Zur Minderheitenfrage und zum Problem der Freizügigkeit des Personenverkehrs
Mit einem Vorwort von Katlijn Malfliet
ISBN 978-3-89821-822-1

75 *Heiko Pleines (Hrsg.)*
Corporate Governance in post-sozialistischen Volkswirtschaften
ISBN 978-3-89821-766-8

76 *Stefan Ihrig*
Wer sind die Moldawier?
Rumänismus versus Moldowanismus in Historiographie und Schulbüchern der Republik Moldova, 1991-2006
Mit einem Vorwort von Holm Sundhaussen
ISBN 978-3-89821-466-7

77 *Galina Kozhevnikova in collaboration with Alexander Verkhovsky and Eugene Veklerov*
Ultra-Nationalism and Hate Crimes in Contemporary Russia
The 2004-2006 Annual Reports of Moscow's SOVA Center
With a foreword by Stephen D. Shenfield
ISBN 978-3-89821-868-9

78 *Florian Küchler*
The Role of the European Union in Moldova's Transnistria Conflict
With a foreword by Christopher Hill
ISBN 978-3-89821-850-4

79 *Bernd Rechel*
The Long Way Back to Europe
Minority Protection in Bulgaria
With a foreword by Richard Crampton
ISBN 978-3-89821-863-4

80 *Peter W. Rodgers*
Nation, Region and History in Post-Communist Transitions
Identity Politics in Ukraine, 1991-2006
With a foreword by Vera Tolz
ISBN 978-3-89821-903-7

81 *Stephanie Solywoda*
The Life and Work of Semen L. Frank
A Study of Russian Religious Philosophy
With a foreword by Philip Walters
ISBN 978-3-89821-457-5

82 *Vera Sokolova*
Cultural Politics of Ethnicity
Discourses on Roma in Communist Czechoslovakia
ISBN 978-3-89821-864-1

83 *Natalya Shevchik Ketenci*
Kazakhstani Enterprises in Transition
The Role of Historical Regional Development in Kazakhstan's Post-Soviet Economic Transformation
ISBN 978-3-89821-831-3

84 *Martin Malek, Anna Schor-Tschudnowskaja (Hrsg.)*
Europa im Tschetschenienkrieg
Zwischen politischer Ohnmacht und Gleichgültigkeit
Mit einem Vorwort von Lipchan Basajewa
ISBN 978-3-89821-676-0

85 *Stefan Meister*
Das postsowjetische Universitätswesen zwischen nationalem und internationalem Wandel
Die Entwicklung der regionalen Hochschule in Russland als Gradmesser der Systemtransformation
Mit einem Vorwort von Joan DeBardeleben
ISBN 978-3-89821-891-7

86 *Konstantin Sheiko in collaboration with Stephen Brown*
Nationalist Imaginings of the Russian Past
Anatolii Fomenko and the Rise of Alternative History in Post-Communist Russia
With a foreword by Donald Ostrowski
ISBN 978-3-89821-915-0

87 *Sabine Jenni*
Wie stark ist das „Einige Russland"?
Zur Parteibindung der Eliten und zum Wahlerfolg der Machtpartei im Dezember 2007
Mit einem Vorwort von Klaus Armingeon
ISBN 978-3-89821-961-7

88 *Thomas Borén*
Meeting-Places of Transformation
Urban Identity, Spatial Representations and Local Politics in Post-Soviet St Petersburg
ISBN 978-3-89821-739-2

89 *Aygul Ashirova*
Stalinismus und Stalin-Kult in Zentralasien
Turkmenistan 1924-1953
Mit einem Vorwort von Leonid Luks
ISBN 978-3-89821-987-7

90 *Leonid Luks*
Freiheit oder imperiale Größe?
Essays zu einem russischen Dilemma
ISBN 978-3-8382-0011-8

91 *Christopher Gilley*
The 'Change of Signposts' in the Ukrainian Emigration
A Contribution to the History of Sovietophilism in the 1920s
With a foreword by Frank Golczewski
ISBN 978-3-89821-965-5

92 *Philipp Casula, Jeronim Perovic (Eds.)*
Identities and Politics During the Putin Presidency
The Discursive Foundations of Russia's Stability
With a foreword by Heiko Haumann
ISBN 978-3-8382-0015-6

93 *Marcel Viëtor*
Europa und die Frage nach seinen Grenzen im Osten
Zur Konstruktion ‚europäischer Identität' in Geschichte und Gegenwart
Mit einem Vorwort von Albrecht Lehmann
ISBN 978-3-8382-0045-3

94 *Ben Hellman, Andrei Rogachevskii*
Filming the Unfilmable
Casper Wrede's 'One Day in the Life of Ivan Denisovich'
Second, Revised and Expanded Edition
ISBN 978-3-8382-0044-6

95 *Eva Fuchslocher*
Vaterland, Sprache, Glaube
Orthodoxie und Nationenbildung am Beispiel Georgiens
Mit einem Vorwort von Christina von Braun
ISBN 978-3-89821-884-9

96 *Vladimir Kantor*
Das Westlertum und der Weg Russlands
Zur Entwicklung der russischen Literatur und Philosophie
Ediert von Dagmar Herrmann
Mit einem Beitrag von Nikolaus Lobkowicz
ISBN 978-3-8382-0102-3

97 *Kamran Musayev*
Die postsowjetische Transformation im Baltikum und Südkaukasus
Eine vergleichende Untersuchung der politischen Entwicklung Lettlands und Aserbaidschans 1985-2009
Mit einem Vorwort von Leonid Luks
Ediert von Sandro Henschel
ISBN 978-3-8382-0103-0

98 *Tatiana Zhurzhenko*
Borderlands into Bordered Lands
Geopolitics of Identity in Post-Soviet Ukraine
With a foreword by Dieter Segert
ISBN 978-3-8382-0042-2

99 *Кирилл Галушко, Лидия Смола (ред.)*
Пределы падения – варианты украинского будущего
Аналитико-прогностические исследования
ISBN 978-3-8382-0148-1

100 *Michael Minkenberg (ed.)*
Historical Legacies and the Radical Right in Post-Cold War Central and Eastern Europe
With an afterword by Sabrina P. Ramet
ISBN 978-3-8382-0124-5

101 *David-Emil Wickström*
Rocking St. Petersburg
Transcultural Flows and Identity Politics in the St. Petersburg Popular Music Scene
With a foreword by Yngvar B. Steinholt
Second, Revised and Expanded Edition
ISBN 978-3-8382-0100-9

102 *Eva Zabka*
Eine neue „Zeit der Wirren"?
Der spät- und postsowjetische Systemwandel 1985-2000 im Spiegel russischer gesellschaftspolitischer Diskurse
Mit einem Vorwort von Margareta Mommsen
ISBN 978-3-8382-0161-0

103 *Ulrike Ziemer*
Ethnic Belonging, Gender and Cultural Practices
Youth Identitites in Contemporary Russia
With a foreword by Anoop Nayak
ISBN 978-3-8382-0152-8

104 *Ksenia Chepikova*
‚Einiges Russland' - eine zweite KPdSU?
Aspekte der Identitätskonstruktion einer postsowjetischen „Partei der Macht"
Mit einem Vorwort von Torsten Oppelland
ISBN 978-3-8382-0311-9

105 *Леонид Люкс*
Западничество или евразийство? Демократия или идеократия?
Сборник статей об исторических дилеммах России
С предисловием Владимира Кантора
ISBN 978-3-8382-0211-2

106 *Anna Dost*
Das russische Verfassungsrecht auf dem Weg zum Föderalismus und zurück
Zum Konflikt von Rechtsnormen und -wirklichkeit in der Russländischen Föderation von 1991 bis 2009
Mit einem Vorwort von Alexander Blankenagel
ISBN 978-3-8382-0292-1

107 *Philipp Herzog*
Sozialistische Völkerfreundschaft, nationaler Widerstand oder harmloser Zeitvertreib?
Zur politischen Funktion der Volkskunst im sowjetischen Estland
Mit einem Vorwort von Andreas Kappeler
ISBN 978-3-8382-0216-7

108 *Marlène Laruelle (ed.)*
Russian Nationalism, Foreign Policy, and Identity Debates in Putin's Russia
New Ideological Patterns after the Orange Revolution
ISBN 978-3-8382-0325-6

109 *Michail Logvinov*
Russlands Kampf gegen den internationalen Terrorismus
Eine kritische Bestandsaufnahme des Bekämpfungsansatzes
Mit einem Geleitwort von Hans-Henning Schröder und einem Vorwort von Eckhard Jesse
ISBN 978-3-8382-0329-4

110 *John B. Dunlop*
The Moscow Bombings of September 1999
Examinations of Russian Terrorist Attacks at the Onset of Vladimir Putin's Rule
Second, Revised and Expanded Edition
ISBN 978-3-8382-0388-1

111 *Андрей А. Ковалёв*
Свидетельство из-за кулис российской политики I
Можно ли делать добро из зла? (Воспоминания и размышления о последних советских и первых послесоветских годах)
With a foreword by Peter Reddaway
ISBN 978-3-8382-0302-7

112 *Андрей А. Ковалёв*
Свидетельство из-за кулис российской политики II
Угроза для себя и окружающих (Наблюдения и предостережения относительно происходящего после 2000 г.)
ISBN 978-3-8382-0303-4

113 *Bernd Kappenberg*
Zeichen setzen für Europa
Der Gebrauch europäischer lateinischer Sonderzeichen in der deutschen Öffentlichkeit
Mit einem Vorwort von Peter Schlobinski
ISBN 978-3-89821-749-1

114 *Ivo Mijnssen*
The Quest for an Ideal Youth in Putin's Russia I
Back to Our Future! History, Modernity, and Patriotism according to *Nashi*, 2005-2013
With a foreword by Jeronim Perović
Second, Revised and Expanded Edition
ISBN 978-3-8382-0368-3

115 *Jussi Lassila*
The Quest for an Ideal Youth in Putin's Russia II
The Search for Distinctive Conformism in the Political Communication of *Nashi*, 2005-2009
With a foreword by Kirill Postoutenko
Second, Revised and Expanded Edition
ISBN 978-3-8382-0415-4

116 *Valerio Trabandt*
Neue Nachbarn, gute Nachbarschaft?
Die EU als internationaler Akteur am Beispiel ihrer Demokratieförderung in Belarus und der Ukraine 2004-2009
Mit einem Vorwort von Jutta Joachim
ISBN 978-3-8382-0437-6

117 *Fabian Pfeiffer*
Estlands Außen- und Sicherheitspolitik I
Der estnische Atlantizismus nach der wiedererlangten Unabhängigkeit 1991-2004
Mit einem Vorwort von Helmut Hubel
ISBN 978-3-8382-0127-6

118 *Jana Podßuweit*
Estlands Außen- und Sicherheitspolitik II
Handlungsoptionen eines Kleinstaates im Rahmen seiner EU-Mitgliedschaft (2004-2008)
Mit einem Vorwort von Helmut Hubel
ISBN 978-3-8382-0440-6

119 *Karin Pointner*
Estlands Außen- und Sicherheitspolitik III
Eine gedächtnispolitische Analyse estnischer Entwicklungskooperation 2006-2010
Mit einem Vorwort von Karin Liebhart
ISBN 978-3-8382-0435-2

120 *Ruslana Vovk*
Die Offenheit der ukrainischen Verfassung für das Völkerrecht und die europäische Integration
Mit einem Vorwort von Alexander Blankenagel
ISBN 978-3-8382-0481-9

121 *Mykhaylo Banakh*
Die Relevanz der Zivilgesellschaft bei den postkommunistischen Transformationsprozessen in mittel- und osteuropäischen Ländern
Das Beispiel der spät- und postsowjetischen Ukraine 1986-2009
Mit einem Vorwort von Gerhard Simon
ISBN 978-3-8382-0499-4

122 *Michael Moser*
Language Policy and the Discourse on Languages in Ukraine under President Viktor Yanukovych (25 February 2010–28 October 2012)
ISBN 978-3-8382-0497-0 (Paperback edition)
ISBN 978-3-8382-0507-6 (Hardcover edition)

123 *Nicole Krome*
Russischer Netzwerkkapitalismus
Restrukturierungsprozesse in der Russischen Föderation am Beispiel des Luftfahrtunternehmens "Aviastar"
Mit einem Vorwort von Petra Stykow
ISBN 978-3-8382-0534-2

124 *David R. Marples*
'Our Glorious Past'
Lukashenka's Belarus and the Great Patriotic War
ISBN 978-3-8382-0574-8 (Paperback edition)
ISBN 978-3-8382-0675-2 (Hardcover edition)

125 *Ulf Walther*
Russlands "neuer Adel"
Die Macht des Geheimdienstes von Gorbatschow bis Putin
Mit einem Vorwort von Hans-Georg Wieck
ISBN 978-3-8382-0584-7

126 *Simon Geissbühler (Hrsg.)*
Kiew – Revolution 3.0
Der Euromaidan 2013/14 und die Zukunftsperspektiven der Ukraine
ISBN 978-3-8382-0581-6 (Paperback edition)
ISBN 978-3-8382-0681-3 (Hardcover edition)

127 *Andrey Makarychev*
Russia and the EU in a Multipolar World
Discourses, Identities, Norms
With a foreword by Klaus Segbers
ISBN 978-3-8382-0629-5

128 *Roland Scharff*
Kasachstan als postsowjetischer Wohlfahrtsstaat
Die Transformation des sozialen Schutzsystems
Mit einem Vorwort von Joachim Ahrens
ISBN 978-3-8382-0622-6

129 *Katja Grupp*
Bild Lücke Deutschland
Kaliningrader Studierende sprechen über Deutschland
Mit einem Vorwort von Martin Schulz
ISBN 978-3-8382-0552-6

130 *Konstantin Sheiko, Stephen Brown*
History as Therapy
Alternative History and Nationalist Imaginings in Russia, 1991-2014
ISBN 978-3-8382-0665-3

131 *Elisa Kriza*
Alexander Solzhenitsyn: Cold War Icon, Gulag Author, Russian Nationalist?
A Study of the Western Reception of his Literary Writings, Historical Interpretations, and Political Ideas
With a foreword by Andrei Rogatchevski
ISBN 978-3-8382-0589-2 (Paperback edition)
ISBN 978-3-8382-0690-5 (Hardcover edition)

132 *Serghei Golunov*
The Elephant in the Room
Corruption and Cheating in Russian Universities
ISBN 978-3-8382-0570-0

133 *Manja Hussner, Rainer Arnold (Hgg.)*
Verfassungsgerichtsbarkeit in Zentralasien I
Sammlung von Verfassungstexten
ISBN 978-3-8382-0595-3

134 *Nikolay Mitrokhin*
Die "Russische Partei"
Die Bewegung der russischen Nationalisten in der UdSSR 1953-1985
Aus dem Russischen übertragen von einem Übersetzerteam unter der Leitung von Larisa Schippel
ISBN 978-3-8382-0024-8

135 *Manja Hussner, Rainer Arnold (Hgg.)*
Verfassungsgerichtsbarkeit in Zentralasien II
Sammlung von Verfassungstexten
ISBN 978-3-8382-0597-7

136 *Manfred Zeller*
Das sowjetische Fieber
Fußballfans im poststalinistischen Vielvölkerreich
Mit einem Vorwort von Nikolaus Katzer
ISBN 978-3-8382-0757-5

137 *Kristin Schreiter*
Stellung und Entwicklungspotential zivilgesellschaftlicher Gruppen in Russland
Menschenrechtsorganisationen im Vergleich
ISBN 978-3-8382-0673-8

138 *David R. Marples, Frederick V. Mills (eds.)*
Ukraine's Euromaidan
Analyses of a Civil Revolution
ISBN 978-3-8382-0660-8

139 *Bernd Kappenberg*
Setting Signs for Europe
Why Diacritics Matter for European Integration
With a foreword by Peter Schlobinski
ISBN 978-3-8382-0663-9

140 *René Lenz*
Internationalisierung, Kooperation und Transfer
Externe bildungspolitische Akteure in der Russischen Föderation
Mit einem Vorwort von Frank Ettrich
ISBN 978-3-8382-0751-3

141 *Juri Plusnin, Yana Zausaeva, Natalia Zhidkevich, Artemy Pozanenko*
Wandering Workers
Mores, Behavior, Way of Life, and Political Status of Domestic Russian Labor Migrants
Translated by Julia Kazantseva
ISBN 978-3-8382-0653-0

142 *Matthew Kott, David J. Smith (eds.)*
Latvia – A Work in Progress?
100 Years of State- and Nation-building
ISBN 978-3-8382-0648-6

143 Инна Чувычкина (ред.)
Экспортные нефте- и газопроводы на постсоветском пространстве
Анализ трубопроводной политики в свете теории международных отношений
ISBN 978-3-8382-0822-0

144 *Johann Zajaczkowski*
Russland – eine pragmatische Großmacht?
Eine rollentheoretische Untersuchung russischer Außenpolitik am Beispiel der Zusammenarbeit mit den USA nach 9/11 und des Georgienkrieges von 2008
Mit einem Vorwort von Siegfried Schieder
ISBN 978-3-8382-0837-4

145 *Boris Popivanov*
Changing Images of the Left in Bulgaria
The Challenge of Post-Communism in the Early 21st Century
ISBN 978-3-8382-0667-7

146 *Lenka Krátká*
A History of the Czechoslovak Ocean Shipping Company 1948-1989
How a Small, Landlocked Country Ran Maritime Business During the Cold War
ISBN 978-3-8382-0666-0

147 *Alexander Sergunin*
Explaining Russian Foreign Policy Behavior
Theory and Practice
ISBN 978-3-8382-0752-0

148 *Darya Malyutina*
Migrant Friendships in a Super-Diverse City
Russian-Speakers and their Social Relationships in London in the 21st Century
With a foreword by Claire Dwyer
ISBN 978-3-8382-0652-3

149 *Alexander Sergunin, Valery Konyshev*
Russia in the Arctic
Hard or Soft Power?
ISBN 978-3-8382-0753-7

150 *John J. Maresca*
Helsinki Revisited
A Key U.S. Negotiator's Memoirs on the Development of the CSCE into the OSCE
With a foreword by Hafiz Pashayev
ISBN 978-3-8382-0852-7

151 *Jardar Østbø*
The New Third Rome
Readings of a Russian Nationalist Myth
With a foreword by Pål Kolstø
ISBN 978-3-8382-0870-1

152 *Simon Kordonsky*
Socio-Economic Foundations of the Russian Post-Soviet Regime
The Resource-Based Economy and Estate-Based Social Structure of Contemporary Russia
With a foreword by Svetlana Barsukova
ISBN 978-3-8382-0775-9

153 *Duncan Leitch*
Assisting Reform in Post-Communist Ukraine 2000–2012
The Illusions of Donors and the Disillusion of Beneficiaries
With a foreword by Kataryna Wolczuk
ISBN 978-3-8382-0844-2

154 *Abel Polese*
Limits of a Post-Soviet State
How Informality Replaces, Renegotiates, and Reshapes Governance in Contemporary Ukraine
With a foreword by Colin Williams
ISBN 978-3-8382-0845-9

155 *Mikhail Suslov (ed.)*
Digital Orthodoxy in the Post-Soviet World
The Russian Orthodox Church and Web 2.0
With a foreword by Father Cyril Hovorum
ISBN 978-3-8382-0871-8

156 *Leonid Luks*
Zwei „Sonderwege"? Russisch-deutsche Parallelen und Kontraste (1917-2014)
Vergleichende Essays
ISBN 978-3-8382-0823-7

157 *Vladimir V. Karacharovskiy, Ovsey I. Shkaratan, Gordey A. Yastrebov*
Towards a New Russian Work Culture
Can Western Companies and Expatriates Change Russian Society?
With a foreword by Elena N. Danilova
Translated by Julia Kazantseva
ISBN 978-3-8382-0902-9

158 *Edmund Griffiths*
Aleksandr Prokhanov and Post-Soviet Esotericism
ISBN 978-3-8382-0903-6

159 *Timm Beichelt, Susann Worschech (eds.)*
Transnational Ukraine?
Networks and Ties that Influence(d) Contemporary Ukraine
ISBN 978-3-8382-0944-9

160 *Mieste Hotopp-Riecke*
Die Tataren der Krim zwischen Assimilation und Selbstbehauptung
Der Aufbau des krimtatarischen Bildungswesens nach Deportation und Heimkehr (1990-2005)
Mit einem Vorwort von Swetlana Czerwonnaja
ISBN 978-3-89821-940-2

ibidem-Verlag
Melchiorstr. 15
D-70439 Stuttgart
info@ibidem-verlag.de

www.ibidem-verlag.de
www.ibidem.eu
www.edition-noema.de
www.autorenbetreuung.de

www.ingramcontent.com/pod-product-compliance
Ingram Content Group UK Ltd.
Pitfield, Milton Keynes, MK11 3LW, UK
UKHW062307290726
14090UKWH00018B/929

9 783898 219402